IDP

Opportunity and Capability Building of EMNEs' Outward FDI
Further Construction of Dynamic IDP Theory at the Firm Level

发展中国家跨国企业对外投资的机会与能力建设
——动态IDP理论在企业层面的进一步构建

陈涛涛　顾凌骏　陈忱　徐润 / 著

中国财经出版传媒集团
经济科学出版社
Economic Science Press

序　言

回顾2018年以来世界局势的剧烈震荡，我们深刻体会到国际政治经济格局和发展趋势的变化以及未来不确定性的增加等，终将对中国的未来发展、对发展中国家的未来发展乃至整个世界的未来发展形成新的巨大挑战。

当前充满不确定性和挑战的国际背景下，我更想早一些把我们的研究成果呈现给大家。2018年我们出版了《吸引外资对对外投资的作用机制——动态IDP理论的初步构建》一书，2021年我们又出版了《发展中国家跨国企业对外投资的机会与能力建设——动态IDP理论在企业层面的进一步构建》一书，在这两本书中，我们解析了在过去全球化浪潮中，以中国为代表的发展中国家，典型的产业如汽车、半导体、矿业，是怎样在全球产业发展趋势、本国产业条件及政府政策的支持下，在开放的氛围中逐步建设，最终发展出一定程度的国际竞争力。进而，在这些产业中的中国企业，是如何在复杂的系统中逐步搭建起国际竞争力从而最终实现对外投资的。上述复杂的系统化研究有两个重要的成果：其一，回答了世界对我国产业及企业国际竞争力及其能力建设过程的疑问，即在过去几十年的开放发展过程中，在特定的全球化的国际大趋势下，我国的特定产业以及产业中的先锋企业，有充分的国际、国内条件和合理的逻辑过程，建设并发展出一定程度的国际竞争力。这就打破了"中国企业（特别是中国的国有企业）没有所有权优势，海外投资能力仅源于中国政府的扶持性政策"的误解与猜疑。其二，在充分和翔实的多案例分析基础上，我们探讨了在复杂的国际、国内形势和条件下，培养和锻造本国产业和企业国际化竞争力的机制分析框架。由于多案例的研究不仅涉及中国的产业和企业，而且涉及其他典型发展中国家同类产业和企业的分析。所以，我们认为，当前所创立的综合分析框架，也在很大程度上适应其他发展中国家的产业及企业的成长分析。

为了使更多学术界的朋友们理解我们的研究成果，并且使有志于对发展中国家开放与发展研究的年轻学者能够加入我们的研究领域，我这里再对上述研究做以下学术脉络的简要解释。

2018年，我们出版的《吸引外资对对外投资的作用机制——动态IDP理论的初步构建》一书是系列研究的第一部著作。它的学术脉络的起点是20世纪80年代英国国际管理学大师邓宁及其团队开创的投资发展路径（investment development path，IDP）理论。该理论的核心观点是：一国的对外净投资（对外投资减吸引外资）会随着一国人均国民生产总值的提高而发生从负转正的过程。这一理论在发展中国家看来，似乎是在说，采取开放策略的国家，随着吸引外资的增多，其国家的经济会不断发展，人均国民生产总值会不断提高。同时，随着人均国民生产总值的提高，该国的对外投资能力也会相应提高，最终其对外投资能力会超过其吸引外资的能力。当我们为这一论述而兴奋，努力去探究该理论的实现机制时，遗憾的是，我们并没有看到该理论本身对这一转化机制有确切的描述或论证。20世纪八九十年代恰逢多数发展中国家都开始尝试开放发展的道路，中国也在改革开放中，"摸着石头过河"艰难地探索着通过开放争取发展的道路。我们在时代的召唤下，开始走上了探讨IDP理论实现机制的道路。在此期间，我们结合吸引外资的溢出效应理论、结合国际竞争力理论、结合国际商务领域（international business，IB）理论等相关理论，采取了实证研究与多案例（采取了多个典型行业、多个国家、多个企业）的研究方法，进行了大量研究，最终给出"开放条件下一国产业发展机会和路径的分析框架"，在产业层面探讨了一个从吸引外资到对外投资的机制过程。因此，也就成就了《吸引外资对对外投资的作用机制——动态IDP理论的初步构建》一书。在理论上，相较于传统的IDP理论，我们把这一理论的创建称为动态IDP理论。

本次出版的《发展中国家跨国企业对外投资的机会与能力建设——动态 IDP 理论在企业层面的进一步构建》一书，与第一部书相比，既有独立性，又有系统性的联系。从独立研究的角度，该书所针对的直接问题是："发展中国家的跨国企业是否具有对外投资能力？""如果有，其能力的来源是什么？""发展中国家跨国企业的对外投资能力是如何搭建的？"这一系列的问题，是国际商务领域针对发展中国家对外投资能力进行探讨的核心议题。在 20 世纪末，特别是 21 世纪金融危机后，中国企业的对外投资能力成为该议题的焦点问题。因此，针对这一问题的研究，也旨在回答"中国企业是否具有对外投资能力并且其对外投资能力是如何积累和发展起来的"这一疑问。该问题的理论研究脉络是源于对发展中国家跨国企业对外投资的研究。根据早期针对这一问题研究的国际文献，一个比较普遍的研究结论是"发展中国家跨国企业的对外投资能力是源于其母国的本土优势"。对于中国这样的发展中国家本土优势的探寻，自然会与开放相联系，而开放就必然与吸引外资相联系。于是，对于中国年轻的跨国企业的对外投资能力的探讨就幸运地与我们前期的动态 IDP 理论的研究逻辑相连接了。这就是上面所说的，该问题的研究同时具有与我们创造的动态 IDP 理论系统性地联系的理由。

事实上，当我们清醒地意识到"动态 IDP 理论"的构建与"中国企业海外投资能力建设"这一典型国际商务领域问题是相辅相成的关系时，我们就兴奋地理解到：从企业的角度，中国企业的对外投资能力事实上源自中国的开放与发展过程，企业的"所有权优势"是在国家开放进程中、是在与进入的外资互动的过程中逐渐形成的，这与早期发达国家跨国企业主要在本国内形成的所有权优势不同。从国家的角度，发展中国家的一些特定产业，在开放过程中有机会与全球产业相联系，在东道国政府政策的引导下，引进的外资企业有机会与东道国的本地产业环境和本土企业发生互动关系，外资企业与本土企业在合作与竞争中共同成长。同时带动产业环境中的相关需求及供给要素的升级，从而共同打造出与东道国产业环境特点相契合的具有一定国际竞争力的产业。这一研究结果充分说明，发展中国家的产业，虽然作为后发产业，也有通过开放来把握和打造自身产业国际竞争力的机会。

尽管我们的研究还有很多缺憾，但我们仍然能够欣慰地说，我们在一定程度上探知了在一个复杂的国际环境中，发展中国家通过开放求得发展的逻辑路径；并且进一步探知了发展中国家的企业如何借助国家的开放与发展获得一定程度的国际竞争力的逻辑路径。联系当前复杂的国际局势，我们不仅为已经取得的成果感到欣慰，而且深感幸运！原因在于，一方面，透视中国开放发展的成果，我们深感我国的一些产业乃至整个产业结构与体系都得益于改革开放的机会，否则，当今的发展成果很难成就。另一方面，通过大量研究所创建的分析框架，帮助我们及时厘清了开放条件下的产业及企业发展脉络。因此，该分析框架不仅可以帮助我们探究开放条件下的产业发展路径，而且可以提示当一些原本开放的路径被"封锁"的条件下，如何沿着相应的发展逻辑去探究在限制性条件下产业的发展思路。我们欢迎具有共同理想的学者并肩而行。

在此，我要衷心感谢我的博士生团队。就本书而言，要特别感谢顾凌骏同学、陈忱同学、徐润同学，在他们各自5年的博士学习过程中，多次和我一起奔赴美国完成我国商务部对美国投资的应急项目，也多次与我一同远赴智利、哥伦比亚、墨西哥、秘鲁等国进行实地调研和考察。其中，特别是顾凌骏同学，从早期逻辑框架的搭建，和我一起一步一步最后走完了全球层面、产业层面和企业层面的一体化的综合分析框架搭建的全过程。本书中，汽车产业的完整案例的研究实际上是顾凌骏同学的博士论文工作。陈忱同学和徐润同学在矿业产业的研究中，从全球矿业产业发展脉络的梳理到五矿集团秘鲁分公司的实地考察，倾注了大量的心血和艰苦的努力。这里我还要提及吴敏同学，虽然在本书的作者中未能加入他的名字，但他在进入清华读博后就积极加入本书的研究与写作工作，本书矿业案例的完成有吴敏同学积极的贡献。此外，我还要感谢洪槟瀚同学在本书最后校对和格式编排过程中的辛苦付出。

清华大学拉美中心主任　陈涛涛

目录

第一篇 文献评述与研究框架的设置

第1章 问题的提出与意义 / 3

第2章 文献梳理与评述 / 6

2.1 发展中国家对外投资研究 / 6

2.2 中国对外投资研究 / 13

2.3 发展中国家对外直接投资与开放关系的研究 / 18

2.4 对现有文献的评述 / 21

第3章 动态IDP理论综合分析框架 / 23

3.1 动态IDP综合分析框架设置的理论基础与搭建过程 / 23

3.2 动态IDP综合分析框架的设置及分析路径表 / 29

第二篇 企业层面动态IDP分析Ⅰ：发展中国家矿业跨国企业能力建设

第4章 国际矿业的发展历程 / 35

4.1 第一阶段（15世纪末至19世纪初期）：矿业殖民发展期 / 35

4.2 第二阶段（19世纪初期至第二次世界大战时期）：现代矿业萌芽期 / 36

4.3 第三阶段（第二次世界大战后至20世纪70年代初）：国际矿业黄金发展期 / 38

4.4 第四阶段（20世纪70年代初至20世纪90年代后期）：国际矿业衰退期 / 39

4.5 第五阶段（20世纪90年代后期至2008年）：国际矿业繁荣期 / 41

4.6 第六阶段（2009年至今）：国际矿业调整期 / 42

第5章 中国矿业企业对外投资机会与能力建设 / 44

5.1 中国矿业发展的阶段性特征 / 44

5.2 全球矿业发展背景下中国矿业的发展与对外投资能力的形成 / 51

5.3 中国典型矿业企业的对外投资机会与能力建设
——以中国五矿集团为例 / 64

5.4 中国典型矿业企业的对外投资机会与能力建设
——以兖矿集团为例 / 71

第6章 巴西矿业企业对外投资机会与能力建设 / 79

6.1 巴西矿业的基本情况 / 79

6.2 巴西矿业的阶段性特征 / 80

6.3 全球矿业发展背景下巴西矿业的发展与对外投资能力的形成 / 85

6.4 巴西典型矿业企业的对外投资机会与能力建设
——以淡水河谷为例 / 94

第7章 澳大利亚矿业企业对外投资机会与能力建设 / 103

7.1 澳大利亚矿业的选择理由 / 103

7.2 澳大利亚矿业的阶段特征 / 104

7.3 全球矿业发展背景下澳大利亚矿业的发展与对外投资能力的形成 / 111

7.4 澳大利亚典型矿业企业的对外投资机会与能力建设——以必和必拓为例 / 121

第8章 矿业对外投资能力形成的比较分析 / 128

8.1 中国、巴西与澳大利亚矿业产业开放发展特征的对比分析 / 128

8.2 巴西与澳大利亚矿业对外投资能力的对比分析 / 130

8.3 中国、巴西与澳大利亚矿业产业对外投资能力的对比分析 / 134

第三篇 企业层面动态 IDP 分析Ⅱ：发展中国家汽车产业跨国企业能力建设

第9章 全球政治经济背景下汽车产业的发展路径 / 145

9.1 第一阶段（19世纪中期至19世纪末期）：工业革命与汽车产业的起步 / 146

9.2 第二阶段（20世纪初期至第二次世界大战）：生产率提升与汽车产业的量产化 / 148

9.3 第三阶段（第二次世界大战后至20世纪80年代）：精益生产与全球价值链 / 151

9.4 第四阶段（20世纪80年代以来）：竞争压力下的技术变革与全球化发展 / 155

第10章 开放条件下中国汽车产业与典型企业对外投资能力的形成 / 162

10.1 中国汽车产业发展的阶段性特征 / 162

10.2 开放条件下中国汽车产业的发展与对外投资能力的形成 / 163

10.3 开放条件下典型汽车企业的能力发展与对外投资——以奇瑞为例 / 177

10.4 开放条件下典型汽车企业的能力发展与对外投资
——以北汽福田为例 / 186

第 11 章　开放条件下墨西哥汽车产业与典型企业对外投资能力的形成 / 198

11.1 墨西哥汽车产业的选择理由 / 198
11.2 墨西哥汽车产业的阶段性特征 / 201
11.3 墨西哥汽车产业的发展与对外投资 / 203
11.4 开放条件下典型汽车企业的能力发展与对外投资
——以尼玛克为例 / 216

第 12 章　开放条件下美国汽车产业及典型汽车企业对外投资能力的形成与发展 / 224

12.1 美国汽车产业的选择理由 / 224
12.2 美国汽车产业的阶段性发展特征 / 225
12.3 美国汽车产业的发展与对外投资 / 226
12.4 美国典型汽车企业及其对外投资能力的形成与发展
——以福特为例 / 238

第 13 章　中国与墨西哥和美国汽车产业的对比分析 / 250

13.1 中国与墨西哥汽车产业的对比分析 / 250
13.2 中国与美国汽车产业的对比分析 / 255

第 14 章　总结与展望 / 260

参考文献 / 264

第一篇
文献评述与研究框架的设置

自20世纪中期以来，对外投资问题受到了学术界的广泛关注。尤其是发展中国家对外投资浪潮兴起之后，学者们使用不同的理论与框架对其进行了深入研究。本书将首先回顾以往文献脉络，并在此基础上提出本书的分析框架。

第1章
问题的提出与意义

20世纪80年代以来，发展中国家对外投资能力的来源成为国际商务领域（IB）的核心问题之一。国际直接投资（FDI）起步于19世纪初期，在很长一段时间内，发达国家的跨国公司都在国际投资领域扮演着主要角色。对于发达国家跨国公司的研究表明，这些企业拥有领先的生产、管理与研发等技术，从而使其获得了在其他国家投资并与当地企业竞争的能力。相比之下，传统国际商务理论一般认为，发展中国家的跨国公司本身并不具备发达国家企业的所有权优势（Hymer，1976；Dunning，1981；Rugman & Li，2007）。

从20世纪70年代开始，发展中国家对外投资逐步兴起，尤其是21世纪初以来，发展中国家对外投资呈现快速发展的趋势。这些国家的跨国公司不仅进行能力获取型的对外投资，同时也存在着大量的能力延展型对外投资。自21世纪初以来，发展中国家绿地投资金额不断上升，其占全球绿地投资总额的比例也由21世纪初的20%上升至近年来的40%。在这一背景下，发达国家对外投资理论受到了来自发展中国家跨国公司的巨大挑战，即无法有效解释发展中国家能力延展型对外投资的快速发展及其能力问题。面对这一挑战，发展中国家跨国公司的对外投资优势与能力问题成为国际商务领域亟待突破的理论议题。同时，这一问题也和发展中国家产业政策与外资政策的制定紧密相关。

在对发展中国家对外投资能力的研究中，母国的特征受到了广泛的关注，而母国的对外开放必然影响母国的优势。一方面，从发展中国家对外投资兴起之时，国际商务领域就对其投资能力问题进行了大量探讨。大量研究都强调了发展中国家跨国公司的母国优势，即使是针对企业特定能力的研究也往往发现企业能力深受母国特征的影响（Cuervo-Cazurra & Genc，2008；Lessard & Lucea，2009）。另一方面，我们也看到发展中国家对外投资兴起的同时普遍实行了开放政策。毫无疑问，发展中国家是多数产业的后来者，开放政策与外部资源的引入将深刻影响母国的优势。事实上，部分学者也从类似角度提出了相关理论（Mathews，2006a；Luo & Tung，2007）。

然而，现实情况是，在普遍实施开放政策的发展中国家里，仅有少数国家发展出了显著的对外投资能力，而多数发展中国家并未在国际投资领域取得突破性的发展。根据联合国贸易发展会议的数据，发展中国家的绿地投资集中度较高：21世纪初以来，发展中国家的所有绿地投资中，我国对外投资金额位列第一，约占发展中国家绿地投资总额的15%，前10位占比高达75%。这让我们意识到，不同国家的开放之间可能存在异质性，开放与对外投资能力形成之间必然存在复杂的内在机制，但这一机制至今为止并未得到充分而具体地揭示。

在上述大背景下，我们不难发现，中国是典型的成功实施双向开放战略的发展中国家。对比中国与其他发展中国家以及发达国家的开放实践有助于我们理解开放与对外投资能力形成之间的关系。自改革开放以来，中国坚定地实行对外开放战略。作为多数产业的后发国家，中国通过外资、技术的引进，借助劳动力等本土优势，在薄弱的初始条件下建立起了产业发展的基础，并逐步形成了中国的优势产业与一批优质的跨国公司。中国的开放模式与其他发展中国家形成了鲜明对比，同时，中国与发达国家之间存在巨大的初始条件、发展条件差异，通过多个案例的国际对比有助于理解发展中国家跨国企业对外投资的机会与能力建设过程。

纵观产业发展，课题组发现汽车产业与矿业是探讨发展中国家跨国企业对外投资的典型案例。一方面，中国汽车产业经历了完整、清晰的双向开放过程。在产业大环境下，近年来中国的整车企业已经发展出了一定的能力延展型对外投资能力。另一方面，中国的矿业客观上并未发展出显著对外投资竞争力，然而部分中国矿业企业却能逆流而上，成为优秀的跨国公司。汽车产业与矿业两种典型的对外投资能力建设过程成为理解发展中国家跨国企业的重要案例。

然而，从目前的研究状况看，国内外依然鲜有研究能够深刻剖析发展中国家对外投资能力建设问题。在课题组的前期研究中，我们也深刻意识到，发展中国家对外投资能力的积累过程涉及多个层面的复杂机制。对于这一问题的研究需要大量的真实调研实践作为基础。在此基础上，也需要一个完善的分析框架进行支撑。无论是实践基础还是进一步精炼分析框架，都无疑需要长期、大量精力与研究资源的投入。上述研究门槛也成为当前该领域研究缺憾的重要原因。

针对以往研究的不足，本课题组也在过去10年中积累了大量的真实案例，并在此基础上持续发展出逐步成熟的案例分析框架。本书将在梳理以往文献的基础上展现提出研究发展中国家对外投资能力建设的分析框架，并以此对多国的汽车产业与矿业进行深入分析，揭示发展中国家跨国企业对外投资的机会与能力建设过程。

第 2 章
文献梳理与评述

本章首先梳理国际商务领域对发展中国家对外投资的研究,并在此基础上进一步梳理针对中国跨国公司对外投资的研究。其次,考虑到发展中国家跨国公司对外投资与母国开放(吸引外资)的重要联系,本章将单独梳理这一领域的相关文献。最后,本章将对以往文献进行分析与评述。

2.1 发展中国家对外投资研究

20世纪70年代开始,发展中国家开始出现对外投资浪潮。发展中国家对外投资的问题也从20世纪70年代末80年代初开始受到国际商务领域的广泛关注。从此类文献关注的领域来看,对于发展中国家对外投资的研究主要可以分为四类,即发展中国家对外投资现象、能力、动机与成效。其中,发展中国家对外投资的能力问题受到了重点的关注。

2.1.1 发展中国家对外投资的现象

从20世纪70年代末开始,国际商务领域的学者就关注到了发展中国家对外投资的现象及特征和第三世界国家跨国公司的对外投资行为。勒克劳(Lecraw, 1977)较早地指出当时国际商务领域对于国际投资的研究忽视了来自欠发达国家的企业,随着这些国家的发展以及国家间共同市场的建立，欠发达国家与周边欠发达国家之间的直接投资也开始兴起。威尔斯（Wells，1983）在研究了近1000家发展中国家的跨国公司后发现，与发达国家企业对外投资不同，绝大多数来自发展中国家跨国公司的投资是投向了临近的其他发展中国家，且在这些跨国投资中，多数东道国的发展程度低于母国。类似的，在这一时期，大量研究也都探讨了发展中国家企业对外投资的现象，并发现了类似的规律（Kumar & McLeod，1981；Timberlake et al.，1982；Lall et al.，1983）。

在20世纪90年代之后，发展中国家的对外投资快速增长，并逐步开始投资向发展程度显著高于自身的国家，这些新特征引起了国际商务领域的关注。对于发展中国家的研究发现，20世纪80年代至90年代，在发展中国家对外投资的东道国中，除其他发展中国家之外，发达国家成为发展中国家对外投资愈发重要的目的国（Dunning et al.，1996）。21世纪以来，大量文献都关注了新兴市场对发达国家投资的问题。索旺（Sauvant，2005）研究指出，从20世纪末到21世纪初，来自发展中国家的对外投资快速增长，其中印度、巴西、中国、俄罗斯的对外投资中有大量投向了发达国家，少数甚至成为"全球玩家"。罗和唐（Luo & Tung，2007）以及吉玛托夫（Gammeltoft，2008）等的研究也发现，从20世纪80年代开始，越来越多的发展中国家进入了国际投资领域，且投资东道国中发达国家的数量愈发增长。同时，发展中国家对外投资的速度显著增快，这种突然而快速的对外投资甚至无法用传统国际投资理论解释（Mathews，2006）。类似的，近年来发展中国家对外投资的快速发展与对发达国家投资的现象依然受到关注（Buckley et al.，2014）。

事实上，国际商务领域对发展中国家企业对外投资的阶段性特征也有系统化的研究，其中的典型代表就是邓宁（Dunning）及其团队的研究。邓宁在1996年与2008年两次对当时发展中国家对外投资的阶段性特征进行总结，并最终将发展中国家的对外投资划分为四个阶段：第一阶段：在20世纪70年代，以拉美国家为代表的发展中国家通过进入周边邻近国家的方式进行对外投资。第二阶段：在80年代之后，韩国、新加坡等东亚国家与地区的对外投资开始凸显，同时，这些国家的企业还展现出了新的投资特征，即投向技术更发达的国家。第三阶段：在90年代之后，拉美国家对外投资开始复苏，依然是地区性投资为主，亚洲国家经过前期积累，对外投资进一步发展。第四阶段：近年来，新兴发展中国家，如中国、巴西等，开始了大规模对外投资，且其中大量投资标的涉及优质技术、品牌等战略资源（Dunning et al.，1996；Dunning，2008）。同样，基于拉美国家与金砖国家的研究，卡胡德诺夫斯基和洛佩斯（Chudnovsky & Lopez，2000）、安德烈夫（Andreff，2003）以及吉玛托夫（2008）等也对发展国家的对外投资进行了阶段性研究，并指出了发展中国家对外投资当前进入了一个新阶段。

2.1.2 发展中国家对外投资的能力

面对发展中国家对外投资的兴起以及部分典型特征，大量文献也就不同角度进行了探讨。其中，受到重点探讨的是发展中国家企业对外投资的能力与优势，即发展中国家为什么能够对外投资。

自海默（Hymer，1960）垄断优势理论提出以来，早期关于对外投资的能力、优势的研究主要采用了垄断优势的视角。在垄断优势理论的影响下，邓宁（1981）提出了国际生产折衷理论（OLI），此理论的提出并非针对发展中国家的企业，但其重要的学术意义引导学者在此后分析发展中国家对外投资过程中采用了这一思路，尤其是在分析发展中国家企业为什么能够对外投资时，对"所有权优势"问题进行了充分的探讨。相对于发达国家的企业，发展中国家企业往往缺乏企业所有权优势，对于发达国家企业对外投资的分析思路也难以适用于发展中国家跨国公司（Ramamurti，2012）。所以，在20世纪70年代，发展中国家对外投资初步兴起之时，发展中国家跨国公司为什么能够对外投资的问题引起了广泛的关注。

此类研究从早期开始就结合发展中国家的特征对其跨国公司对外投资优势与能力进行了分析。库玛（Kumar，1982）分析了第三世界国家跨国公司对外投资问题，发现较低的运营成本与其他发展中国家的家族纽带是发展中国家对外投资的主要优势。类似的，威尔斯（1983）提出了小规模制造优势理论，即发展中国家往往存在某些特定的、发达国家跨国公司难以低成本满足的小规模需求，在这些领域，由于生产及管理成本较低，发展中国家在小规模制成品上具备一定的优势。除此之外，发展中国家的跨国公司还具有特殊产品（如民族产品）和接近市场的优势。劳尔等（Lall et al.，1983）在阐述种族文化相近、小规模优势之外，还认为发展中国家能够吸收、改造成熟的技术使其适应市场环境与母国类似的东道国的需求，即技术本地化理论。

珊和汉密尔顿（Shan & Hamilton，1991）明确提出了国家特定优势的概念，指出国家特定优势是包含文化、制度在内的一系列母国特有的、影响企业竞争力的优势，与企业特定优势共同构建起企业的竞争力。此后，以鲁格曼（Rugman）为代表的学者进一步通过国家特定优势的视角来探讨发展中国家的对外投资能力，鲁格曼（2009）指出，发展中国家企业对外投资缺乏企业特定优势，但是它们能够享受到母国的部分区位优势，即母国的国家特定优势。鲁格曼（2010）以企业特定优势与国家特定优势的视角分析了新兴市场国家对外投资，认为发展中国家的企业除规模经济以外并没有可持续的企业特定优势，而企业特定优势也是整合母国要素而来。相反，母国的国家特定要素，如廉价劳动力、资本、资源等则是这些企业对外投资的重要支持。然而，由于母国的国家特定优势能够被所有在位企业（包括外资在母国设立的企业）共同享受，通过母国特定优势发展出的对外投资竞争力不可持续（Rugman & Li，2007）。

还有部分学者指出，在母国优势影响下，发展中国家的跨国公司也能发展出一定的企业特定优势。例如，发展中国家的企业通过在母国的经营更了解发展中国家市场特征，从而获得在发展中国家进行投资的相对能力（Cuervo-Cazurra & Genc，2008）。雷萨德和卢西（Lessard & Lucea，2009）通过对墨西哥企业的分析提出了协同演化进程，发展中国家的跨国公司通过本国特征获得企业特定优势与能力，从而进行对外投资；在投资及应对国际市场挑战过程中进一步获得和增强自身能力。同时，本书在能力分析过程中强调了能力的适用性以及可转移性，即本国培养的企业能力需要适应东道国且能力能够通过投资转移至东道国。亨纳特（Hennart，2012）进一步对国家特定优势的特征提出了新的观点，本书认为国家特定优势并非对所有企业完全一致，而是可能被垄断在部分企业手中，这些垄断企业利用母国优势积累资本进行无形资产寻求型的对外投资。

2.1.3 发展中国家对外投资的动机

在对发展中国家对外投资现象发现的同时,发展中国家跨国公司对外投资动机也得到了充分和相对完善的研究。由于发展中国家对外投资具有典型的阶段性特征,对于发展中国家对外投资动机的研究大致可以分为两个阶段。

早期对发展中国家跨国公司的研究普遍认为,发展中国家跨国公司对外投资主要有4大类:首先,市场寻求型动机。发展中国家跨国公司通过对外投资克服国内市场狭小的局限或者通过跨国投资跨越贸易壁垒等限制,维护自身的出口市场(Lecraw,1977;Wells,1983;Lecraw,1993)。其次,效率寻求型动机。发展中国家与地区,尤其是韩国、中国台湾等东亚国家与地区在发展的过程中逐步丧失了效率优势,从而通过对外投资寻求更高的效率(Wells,1983;Lall,1983)。再其次,资源寻求型动机,即通过投资获取本国没有也无法引进的资源(Wells,1983)。最后,为了逃避母国缺陷。部分发展中国家存在制度缺陷或宏观经济的问题,这些条件不利于企业的发展,从而促使部分有能力的企业逃离母国,投资进入其他国家(Wells,1983;Lall,1983)。

在20世纪90年代之后,市场、资源等传统动机依然是发展中国家对外投资的重要驱动力,但随着发展中国家对发达国家投资浪潮的出现,发展中国家对外投资的驱动因素也呈现出新的特征,即资产寻求型动机。邓宁等(1997)对韩国与中国台湾地区的研究发现,这些国家的跨国公司在20世纪末的对外投资表现出资产寻求型动机的特征。吉玛托夫(2008)总结了发展中国家对外投资的阶段性特征,并指出发展中国家对外投资从20世纪80年代中期开始就存在资产寻求型动机,而20世纪90年代之后这一特征进一步增强。类似的,马修斯(Mathews,2006a)以及罗和唐(Luo & Tang,2007)的研究也表明,发展中国家跨国公司对外投资存在资产寻求型动机。

部分学者通过具体案例的研究进一步为这一观点提供了重要依据,例如奥利维拉等(Oliveira et al.,2013)分析了巴西企业Sabo收购德国企业

Kaco 的案例，并指出 Sabo 的并购动机是为了获得 Kaco 的技术和研发资源。

近年来，发展中国家对外投资的动机依然是国际商务领域的重要研究问题，部分学者也在历史研究的基础上对发展中国家对外投资的动机开展详细的梳理与总结。罗西娅和吉玛托夫（Rasiah & Gammeltoft，2010）对发展中国家对外投资驱动力的研究指出，发展中国家对外投资旨在寻求各类的要素和优势资源，部分资源与发达国家跨国公司类似，如寻求市场，寻求廉价、高效的劳动力，寻求自然资源，寻求价值链的控制（如零售控制上游种植，保证产品质量等），寻求技术等。部分动机带有显著的发展中国家特征，例如通过对外投资寻求母国政府的融资激励。康川特（Contractor，2013）系统探讨了发展中国家对外投资的典型动机，其研究认为，发展中国家对外投资动机主要有 6 类，包括成为全球企业从而获得规模经济，通过投资提升价值链地位，获得全球信息，通过并购等方式提升能力，在其他发展中国家复制成熟经验以及寻求自然资源。

2.1.4 发展中国家对外投资的成效

在发展中国家对外投资经历一段时间之后，发展中国家跨国公司的投资成效就受到了关注。早期对于东南亚国家的研究表明，经历了对外投资及在东道国的经营与学习，跨国公司客观上在管理、成本、竞争力等方面无论从自身纵向比较还是与母国非跨国公司的横向比较来看，优势都有进一步的显现（Lecraw，1993）。

20 世纪 90 年代之后，随着发展中国家跨国公司对发达国家并购现象的出现，发展中国家跨国公司对外投资的成效更为突出。事实上，对于发展中国家跨国公司快速发展的理论指出，这些跨国公司通过对外投资直接获得了发达国家市场的成熟品牌、技术或在国际化过程中进行学习和利用发达国家资源（Mathews，2006a；Luo & Tung，2007）。古比等（Gubbi et al.，2010）通过对印度 425 笔对外并购案例的实证研究发现，对外并购，尤其是对发达国家企业的并购帮助企业迅速获得了通过外部市场难以购买的有形和无形资源，从而为企业创造了价值。康川特（2013）也指出，发展中国家跨国公司通过对发达国家成熟企业的并购迅速获得了规模和品牌。

部分学者也从企业层面就发展中国家跨国公司对外投资的正面成效提供了重要的依据。雷萨德和卢西（2009）通过对墨西哥的一家全球性建筑材料公司 Cemex 的分析表明，Cemex 70% 的商业方法和技术是通过对外并购获得。在对西班牙企业并购之后，Cemex 充分掌握石油焦的高效利用技术，并在企业内部推广，降低企业的能源成本。奥利维拉等（2013）的研究证实了巴西企业 Sabo 通过对德国的并购获得了技术以及被并购方的研发网络等资源，从而使得 Sabo 在全球供应链中地位的提升。

但是，对外投资的成效也并非均为正向效应，部分研究也指出了对外投资可能对企业本身以及母国产生的负面影响。例如卡纳尼（Karnani，2010）对印度企业的研究发现，由于缺少整合效应和代理问题，企业的国际并购并未给股东创造价值。本书认为成功的跨国并购需要具备协同效应、深度整合效应以及合理的价格等因素。黄等（Huang et al.，2010）从实证层面发现，部分拉美和亚洲发展中国家的对外投资一定程度上导致国内的收入不平等现象增多。

近年来，对于发展中国家跨国公司投资能力的探讨进一步延伸至国家制度层面，尤其是母国政府的支持。事实上，早在邓宁等（1997）的研究中就已发现，中国台湾与韩国在 20 世纪末的对外投资就受到了政府政策的促进。尤等（Yiu et al.，2007）和康川特（2013）等研究认为，发展中国家企业在母国受到了制度限制，例如政策的不确定性、官僚机构效率等问题。这些经历培养了企业应对类似环境的能力以及变通的能力，这对企业投资其他发展中国家起到了重要作用。同时，罗西娅等（2010）研究发现，发展中国家政府对于其企业在特定行业的对外投资有显著的协助作用，发展中国家的促进手段包括财政激励、政府层面与东道国保持良好关系等。

2.2 中国对外投资研究

类似的，中国对外投资的文献主体也可以分为4个方面：部分文献考察了中国对外投资的现象及特征；部分文献针对性探讨了中国跨国公司对外投资的能力与优势；部分文献研究了中国跨国公司对外投资的动机；部分文献分析了中国跨国公司对外投资的成效。

2.2.1 中国对外投资的现象及特征

相比于其他发展中国家，中国对外投资起步相对较晚。从20世纪90年代之后，国内外文献开始普遍关注中国企业的对外投资问题。与其他发展中国家类似，我国的对外投资表现出了以下特征：

第一，从增长速度来看，中国的对外投资自20世纪末以来，发展迅速。改革开放至21世纪初，中国对外投资稳中发展，之后，中国对外投资快速增长，并逐步发展成为对外投资大国（邢厚媛，1998；李辉，2007；裴长洪，2017）。

第二，从投资东道国角度看，发达国家始终是中国对外投资的重要东道国。乔惠平（2002）研究发现，从20世纪末开始，中国企业增加了对发达国家投资的力度。巴克利等（Buckley et al., 2008）指出，与其他发展中国家跨国公司早期投向周边发展中国家不同，中国对外投资从早期开始就主要进入发达国家，而此后进一步向发展中国家多元化发展。近年来的研究也表明，中国对外投资有相当一部分流入了发达国家，尤其是在考虑对外投资实际目的地之后，发达国家所占比重将比官方公布数据的比重更高（王碧珺，2013；裴长洪，2017）。

第三，从投资行业角度看，中国对外投资行业呈现多元化趋势。邢厚媛（1998）分析指出，中国对外投资早期以贸易服务为主导，并在20世纪末开始逐步发展到多个领域。巴克利等（2008）指出，中国企业早期主要进入服务行业，进而向制造业发展。

第四，从投资方式上看，对外并购日益凸显，这一现象在对发达国家的投资中尤为显著。鲁格曼和李（Rugman & Li，2007）指出，中国通过对发达国家企业的并购获得技术，但当时中国在并购方面缺乏必要的经验。

第五，从投资主体角度看，国有企业与民营企业的构成也不断发生变化。早期投资主体以国有企业为主。近年来，由于政治敏感、政策扶持力度的变化等因素，民营企业在对外投资中的地位日益提升（王碧珺，2013；裴长洪，2017）。

2.2.2 中国跨国公司对外投资的能力与优势

同样，作为发展中国家，中国在对外投资的过程中，中国跨国公司的投资能力与优势也受到了广泛的关注。文献研究表明，中国企业的对外投资能力与优势一定程度上源自早期的国内积累以及中国企业的企业特定优势与国家特定优势，尤其是政府支持与企业所有制等制度因素受到国际商务领域的重点关注。

在对中国跨国公司能力与优势发展进行研究的文献中，部分文献关注到了企业自身的能力。邓（Deng，2009）在对京东方、TCL、联想三家中国重要对外投资企业的研究中指出，企业价值观、企业家精神和规范也会促使企业对外投资。上述三家企业都有成为国际品牌，开拓国际市场的视野，具有企业家精神的领导人的特质。鲁格曼和李（2007）也指出，在部分市场竞争激烈的领域，如电信设备制造业和大型家用电器领域，类似华为、海尔这样的企业拥有研发技术等企业特定优势，是具有潜力的跨国公司。

除静态的企业能力研究之外，大量研究表明，中国企业在对外投资之前往往经历了一定的国内发展与积累。杨等（Young et al.，1996）采用案例研究的方式，对中国早期对外投资的5家企业进行研究，分析表明，这些企业在对外投资之前往往也都经历了外资技术的引进、学习升级以及出口等阶段。柴尔德和罗德里格斯（Child & Rodrigues，2005）的研究发现，中国企业的对外投资存在不同路径，其中格兰仕、华为等企业在对外投资之前均在国内经历了代工生产或合资等发展。尤等（2007）和李（2007）的研究同样指出，部分中国企业的对外投资也的确是通过国内创业发展起来的。

然而，也有部分研究认为，在一定阶段内，从整体上看，中国企业自身的性质对其对外投资的促进作用并不显著。例如王等（Wang et al.，2011）通过对中国工业企业数据库与商务部数据的实证研究发现，在金融危机之前，中国企业的自身能力，如研发技术，并未显著促进企业的对外投资。裴长洪和樊瑛（2010）指出，中国企业的对外投资，除工程建设类企业之外，均不具备典型的"企业特定优势"。鲁格曼和李（2007）更是指出，中国企业除了在少数领域外，基本不具备企业特定优势。

在用企业特定优势无法充分解释中国企业对外投资能力与优势来源的情况下，大量文献从中国国家特定优势的角度解释了中国跨国公司的能力与优势。鲁格曼和李（2007）认为，中国的跨国公司主要拥有的是国家特定优势，如廉价的劳动力和资源，然而这种优势并不支持中国跨国公司的可持续发展。然而，这种劳动力等资源虽然是中国企业在本国享受的优势，但很大程度上并不构成中国企业的对外投资优势，因为此类优势难以实现跨国转移（裴长洪和樊瑛，2010）。

在这一背景下，越来越多的文献关注中国制度层面的国家特定优势，尤其是政府对中国企业对外投资能力与优势形成的作用。埃尔德纳和夏皮罗（Erdener & Shapiro，2005）认为，中国企业在国内积累起了应对制度不健全的市场的能力，从而能够在某些制度不完善的亚洲国家成功发展，而发达国家企业反而无法适应此类国家。而在政府作用方面，大量研究指出，政府通过外汇支持、国际市场信息共享、帮助企业协调东道国障碍等方式支持中国企业对外投资。在政府的支持下，越来越多的中国企业成为典型的跨国公司（Sauvant，2005；Duysters et al.，2009；Luo et al.，2010；陈培如等，2017）。裴长洪和樊瑛（2010）进一步指出，中国政府能够依托具有优势的对外投资产业（如工程建设产业），协调带动上下游产业链的企业"抱团"投资，从而形成集聚效应与企业的竞争力。

2.2.3 中国跨国公司对外投资的动机

对投资动机的分析是研究中国企业对外投资的重要主题。多数文献分析认为，中国企业的对外投资是典型的复合动机。巴克利等（2008）指出，中国企业对外投资同时具有自然资源寻求、市场寻求以及战略资产寻求的动机。在中国跨国公司发展过程中，各类动机也均有所发展：自然资源寻求从主要针对发达国家转向在全球范围内寻求资源；市场寻求从早期的服务于出口转向跨越贸易壁垒与开拓市场；战略资产寻求也从早期的信息获取转向获取技术、品牌、渠道、资本等。大量文献研究指出，中国对外投资带有显著的复合型特征（Cai，1999；Deng，2004；Sauvant，2005；姚枝仲和李众敏，2011）。

在不同时期、针对不同东道国以及不同的投资主体，中国企业的对外投资动机也有所不同：

首先，从不同区域的不同动机看，邓（2004）指出，中国的技术寻求型对外投资主要针对发达国家市场；而巴克利等（Buckley et al.，2007）和圣菲利波（Sanfilippo，2010）通过实证研究指出，中国对非洲等政治风险较高的国家的投资主要动机在于资源的寻求。类似的，胡博和李凌（2008）也指出，中国对发达国家的投资主要动机在于技术与市场，而对于发展中国家的投资主要在于自然资源的寻求。

其次，从时间维度的动机变化角度看，早期研究发现，中国对外投资的主要动机在于自然资源与市场的获取（Cheung & Qian，2009；Cheng & Ma，2010）。近年来，文献研究表明，战略资产的获取越来越成为中国企业对外投资的重要动机，尤其是在部分国外技术出口限制的领域，获得技术成为中国企业对外投资的重要动机（祁春凌等，2013；Chang，2014）。

最后，从投资主体的角度看，拉玛萨米等（Ramasamy et al.，2012）的研究发现，在中国政府的支持下，中国的国有企业更偏好于投资高风险地区的自然资源，由于中国民营企业生产率较高，所以民营企业的对外投资更具有市场获取型的动机。

近年来，研究发现，制度性因素成为中国企业对外投资的重要动机。

一方面，文献研究指出，中国企业的对外投资，尤其是资源领域的投资，是在政府的要求之下进行（裴长洪和樊瑛，2010）；另一方面，邓（2009）研究指出，国内制度的不完善促使部分企业为寻求更好的商务环境而对外投资。国内学者研究也发现，中国国内知识产权保护不完善，法制不健全成为部分企业对外投资的动因（陈培如等，2017）。

2.2.4　中国跨国公司对外投资的成效

对中国跨国公司对外投资业绩的分析可以分为两个层面。第一层面，部分文献探讨了中国企业对外投资对于企业自身的影响。一方面，部分文献从案例的角度探讨中国企业对外投资的成效。赵春明等（2005）从资源获取、技术升级、市场获取等方面考察中国对外投资的成效，认为中国的对外投资有效地实现了上述动机。然而，依然存在例如企业竞争力不足等问题。柴尔德和罗德里格斯（2005）同样从案例的角度探讨中国企业的对外投资。通过对外并购，虽然企业快速获得了外方的成熟品牌与技术等资产，但在并购后的整合上依然存在问题。鲁格曼和李（2007）指出，中国对发达国家的并购并未获得成功，其中重要原因是中国企业当时依然缺乏必要的并购经验，从而导致技术的吸收、转移困难。同时，中国跨国公司缺乏必要的内部管理技术，这阻碍了并购的成效。另一方面，部分文献通过数据分析，从各个角度探讨中国企业对外投资的成效。李泳（2009）研究发现，中国企业对发达国家投资具有显著的技术提升效应，对发展中国家投资的技术与生产提升效应反而低于国内投资。李磊等（2016）从就业的角度探讨中国企业对外投资的成效，结果显示，整体来看，中国企业对外投资能够促进母公司的就业水平。从不同类型对外投资角度看，非资源获取型对外投资、当地生产型对外投资以及垂直型对外投资均能够提升母公司就业水平。蒋冠宏和蒋殿春（2014）探讨中国企业对外投资对于出口的促进效应。研究结果显示，中国企业的对外投资显著促进了出口，尤其是商贸型对外投资与对发达国家的投资，出口促进效应尤为显著。

第二层面，部分文献从更宏观的角度考察中国企业的对外投资。裴长洪和樊瑛（2010）研究认为，中国企业的对外投资并不能够仅从企业自身利益的角度进行考虑，也并不完全符合企业的利润最大化，而是提升中国整体的宏观经济利益。例如，保障自然资源的供应。部分文献从企业对外投资的逆向溢出效应角度考察中国企业对外投资对国内地区整体生产率水平的影响。结果发现，中国企业的对外投资具有逆向溢出效应。同时，企业所在地吸收能力越强，逆向溢出效应越显著（陈岩，2011；李梅，柳士昌，2012）。

2.3 发展中国家对外直接投资与开放关系的研究

在探讨发展中国家对外投资的能力问题时，一部分学者针对性地从母国开放的角度考察了对外投资能力与开放之间的关系。

2.3.1 投资发展路径理论

在探讨开放、发展与对外投资的研究中，投资发展路径理论（Dunning，1981）是最经典的理论之一。邓宁（1981）通过考察67个国家的净对外投资（对外投资减吸引外资）与人均国民生产总值（GNP）的关系后，研究发现，在这些国家的截面比较中，随着人均国民生产总值提升与一国区位优势、竞争优势的提升，一国的净对外投资存量将经历微弱为负、负值逐步扩大、负值逐步缩小、由负转正以及围绕横轴上下波动。这一过程被称为投资发展路径，即IDP。虽然IDP理论并非直接针对开放与对外投资能力的形成，但这一路径却隐含着吸引外资至对外投资发展的逻辑。

IDP理论的创建本身并非针对发展中国家。面对发展中国家对外投资的快速兴起，邓宁（2008）及纳如拉和邓宁（Narula & Dunning，2010）指出，发展中国家的IDP过程将缩短，即发展中国家将会在人均国民生产总值相对较小之时就实现从引进外资发展至对外投资的过程。

对于IDP理论的研究中，部分学者考察了IDP在中国等发展中国家的存在性问题（姚永华等，2006；李辉，2007）。更为重要的是，纳如拉和邓宁（2010）指出，IDP 隐含着外资所有权优势、本土企业所有权优势与区位优势之间的互动机制，但对 IDP 机制的研究相对有限。面对这一情况，国内学者通过产业案例对 IDP 的形成机制，尤其是发展中国家的 IDP 形成机制进行深入的研究。研究表明，外资进入能够帮助母国建立产业基础，进而形成企业的国际竞争力，促进其对外投资（陈涛涛和陈晓，2014，2015）。

2.3.2 开放与对外投资能力的形成

随着亚洲国家和地区，尤其是新加坡、韩国、中国香港、中国台湾等国家和地区对外投资的兴起，新兴市场国家和地区的快速对外投资已无法通过传统理论进行解释。事实上，发展中国家跨国公司拥有的企业特定优势也超出了当时传统理论讨论的范围（Cuervo-Cazurra & Genc，2008）。在这一背景下，国际商务领域的学者提出了 3L 理论与跳板理论。这两大理论均把发展中国家对外投资的能力或优势与母国开放密切联系到了一起。

马修斯针对亚洲国家对外投资在快速兴起的特征提出了 3L 理论。该理论认为，发展中国家对外投资经历 3 个过程。首先，发展中国家的企业通过建立合资企业等方式进入国际市场，与国际市场的先行者产生联系；其次，在与先行企业建立了伙伴关系或联系之后，发展中国家的企业能够利用或"杠杆"这一联系，从而实现海外扩张；最后，在"联系"和"杠杆"的过程中进行学习，从而进一步加速了国际化的速度（Mathews，2006a，2006b）。

同样，针对发展中国家为什么能够实现快速对外投资的问题，罗和唐（2007）提出发展中国家国际投资的跳板理论。其研究认为，发展中国家通过内向国际化使得本土企业从中积累资产、技术以及国际化经验，增强对国际市场的认识和理解，减少制度距离。从而，发展中国家的企业能够以国际化为"跳板"实现在国际市场中对于战略资产的快速并购。简而言之，罗和唐（2007）认为，发展中国家跨国公司对外投资的相对优势来源于内向国际化。墨西哥零售企业 Gigante 通过与家乐福的合资学习了管理技能，并利用这一学习优势与在墨西哥经营的沃尔玛展开了竞争，进而进入美国市场。

马修斯（2006a）以及罗和唐（2007）的研究是对传统渐进国际化理论（Johanson & Vahlne, 1977; Johanson & Vahlne, 2009）以及国际生产折衷理论（OLI 理论）的一个重要补充。无论是 3L 理论提及的"联系"还是跳板理论提及的"内向国际化"，都是发展中国家跨国公司对外投资的重要能力来源。这也与母国的开放密切相关。这两大理论的提出，为研究发展中国家通过实行内向国际化发展对外投资能力提供了重要依据。近年来，大量文献用相关视角探讨了发展中国家对外投资问题。

博纳利亚等（Bonaglia et al., 2007）分析了 3 家发展中国家大型家用电器企业的对外投资，发现其中存在 3L 理论提及的利用外部联系杠杆化伙伴关系，从而进一步拓展市场的现象。事实上，从 3L 理论提出之后，即金融危机之后，全球发展中国家中对外投资，尤其是并购，最为突出的就是中国企业。所以在国内外利用 3L 理论进行研究的文献中，以分析中国企业对外投资的文献居多。李（2007）和司等（Si et al., 2013）通过对联想、三一重工等中国跨国公司的分析认为中国对外投资的确存在 3L 的路径，尤其在对于发达国家的投资时 3L 路径更为显著。马克西莫夫和罗（Maksimov & Luo, 2014）进一步探讨了母国因素对发展中国家跨国公司"跳跃"的影响，认为母国的制度与资源约束会促使本国企业利用国际化作为跳板进行对外投资。

在 3L 理论的发展过程中，中国学者针对中国企业的特点进一步对这一理论进行了完善。国内学者范黎波（2011）从理论机制层面分析了中国跨国公司的 3L 成长路径，中国企业的国际化发展也遵循了 3 个"L"的发展路径，即互联（linkage）、杠杆化（leverage）和本土化（localization）。在这一路径中，中国跨国公司经历了由浅到深的组织学习过程，知识积累和升级以及组织能力积累和升级的过程。中国跨国公司通过"互联"战略进行探索性学习，获得经验性知识达到"嵌入"的目的。进而通过"杠杆"战略进行转化新学习，获得专业性知识，并实现中方与外方的利益平衡。最终，企业通过"本土化"战略，进行开发性学习，获得认知性知识，实现内生性发展。范黎波和王肃（2011）以北京第一机床厂并购德国科堡公司作为研究对象诠释了 3L – 3E 模型，该厂通过并购嵌入了科堡的高端价值链，通过建立和科堡的互信互利，明确战略规划，做到利益平衡和杠杆化。同时，采用本土化经营方式，"参与不主导"。在并购后，企业通过知识转移机制加速了知识的转化，形成内生优势。

2.4 对现有文献的评述

自 20 世纪中后期以来，大量文献对包括中国在内的发展中国家的跨国公司进行深入研究。这些文献对国际商务，尤其是国际投资理论做出了巨大的贡献。

第一，上述文献完善了国际投资理论。在国际商务领域，垄断优势理论与 OLI 理论很好地解释了早期发达国家跨国公司的对外投资行为。然而对于发展中国家跨国公司的投资难以用当时现有的理论进行解释，从而使得国际投资理论存在一定缺失。上述文献在将近半个世纪的时间内，针对发展中国家的特殊性与全球化的新形式，从不同层面对发展中国家的对外投资进行解释，很大程度上弥补了早期国际投资理论对于发展中国家投资解释力的不足。

第二，上述文献针对不同领域进行了深入研究，对部分议题做出完善的论述。从上面的文献综述中不难发现，在很多方面，现有文献已经提供了充分的研究和梳理，并得到了一定的具有逻辑化的合理结论。例如，在对发展中国家与中国对外投资的现象特征、能力与优势、动机以及成效方面，现有研究基本已经进行了充分的论述。

但是，上述文献研究，尤其是针对发展中国家跨国公司投资能力的研究依然存在需要深入研究之处：首先，受限于数据和方法，部分研究缺乏对机制的深入探讨。在对发展中国家以及中国跨国公司能力的研究中，部分文献采用了实证研究方法，通过数据解释企业能力。这些研究主要探讨了变量之间的关系，而对其背后的作用机制认识不足。尤其是发展中国家的兴起更让开放与对外投资能力关系的作用机制成为一个"黑箱"。对这一问题的研究需要理论的突破，即使辅之以实证研究，实证研究发现的现象也需要有坚实的机制支持才具有意义。其次，部分采取案例分析方法的研究往往缺乏产业的视角。部分研究在阐述能力发展机制的时候使用案例进行解释。然而，多数研究只是在解释不同问题时使用不同的典型案例进行说明，而不是针对具体产业展开深入的分析。事实上，企业的对外投资在很大程度上体现了其所属产业的国际化特点以及所在国相应产业的竞争力，必须在理解产业及其发展的背景下，才能够厘清企业对外投资能力来源的内在机制。

第三，现有文献对于发展中国家以及中国跨国公司能力的研究往往仅针对企业能力的某个方面展开，普遍缺乏逻辑化的整体分析框架。正如前面所述，开放与发展中国家跨国公司对外投资能力的关系是一个动态的、高度复杂的议题。在开放过程中，不同层面因素的交互作用共同形成了发展中国家跨国公司对外投资的能力。所以，在探讨开放与发展中国家或中国对外投资能力时亟须构建一个逻辑化的多层次动态框架，进而可以展开系统性的深入探讨。然而，现有文献普遍采用的是就案例企业分析的研究方式，忽略了不同层面因素的动态交互作用。

第 3 章
动态 IDP 理论综合分析框架

3.1 动态 IDP 综合分析框架设置的理论基础与搭建过程

在国际商务领域，对外投资能力来源的问题是探讨一国对外投资的根本性议题之一。中国对外投资起步于 2004 年，2008 年全球爆发金融危机，我国对外投资快速增长。面对迫切的实践需求，我们自 2009 年起开始深入研究我国的对外投资问题。在研究过程中，课题组深刻体会到，厘清对外投资能力来源与发展机制是分析一国对外投资的重要基础，尤其是对于中国这类对外投资后发国家，理解其跨国公司对外投资能力至关重要。

研究之初，我们发现国内外学者对中国企业对外投资能力来源问题存在一定的争议，即中国企业对外投资是源于自身能力还是政府支持？部分学者的研究发现，中国企业对外投资存在前期积累，是在具备特定国际竞争力的前提下实现的对外投资（Young et al., 1996；Child & Rodrigues, 2005；Yiu et al., 2007；Li, 2007）。部分学者的研究认为，中国企业的对外投资往往背后存在政府驱动，尤其是在资源领域，这一特征尤为明显（裴长洪和樊瑛，2010；Ramasamy et al., 2012）。

上述争议在针对中国海外投资企业能力问题的探讨中具有典型性，本书认为，企业在进行海外投资之前的能力积累和政府的支持不一定构成对立的观点，很可能共同构成了企业能力的来源。关键问题在于，如果企业在海外投资前有能力的积累，那么这种能力的积累是怎样形成的？如果政府的支持对企业的能力有支持的作用，那么这种政策支持从机制上又是怎么实现的？总体而言，正如在对早期文献的评述中所阐明的，企业对外投资能力的来源、形成和建设过程是一个复杂的系统化的过程，而这一过程的解析，需要着手搭建一个系统化的逻辑分析框架。

为了探索及搭建一个系统化的分析框架，课题组在过去十余年间，进行了大量的文献研究和实践探索。在文献研究方面，课题组梳理了可查询到的对发展中国家海外投资研究的大量文献，并对其中涉及的相关理论进行了深入探讨。在实践方面，课题组就中国对美国、英国、澳大利亚、智利、巴西、秘鲁等多个国家的投资环境以及到这些国家投资的数十家企业进行实地考察与访谈，并设计了持续的案例研究。

具体来看，课题组案例研究涉及的产业包括：汽车产业、半导体产业、矿业、基础设施产业、电视机、电信、计算机及家电与零售等产业。在研究过程中，课题组充分分析不同产业的全球发展历程与特征，并在此基础上，针对不同产业的特征具体分析不同国家相关产业的发展环境与条件，并对相应国家的典型企业进行案例研究。具体产业案例研究的实践如表 3.1 所示。

表 3.1　　　　　　　　　产业案例研究的实践

典型产业层面	全球产业层面	国家产业层面	
汽车产业	汽车产业发展态势及特征	中国汽车产业发展环境与条件	奇瑞、福田
		墨西哥汽车产业发展环境与条件	福特
		巴西汽车产业发展环境与条件	尼玛克
		美国汽车产业发展环境与条件	萨博、古尔格尔
半导体产业	半导体产业发展态势及特征	中国半导体产业发展环境与条件	中芯国际、台积电
		日本半导体产业发展环境与条件	NEC
		韩国半导体产业发展环境与条件	三星电子
矿业产业	矿业产业发展态势及特征	中国矿业产业发展环境与条件	五矿集团
		巴西矿业产业发展环境与条件	淡水河谷
		智利矿业产业发展环境与条件	CODELCO
		澳大利亚矿业产业发展环境与条件	必和必拓

续表

典型产业层面	全球产业层面	国家产业层面	
基础设施产业	基础设施产业发展态势及特征	中国基础设施产业发展环境与条件	中国建筑、中国港湾
		巴西基础设施产业发展环境与条件	奥德布雷希特
		西班牙基础设施产业发展环境与条件	ACS
电视机、电信、计算机、家电、零售等	全球电视机产业及零售产业等	中国电视机产业	TCL、华为、联想、海尔
		中国、美国零售产业等	沃尔玛、Falabala、华润万家等

回顾上述研究过程，我们将以中国为代表的发展中国家企业对外投资能力来源及形成机制的综合分析框架的研究路径进行了归结，我们结合图 3.1 对研究路径中的关键思路与逻辑过程做以下简要的陈述。

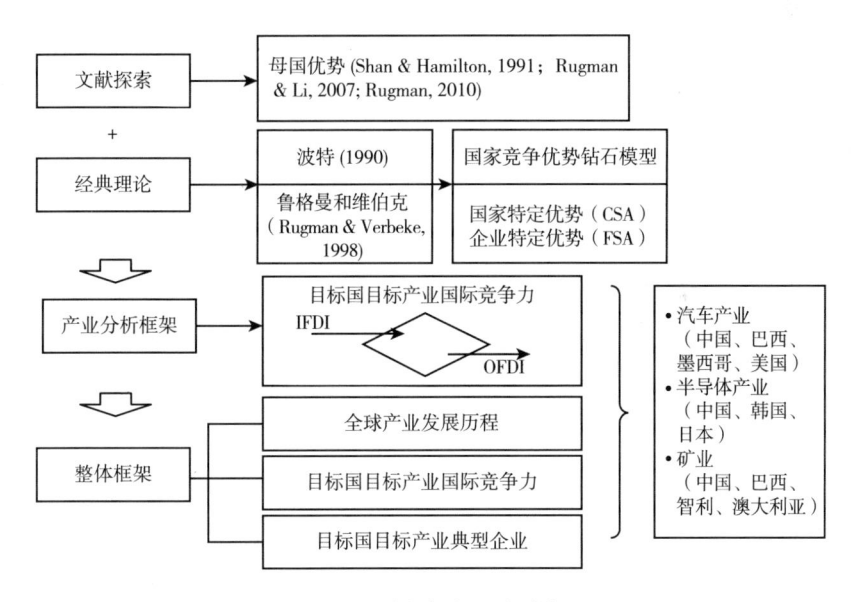

图 3.1 分析框架研究路径

3.1.1 文献探索："母国优势"是发展中国家对外投资企业的重要能力来源

中国是国际投资领域的后来者，课题组的研究也是相关领域的后来者，所以对于中国跨国公司能力的分析必然将基于前期大量文献。对外投资起源于发达国家，直至20世纪70年代，发展中国家才出现对外投资浪潮，并在此后的半个世纪中经历了4个阶段。中国在国际投资领域的兴起在发展中国家对外投资浪潮中也已属于后来者（Duning，2008）。基于上述事实，大量文献探讨了发展中国家跨国公司对外投资能力的问题，这意味着对于中国问题的研究一定程度上存在着文献支撑与理论依据。

在众多探讨发展中国家对外投资的文献中，"母国优势"理论获得了最广泛的认可。该理论认为，一国可以拥有文化、制度、规模、资源等一系列特定优势，这些优势能够支持本国企业获得国际竞争力（Shan & Hamilton，1991）。鲁格曼等学者采用国家优势要素（CSA）的概念探讨发展中国家对外投资能力问题，此类研究发现，发展中国家企业对外投资缺乏企业特定优势，但是它们能够整合利用国内的劳动力、资本、资源、政府支持、制度环境等母国优势，从而支持其获得国际投资能力（Rugman，2009；Rugman，2010；Erdener & Shapiro，2005；Sauvant，2005；Duysters et al.，2009；Luo et al.，2010；裴长洪和樊瑛，2010；陈培如等，2017）。20世纪90年代初，哈佛大学的迈克尔·波特教授提出了探讨一国产业国际竞争力的"钻石模型"理论，该理论以产业为视角，探讨了一国产业获得国际竞争力的机制（Poter，1990；Poter，2007a；Poter & Ketels，2003，2007b；Poter & Rivkin，2012）。在该理论框架中，特定产业能否获得国际竞争力很大程度取决于要素、需求、竞争、产业链等母国的各类产业环境是否具有优势。

作为发展中大国，中国存在何种母国优势，这些优势能否支持形成中国企业的对外投资能力，其中的机制又是如何？这成为课题组研究的焦点。

3.1.2 经典理论："母国优势"分析框架的比较与选择

在探讨母国优势的文献中，学者通常使用两种分析工具：CSA分析框架与"钻石模型"分析框架，而后者的分析过程更为全面，体系性更强。CSA的概念由鲁格曼系统性提出（Rugman，1981），主要强调一国中特殊的优势要素的作用。"钻石模型"分析框架由迈克尔·波特提出（Michael Porter，1990），并经历了长期的发展、完善。"钻石模型"认为，一国特定产业的发展基础是由"需求""要素""竞争""相关产业"四个要素以及"政府"及"机会"共同组成的体系，强调体系内要素的互动关系。

从两者的联系讲，两个理论对于同一国家相应产业国际竞争力的分析在一定程度上具有同源性。也就是说，如果一国确实存在鲁格曼强调的CSA，并将其识别为该国相关产业国际竞争力的来源。利用波特的"钻石模型"进行分析时，也必然包括对该CSA的识别。在此意义上，两个理论对于同一国家相应产业国际竞争力的分析具有一定的同源性特征。

从两者的区别讲，相对于鲁格曼强调的国家特殊优势要素，波特的"钻石模型"是四个要素加外在的"政府"及"机会"共同组成的体系。因此，采用波特"钻石模型"对一国特定产业国际竞争力的分析不仅更加全面，并且更具强大的体系性的内在逻辑。也就是说，当一国特定产业内四个要素中存在多个并且存在积极有效的互动关系时，该产业就会存在促成产业国际竞争力形成更坚实的基础，从而支持产业具有更加强大的国际竞争力的产生。

由此，我们认为，针对一国特定产业国际竞争力的评价而言，波特的"钻石模型"是优于鲁格曼国家优势要素的综合分析工具。

3.1.3　产业分析框架Ⅰ：引入开放的产业发展条件

在运用"钻石模型"分析框架过程中，课题组进一步认识到，在中国案例中使用"钻石模型"必须考虑中国的开放进程及其对产业条件的影响。邓宁认为，在欧洲一体化的实践背景下，评价区域内的国家竞争力，不仅需要考虑该国自身的需求、要素、竞争和相关产业的条件，而且需要考虑区域内其他国家劳动力和资本流动对该国的要素的影响、区域一体化后其他国家对该国需求规模和质量的提升作用，以及来自区域内其他国家的外资进入对该国的竞争和支持性产业的提升作用等（Dunning，1993）。中国的对外开过程中，"引进来"在先、"走出去"在后，因此对于产业条件的分析必然需要考虑内向国际化过程（Mathews，2006a）。

经过大量案例研究，课题组首先提出"一国产业内吸引外资对其对外投资的影响机制"分析框架（见图3.2）。课题组通过对中国、巴西、墨西哥等国家的汽车产业、矿业等行业的案例研究发现，发展中国家产业条件的建立往往受到外商投资的影响。此后，外资与本土双方可能存在动态的交互影响，最终可能形成具有特定国际竞争力的产业环境，支持发展中国家实现对外投资。所以，该框架基于"钻石模型"，以目标国的目标产业为分析对象，在考虑东道国宏观环境的背景下，考察该产业吸引外资对其对外投资能力形成的影响机制。

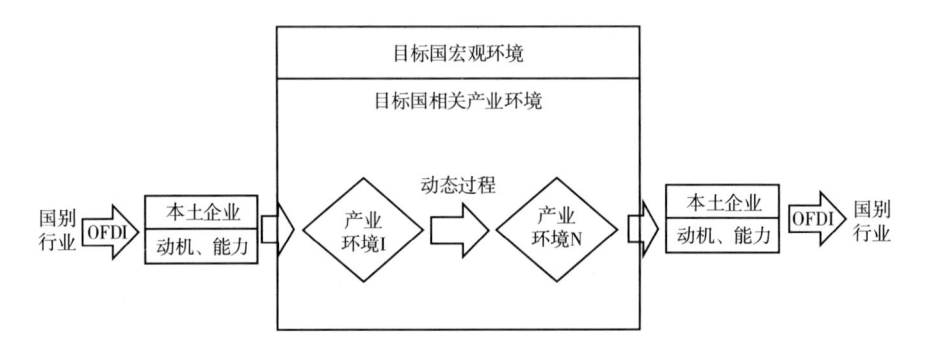

图 3.2 "一国产业内吸引外资对其对外投资的影响机制"分析框架

3.1.4 产业分析框架Ⅱ：引入产业外部发展环境

在开放条件"钻石模型"的运用过程中，课题组进一步意识到国际环境、全球产业发展态势等外部条件的重要性。课题组在研究过程中，分析了多个国家的多个产业，并进行了系统性对比。我们发现，一国的内向国际化不仅涉及外资的引入，更涉及背后生产技术、组织模式等要素的引进。这意味着，作为发展中国家，其产业环境的搭建往往涉及外资的引入以及一系列内向国际化过程，而特定时期的国际环境、国际关系与产业态势是目标国引入外部资源的重要条件。根据波特"钻石模型"的逻辑，符合条件的产业会形成国际竞争力，其中，获得优胜地位的企业将继承并发展出对外投资能力。

鉴于上述客观条件，课题组进一步构建了特定国家特定产业发展路径的综合分析框架（见图 3.3）。在该综合分析框架中，我们建立外部环境与内部产业条件的联系机制，从而强调外部环境的重要作用，完善产业案例分析的框架。

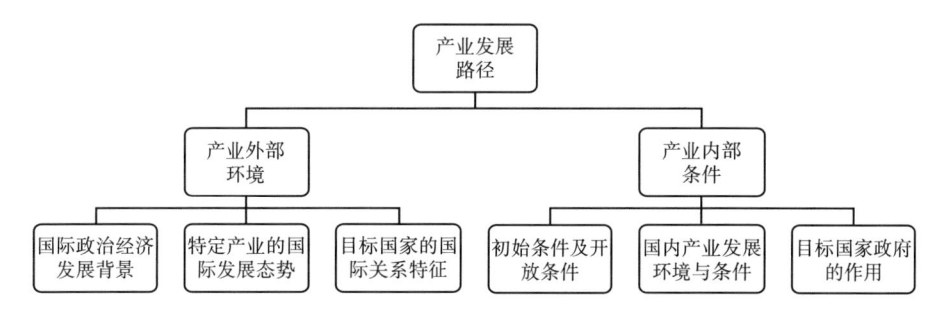

图 3.3　特定国家特定产业发展路径的综合分析框架

3.1.5　整体框架：开放产业环境中成长的企业

在后续的深入研究中，课题组进一步意识到企业自身特征在其对外投资能力发展过程中的关键性。一方面，在任何一个国家、任何一个具有国际竞争力的行业中，能够实现对外投资的也仅是一小部分企业，为何其他企业在具有竞争力的产业条件下未能培养出对外投资能力？另一方面，在某些国家的某些不具备国际竞争力的行业中，也可能存在一些具有出色的跨国公司，中国矿业领域的中国五矿集团就是典型案例。这些事实让课题组进一步意识到，对外投资的最终载体是企业，企业自身的特征，如企业家精神、国际化意识等，都将与内外部产业环境共同作用，影响企业对外投资能力的形成。

综上所述，课题组在分析对外投资能力问题上构建了涉及三个层面的动态、系统性分析框架（3.2 节将对该框架进行详细阐述）。在课题组的分析框架中，对外投资能力的形成是外部产业环境、国内产业条件与企业特征共同作用的结果。课题组的案例分析也将遵循这一分析框架。

3.2　动态 IDP 综合分析框架的设置及分析路径表

3.2.1　分析框架的内涵

上述背景下，课题组历经十年研究，基于对前期分析框架的完善，最终提出开放环境下发展中国家企业对外投资能力发展路径分析框架（见图 3.4）。

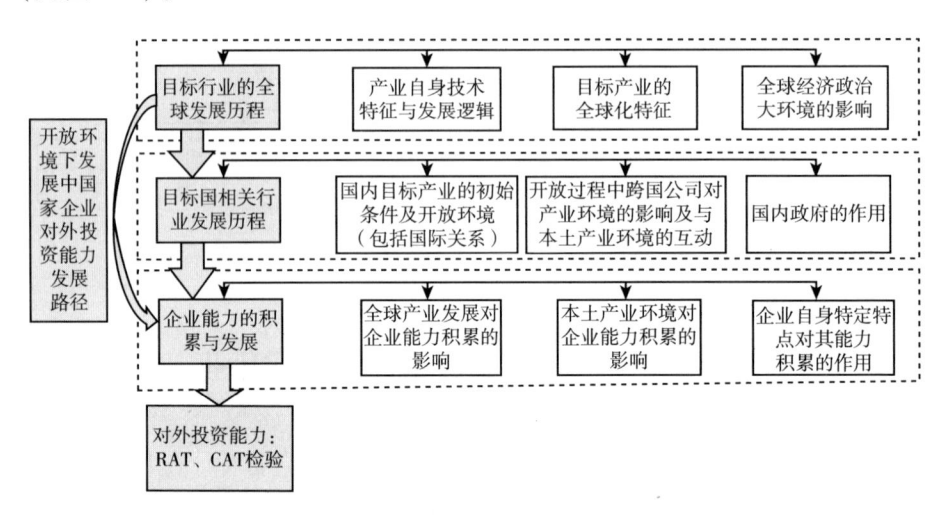

图 3.4 开放环境下发展中国家企业对外投资能力发展路径分析框架

这一框架涵盖"全球产业""目标国产业""企业"三个层面。其内涵主要在于以下方面：首先，开放环境下发展中国家企业对外投资能力发展路径分析框架继承了前期研究中对全球产业以及本国产业动态发展的重视。在本书分析框架中，全球产业与目标国相关产业的发展依然是重要分析对象。在分析全球产业发展过程中，产业有其自身发展特征，同时依然会强调国际政治经济环境的影响。而在国内相关产业分析过程中，作为针对发展中国家的分析工具，该框架依然会特别强调初始环境与外资的引入过程，并分析政府引导下外资与本土产业环境的互动作用。

其次，本书的分析框架进一步强调企业层面因素的作用。客观上，企业是对外投资的载体，发展中国家的部分企业也具有典型特征。所以，该分析框架会在强调国际环境和国内环境对企业影响的同时，重点探讨企业自身的优势或劣势特征。最终，本书将在企业层面使用麻省理工学院雷萨德（Lessard）教授创立的国际投资能力适用性检验（RAT）模型对企业海外投资能力的形成进行检验。RAT 与 CAT 检验是美国麻省理工学院雷萨德教授提出的建议跨国公司能力转移的理论（Lessard et al., 2013）。此后，清华大学经济管理学院教授陈涛涛对该理论进行了一定的发展。根据经典的国际商务理论，企业的对外投资往往基于其在母国发展起来的能力进行能力外展或通过对外并购的方式获得东道国被并购企业的能力。

当考察跨国公司的能力能否外展时需要进行 RAT 检验，即考虑三个方面的问题：一是相关性，即企业在国内发展起来的能力是否与东道国相关。二是适用性，即企业的相关能力延展至当地是否合适。这主要考察企业的能力延展对于当地发展是否有利或符合当地发展的需求。三是可转移性，即企业的相关能力是否能转移到东道国。事实上，部分能力，如中国的廉价劳动力带来的成本控制能力是无法转移至国外的。

当考察企业能否通过国际并购获得相关能力时需要进行 CAT 检验，即考察三个方面的问题：一是相关性，即企业在国外获得的能力是否与母国市场相关；二是适用性，即企业获得的相关能力是否适合母国当地发展的需求；三是可转移性，即企业获得的相关能力是否能转移回来。事实上，企业对外投资是多样化的，能力延展与能力获取也存在动态的交互作用。

最后，本书的分析框架强调不同层面之间的逻辑联系。该分析框架具有三大层次，即全球产业层面、国内产业层面与企业层面。其中，发展中国家企业的发展必然受到国内产业环境的影响，也将会受到当时国际产业发展态势的影响。同时，发展中国家国内产业在建立过程中也必将受到全球产业发展态势的深刻影响。

综上所述，开放环境下发展中国家企业对外投资能力发展路径分析框架是动态一体化的案例机制分析框架，能够对发展中国家对外投资能力的形成进行完整、有效地分析。

3.2.2　基于案例机制研究框架的分析要点

在分析过程中，需要选择具体的案例分析对象。从本课题组的前期研究中可以充分看到，对外投资具有典型的行业特征，不同行业的发展有其自身的逻辑。所以，不区分行业进行笼统的分析并不具有参考价值，针对具体的行业进行研究才具有重要的意义。

基于上述分析框架，本书将在具体案例机制分析过程中遵循体系化的分析要点，即从"产业的全球发展历程""目标国产业发展的内部条件以及外部环境的互动关系""目标国产业中典型企业的对外投资能力积累"三个层面进行分析。具体分析过程如表 3.2 所示。

表 3.2　　　　　　　　　案例机制分析要点与思路

产业的全球发展历程	
产业自身技术、市场发展特征	
产业国际化发展特征	
国际政治、经济背景对全球产业的影响	
目标国产业发展的内部条件以及与外部环境的互动关系	
产业初始条件及开放与外资（跨国公司活动）的引入	内部产业初始条件及本地企业初始状况
	外部产业环境的影响
	产业初始吸引力及目标国政府的开放与支持政策
开放对产业发展的影响（强调多阶段的动态分析）	外资初始进入（或跨国公司活动）对产业条件（"钻石模型"四种要素及整体）的影响
	外资（或跨国公司活动）在发展阶段对产业条件（"钻石模型"四种要素及整体）的影响
	内部产业条件的变化及外资（或跨国公司活动）的互动关系
	外部产业环境的持续影响
	政府的作用
目标国产业中典型企业的对外投资能力积累	
典型企业的能力发展	企业建立的背景与发展历程
	全球产业发展大趋势对企业能力积累的作用
	国内产业环境对企业能力积累的作用
	企业自身特征对企业能力积累的作用
对外投资能力的适用性检验（RAT、CAT 检验）	国内培养的能力是否与国际市场相关（国外并购的能力是否与本地市场相关）
	国内培养的能力是否能够传递至东道国（国外并购的能力是否能转移回国）
	国内培养的能力是否符合东道国的发展要求（国外并购的能力是否符合母国发展要求）

第二篇

企业层面动态 IDP 分析 I：发展中国家矿业跨国企业能力建设

矿业是一个古老的行业，最早可以追溯至殖民时期。随着人类社会逐步实现工业化、信息化，人们对矿产品的需求不断上升、不断更新迭代。从某种程度上来说，矿业的发展见证了人类社会的发展。在矿业发展历程中，澳大利亚、巴西、智利等富矿国相继出现一批优秀的跨国矿业企业。与之相比，中国的矿储，尤其是大类工业矿储（如铜、铝等）相对缺乏，中国的矿业行业也并没有形成明显的国际竞争力。但是，中国通过自身开放路径的选择，培育出一些具有国际竞争力的矿业企业。

第 4 章
国际矿业的发展历程

与其他产业的经济发展类似，矿业发展主要取决于供需两个方面，即资源储量和矿产品需求。其中，需求是决定矿业发展兴衰的主要影响因素（陈其慎等，2015）。同时，矿业又是一个具有高度地域投资黏性的行业（Bridge，2004）。在矿业供需的动态发展过程中，矿业技术和矿产资源国的政策共同影响着全球矿业发展的脉络和走势。本章着重从需求入手，根据不同时期需求的高涨或者低落以及不同的需求类型，将全球矿业的发展划分为如下 6 个主要阶段。

4.1 第一阶段（15 世纪末至 19 世纪初期）：矿业殖民发展期

全球矿业的起源可以说是随着哥伦布地理大发现和西欧殖民主义兴起而开始的。1492 年，哥伦布第一次踏上美洲大陆后发现这里遍布着金银贵金属矿产，随后开启了从欧洲通往美洲的航线。推动这一时期贵金属矿业开采的动因，主要来自以西班牙和葡萄牙为代表的欧洲帝国出于对财富的渴望和国际贸易货币的需求。当时的西方国家从中国和印度大量进口丝绸和香料等奢侈品，产生了大量贸易赤字。而中国又是以银为本位货币的国家，金银在国际贸易中起到重要的流通货币作用，这进一步推动欧洲在拉美地区大肆开采金银的行为。

矿业技术方面，殖民发展时期几乎没有矿业技术可言。在这一阶段，科学的勘探技术仍然是空白状态，以至于在17世纪后半期，加拿大被认为是缺乏黄金储量的国家。因为其国土上缺乏在当时被认为是黄金储存所必需的温暖阳光（Jébrak，2012）。这一阶段的开采过程基本上都是靠人力、畜力或是利用自然动力的简单装置（如水车），所开采的基本上也是黄金、白银这种不需要进一步冶炼的矿产品种。在矿业殖民发展期，矿业勘探、开采和冶炼的相关技术几乎都是空白状态。人们在这一阶段没有意识到矿业发展和环境保护之间的矛盾。

4.2 第二阶段（19世纪初期至第二次世界大战时期）：现代矿业萌芽期

在长达300年的殖民过程中，西班牙和葡萄牙以掠夺和压榨土著印第安人作为廉价劳动力的方式开采大量的贵金属。1803~1815年，拿破仑对欧洲国家发动一系列的战争，其中就包括西班牙和葡萄牙。随着西、葡两国本国在政治、经济和军事实力上的减弱，本国也爆发了资产阶级革命推翻了封建体系。一系列的综合因素，致使西班牙和葡萄牙逐渐失去了对拉美地区的控制力。1810~1826年，拉美各国纷纷爆发了独立战争，结束了西班牙和葡萄牙的殖民。但在战争影响下，拉美国家的贵金属矿厂大多在独立战争时期被迫停工甚至遭受破坏，而聚集在矿区的工业也四下逃散，致使拉美矿业在独立战争后很长一段时间都没有恢复过来。

拉美独立初期，随着英国的强大和西、葡的衰落，英国开始试图在拉美这片蕴藏着丰富金银矿产的土地上采掘贵金属。但由于一方面拉美已开采的贵金属矿较少，另一方面拉美国家的基础设施十分落后，致使当时很多大型机械无法运输进入。

19世纪初，随着第一次工业革命在欧洲和美国的推广，各国对工业矿产的需求大大提升，推动了全球矿业从早期的贵金属矿产开采向铁、锡、锌等矿产发展。到19世纪中叶，随着欧洲的工业金属矿业已经不再足以满足其工业发展，以英国为代表的新兴帝国以直接投资的方式在拉美国家、加拿大、澳大利亚和非洲进行工业矿产开采。19世纪70年代之后，以电力为代表的第二次工业革命出现，以蒸汽、电力为代表的新能源的广泛使用，大大提升了全球矿业的效率。在第二次工业革命的推动下，钨、镍、铝等矿产的需求飙升。在本阶段末期，第二次世界大战的爆发进一步提高铝、钛等科技军工类常用金属矿产的需求。为满足日益高涨的需求，这一时期的矿业技术在航空勘探、新开采技术等方面也有了新的突破。这一阶段矿业行业相比之前有了更多工具，但更多体现为个别、分割、独立的技术贡献，系统科学的勘探和开采技术还没有形成。除矿业技术的零星进步外，这一阶段主要的矿业国家也认识到环境保护的重要性，如美国（黄石公园，1872）、澳大利亚（皇家国家公园，1879）和加拿大（班夫国家公园，1885）的第一个国家公园相继在这一阶段建成。

由于英国、法国、德国等欧洲主要工业化国家矿产资源稀缺，在其本国工业化发展还未达到顶峰时，欧洲的矿业资源已经不足以支持本地区的工业发展。因此，从19世纪中期开始，全球矿产行业发展的重心，尤其是技术来源，逐渐向北美洲和澳大利亚转移（Bridge，2004）。

美国在20世纪以前的矿业发展基本集中在国内，其需求和要素都来自国内，而参与的海外投资较少。但从20世纪开始，本国矿业产业的建立完善，逐渐意识到资源战略意义的美国也加强了对其他国家，尤其是拉美国家的矿业投资。

随着拉美国家的独立，发达国家已经不能通过殖民方式在拉美国家进行矿业开采，而是采用直接投资的方式。在非洲和亚洲国家，虽然还处于殖民时期，但也逐渐采用跨国公司的方式进行资源开采。因此，来自发达国家的矿业公司是这一时期的全球矿业主要参与者，包括力拓（Rio Tinto，1873）、必和必拓（BHP，1884）、美铝（Alcoa，1888）、泰克资源（Teck，1913）、诺兰达（Noranda，1922）等大型公司。20世纪50年代以前的后殖民时期，来自发达国家的跨国公司几乎垄断了发展中国家的采掘业（WIR，2007）。

4.3 第三阶段（第二次世界大战后至 20 世纪 70 年代初）：国际矿业黄金发展期

第二次世界大战后，欧洲战后重建，以及日本和韩国经济高速发展，推动了全球对矿产品的需求，全球矿业进入到黄金发展时期。

同时，该阶段也是主要资源国家矿业国有化和资源民族主义时期，矿业被广泛的国有化运动影响。一方面，以发展中国家为主的资源国家的矿产资源国有化在 20 世纪六七十年代达到高峰，在这一过程中大量发展中国家大型国有矿业企业开始崛起。另一方面，大量发展中国家政府在金属矿业发展的六七十年代市场价格高点时期开始将本国的矿业企业进行并购或收归国有。在第一阶段，主要有智利、秘鲁、刚果和赞比亚的铜矿，以及几内亚的铝铁矿被国有化，例如刚果（金）的采石场与矿业总公司。在第二阶段，主要有巴西、智利、印度、毛利塔利亚、委内瑞拉的铁矿部分被收归政府，例如智利的 CODELCO 公司、巴西的淡水河谷公司等（WIR，2007）。但是，事实证明，大多数非洲国家和拉美国家在矿产行业的国有化是失败的。

在矿业国有化以前，占据大量发展中国家矿业份额的发达国家矿业跨国公司，在这一阶段被迫有限参与或退出这些发展中资源国的矿业生产。因此，他们转而向加拿大和澳大利亚这两个相对发达的地区发展。在政府的支持与跨国企业的参与下，加拿大和澳大利亚两国的矿业行业得到快速发展。

虽然后来大多数发展中国家的矿业国有化被认为是失败的。但拉美和非洲国家在国家保护的政策下，仍然逐渐形成了以本国企业为主的矿业格局，产生了一批本国的矿业公司，有的发展中国家矿业公司也的确在战后经济高速发展的阶段获得了好处、积累了一定的能力。

这一阶段的矿业技术变得更加系统化，更多基于地质学、地球化学和地球物理学的勘探和开采方法开始应用到矿业行业中。得益于系统性开采技术的应用，大量沉积矿床中如铂、铌、钽、钛等新型金属被发现和开采出来。除此之外，机动车行业的发展催生出矿山运营中大规模使用火车和卡车，经营效率进一步提高。

由于前期重工业快速发展，环境污染问题开始在欧美国家露出苗头。伦敦、洛杉矶相继发生了严重的污染案件。受环境污染事件的警示，欧美国家开始意识到保护环境的重要性，1955年美国颁布的《空气污染控制法案》和1956年英国政府颁布的《清洁空气法案》成为全球环保立法史上具有"里程碑"意义的事件。

4.4 第四阶段（20世纪70年代初至20世纪90年代后期）：国际矿业衰退期

1974年，标志着全球经济强势增长30年黄金时期的结束，同时也标志着全球对矿产品自第二次世界大战以来的高需求结束（见图4.1）。第一次石油危机带来石油价格暴涨，直接导致美国和日本等主要工业化国家的工业生产下降，全球对金属矿产品的需求随之下降。1978年由于伊朗政变导致的第二次石油危机，也成为20世纪70年代末期全球经济持续和全面衰退的重要原因。因此，金属矿产品价格由于世界经济增速放缓、主要工业国家减产、对金属的使用减少、矿产生产商之间的激烈竞争以及早期矿业价格高涨时投资过多带来的生产过剩，造成1974年后金属矿产品价格的暴跌（WIR，2007）。

随后，主要发达国家工业化完成并进入后工业化时期，对矿产品的需求持续减少；石油危机的持续推动采矿成本高升，政府债台高筑也无力继续开发矿业资源。第三次科技革命的成果逐渐应用到全球各行业各中，虽然带来经济形势的好转，但主要是来自高科技产业的推动，矿业的需求依旧疲软。在资源国方面，前一阶段大量的矿业国有化以后，这些矿业资产在当时还没有经验的国有企业手中，企业效率低下、官僚主义、技术和管理落后的弊病很快显现出来，一定程度上也阻碍了国际矿业的发展。综合上述各方面原因，导致全球矿业从1974年开始持续低迷至20世纪90年代中后期。

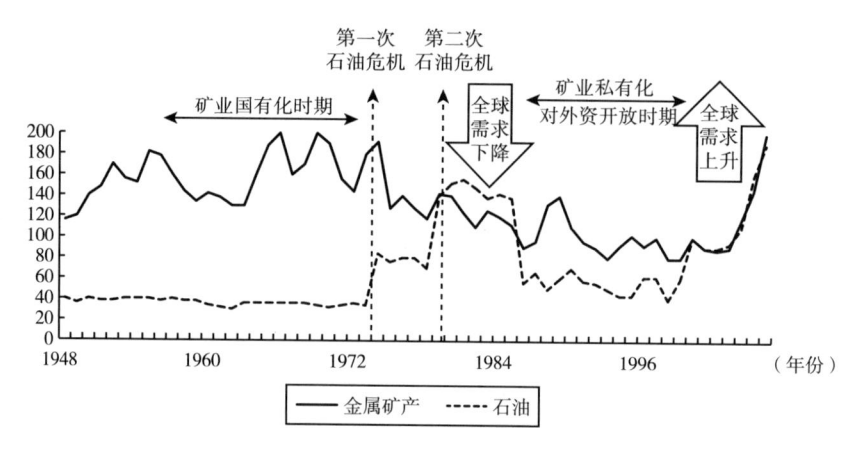

图 4.1 国际经济事件与金属矿产及石油价格指数变动（2000 年 = 100）

尽管需求萎缩，矿业技术在这一阶段也有所发展。在勘探技术方面，板块运动学说带来了新的勘探视角。通信技术的发展同样给矿业发展带来新动力。在开采和冶炼技术方面，这一阶段也有少量新技术的出现，例如兴起于美国内华达州和澳大利亚的炭浆法；这一方法可以从低品位黄金矿中提取出高纯度黄金。

在产品价格下降、开采成本上升的大背景下，这一阶段的企业只有通过计算机和通信技术等先进技术不断提高生产率或降低运营成本才能生存下来。与此同时，由于此前大肆开采矿产的弊端逐渐显现，矿业发展过程的环保意识开始普及。尤其是 20 世纪 70 年代开始，当时世界上主要发达国家相继为环境保护立法或者成立专门的机构负责相关事务，例如 1970 年美国环境保护署成立、1972 年欧洲议会通过欧盟环境法。此外，由于前期多年的开采，部分富矿国的已开采矿储品质开始下降，加上长期以来冶炼厂粗放的加工方式，使得这些富矿国的环境污染问题凸显。20 世纪 80 年代的智利便是这类国家的典型代表，拉各斯（Lagos, 1989）指出智利的六大铜矿冶炼厂（主要隶属于国有矿业公司 CODELCO 和 ENAMI）排放的硫化物和颗粒物给智利造成了严重的空气污染问题。[1] 突出的空气污染

---

[1] Lagos, G. E. 1989. Preservation de un equilibrio ambiental en la explotacion de los recursos no renovables. Proceedings of the 3rd Chilean Scientific Environmental Meeting, Sep, Centro de Investigacion γ Planificacion del Medio Ambiente.

问题使埃尔文（Aylwin）执政下的智利政府下定决心，从1990年开始陆续出台了一系列环保法案，并按照美国同等标准制定废气排放标准（decree185）。

4.5 第五阶段（20世纪90年代后期至2008年）：国际矿业繁荣期

油气和金属矿产品价格在20世纪七八十年代的持续低迷对全球矿业在90年代的开放格局造成了重大影响：在经历了近30年的价格低谷后，油气和金属矿产品逐渐被视为一种普通商品。油气和矿产品被商品化以后，开始影响发展中国家和转型经济国家政府的政策导向，并推动了相关行业的私有化、降低管制程度，以及增加对外商直接投资的开放度，尤其是金属矿产品行业。来自新兴经济体的旺盛需求和资源国矿产业的逐步开放，带来了这一时期全球矿业的快速发展。从90年代中后期开始，随着以中国为代表的新兴发展中国家的崛起，矿产资源的需求量激增。这一时期也是经济全球化发展的鼎盛时期，资源国在坚持经济主权原则和资源永久主权的同时引入国际资本参与开发（胡俊芳，2013）。发展中资源国矿业私有化为全球矿业公司之间的兼并收购创造了条件，推动了矿业公司在上游资源之间整合和垂直一体化发展，使得全球矿产业近年来集中度上升。

由于前期价格低迷导致供给有限，加上发展中国家的旺盛需求，大部分金属矿产的价格开始回暖。此外，随着核能、风能、太阳能等新能源以及储能行业的兴起，铀、钴、钕、锗、钯、锂等特殊金属的需求快速上升。

经过多年开采，新的露天矿不再像以前那般容易被发现。据澳大利亚科学院（2010）统计，截至2000年，澳大利亚发现的矿储中近40%埋藏于地表下15米至200米深的位置，10%埋藏的位置甚至超过地表以下200米。由于深层矿比例的提升，这一阶段的矿业技术的发展以深层矿开采导向为特征。在矿业勘探技术方面，GPS、ICP-MS技术的应用提升了矿业从业人员获取地理、矿储相关数据的范围和速度，2D、3D 建模等计算机应用程序的普及则使得矿业从业人员可以对矿业数据做出更全面、精确的分析。在矿业开采技术方面，这一阶段矿业并没有太大原生的技术进步，主要是将石油开采中使用的大口径、深层钻井技术应用在金属矿产开采中。

4.6 第六阶段（2009 年至今）：国际矿业调整期

金融危机后，全球多数矿产品价格在 2008 年底至 2009 年呈现断崖式发展态势。2010 年后，伴随全球经济的缓慢复苏，国际矿产品价格逐渐回升。但随着中国逐渐进入后工业化时期，全球经济增速放缓等因素影响，全球矿业进入调整期。

同时，矿业全球化的发展和 2008 年金融危机对发达国家矿业企业的冲击，也给发展中国家的矿业企业带来了机会，少数来自拉美国家和中国的矿业企业逐渐成为全球矿业市场上的有力竞争者。

值得一提的是，以中国为代表的新兴经济体在新一轮全球矿业发展和调整的浪潮中，不仅本土矿业行业有了明显进步，其环保意识也开始觉醒。2012 年，党的十八大报告在原有"四位一体"的基础上加入生态文明建设，拓展了总体布局，标志着中国对生态环境保护的重视程度达到历史新高度。2013 年，党的十八届三中全会通过的《中共中央关于全面深化改革若干重大问题的决定》提出要建立系统完整的生态文明制度体系。2014 年 4 月 24 日，中国完成了《中华人民共和国环境保护法》（以下简称《环保法》）的修订。修订后的《环保法》从企业污染防治责任、信息公开、违法行为制裁、公众参与、监督环境保护等多个方面做出了更加全面系统的规定，法律的可执行性和可操作性也得到较大提升。

2015 年中央政治局会议审议通过了《生态文明体制改革总体方案》，旨在推进生态文明领域国家治理体系和治理能力现代化；2016 年，国务院发布了《关于全国矿产资源规划（2016～2020 年）的批复》，提出要以保障资源安全为目标，加快矿业绿色转型升级，推动矿业务实合作；2017

年，国土资源部、财政部、环境保护部等相关部门印发了《关于加快建设绿色矿山的实施意见》，明确将绿色矿山上升为国家行为；2018年，自然资源部发布了《非金属矿业绿色矿山建设规范》的公告，在节能减排、数字化矿山、资源综合利用等方面对行业提出了新要求；2019年，自然资源部引发了《探索利用市场化方式推进矿山生态修复的意见》，要求推进废弃矿山的修复，鼓励矿山土地综合修复利用。

第5章
中国矿业企业对外投资机会与能力建设

5.1 中国矿业发展的阶段性特征

中国的矿业产业有着悠久的历史。但现代矿业起步较晚，直至中华人民共和国成立，矿业产业开始加速发展。根据中国现代矿业产业的发展特征，我们可以将其划分为4个阶段（见图5.1）。

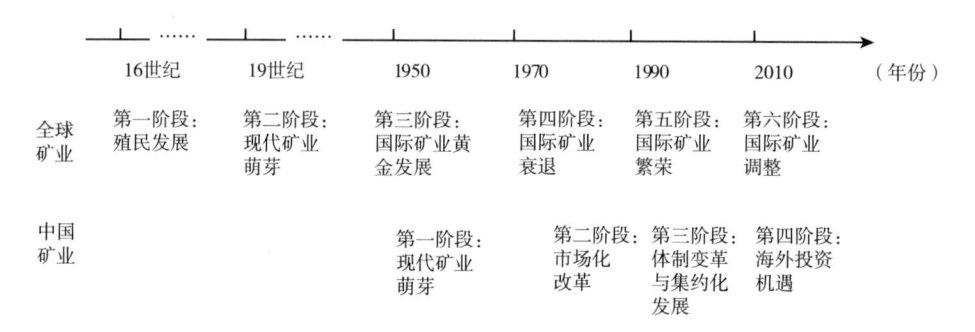

	16世纪	19世纪	1950	1970	1990	2010	（年份）
全球矿业	第一阶段：殖民发展	第二阶段：现代矿业萌芽	第三阶段：国际矿业黄金发展	第四阶段：国际矿业衰退	第五阶段：国际矿业繁荣	第六阶段：国际矿业调整	
中国矿业			第一阶段：现代矿业萌芽	第二阶段：市场化改革	第三阶段：体制变革与集约化发展	第四阶段：海外投资机遇	

图 5.1 中国矿业产业发展阶段

1949年以前是中国古代和近代矿业的发展时期。在闭关锁国的封建社会时期，由于金、银、铜、铁等金属矿产具有铸币的功能，因此为了控制铸币资源，这个阶段中国的矿产业几乎都控制在国家手中。

19世纪后半叶开始，清政府开始兴办洋务运动和兴建北洋水师，中国一方面从外国进口矿产制成品，另一方面也逐渐发展本国的矿业开采和加工行业。逐步建成了中国机械采矿行业，并出现了首批近代矿业企业。

从鸦片战争到 1911 年辛亥革命前，中国处于半殖民半封建社会。当时侵华的帝国主义国家在华开办了许多大规模煤矿，外资煤矿企业占到了全国煤矿产量的 80% 以上。辛亥革命后，中国从外资手中收回部分矿权；但日本侵华期间又有 200 多处矿山被霸占。抗战胜利后，这些矿山大多被国民党政府接管。内战时期，这些矿山遭到严重破坏和生产停滞，直至中华人民共和国成立后才逐渐恢复。

5.1.1　第一阶段：现代矿业萌芽期

1949~1978 年是中国现代矿业的萌芽期，也是我们所划分的中国现代矿业发展的第一个阶段。中国虽然自然资源种类繁多，但并非矿产资源储量十分丰富的国家，近代兴建的一些矿山此前均遭到严重破坏，设备或陈旧或损坏，资源勘探储备情况不明。除此之外，这一阶段矿业开采技术非常落后。

1949~1952 年，中国政府主要进行了对旧有矿山的恢复和对现有资源的勘察测绘工作，并陆续颁布了《中华人民共和国矿业暂行条例》《地质勘查工作统一登记暂行办法》等规定，促进老矿山的恢复改造，以便为后期的恢复生产、扩大建设和新矿山的兴建做准备，并明确指出全部矿产资源均为国有。

从 1953 年执行第一个五年计划开始，中国的矿业发展进入计划经济时代。这一时期，矿业之于经济发展的重要性被清楚地认识并作为重要产业加以发展。但由于在该时期中国受到西方国家的封锁和禁运，国际贸易受阻。虽然这时中国的矿业发展还十分落后，但也只能通过开发本国矿产的方式满足经济发展的需求。此时的中国几乎没有矿业设备制造工业。当时投入矿业建设的第一批勘探、开采、选矿设备都是从苏联引进的；并通过从苏联引进技术、专家、贷款的方式进行矿山项目的设计和开发——这成为中国现代矿业发展的起点和基础。1965 年，中国政府颁布《中华人民共和国矿产资源保护试行条例》，首次对矿产行业中涉及地勘、矿山设计、开采、选矿、冶炼、加工等多个环节进行了系统性的法制化规范。20 世纪 60 年代，中国现代矿业的发展受到一定程度的阻滞。

在计划经济公有制时期，中国的矿业企业以国有为主，地方国营企业次之，集体所有制企业矿山只有极少数。虽然这种计划经济体制下集中精力办大事的操作方法和管理模式在现在看来是较为死板和落后的，但在新中国成立之初人均国民收入极低，全国范围内缺乏资金、资源和人才的情况下，高度集中的经济体制和计划性发展反而为中国矿业带来了行业发展的初始积累。这一时期中国建成的矿业企业中有相当部分的矿山项目和冶炼厂是引进苏联"156项目"中的重点工程，并一直发展至今。此外，在中国政府的主导下，还陆续设立了地质部、冶金工业部、石油工业部和煤炭工业部等相关负责机构，以及建成了中国矿业学院、北京地质学院、北京石油学院等多个地质和矿业类院校及学科专业，为中国矿业事业输送了大量人才。

虽然意识到矿业是国家发展的支柱产业，政府也给予相当程度的重视，但由于当时的经济发展十分落后，因此在需求不旺盛的情况下，中国矿业在虽然有所进步，但发展较为缓慢。这一时期，中国矿业发展主要集中在开发国内矿产进行自给自足式发展。到1978年，经过30年的发展，中国煤矿、铁矿、铜矿等主要矿产品的产量占全球的比重分别从1949年的1.8%、0.3%、0.2%上升到17.0%、6.5%和2.0%。虽然发展缓慢，但也正是在这一时期中国矿业体系在机制、体制等方面得以逐步形成，为后面中国矿业的发展奠定了基础（陈其慎，2013）。

5.1.2 第二阶段：市场化改革时期

1978~1995年是中国矿业的市场化改革时期。改革开放以后，中国的矿产行业积极摒弃之前冒进和不切实际的发展方针，从实际情况出发并由此开始逐渐发展起来。

从矿业经济体制来看，随着国家经济体制由社会主义计划经济向市场经济体制的转变，矿业产业也从早期单一公有制转变为集体、股份、民营、中外合资和外商独资等多种所有制并存的格局，并对早期的国有矿业企业进行了公司化改造。矿山企业也由单一矿业生产模式向矿业与非矿多元化经营转变。除了民间资本以外，这一时期也是外商投资中国矿业较为活跃的时期，一些外商直接投资参与到中国矿业行业中。在打破国有矿业企业垄断和加强市场竞争的同时，也带来了先进的矿业技术、矿山设备和现代化的矿山管理体系。

在开放环境和与西方国家关系逐渐融合的情况下，中国矿业也从两个方面进行了对外开放：一方面引进外国先进的矿业技术、仪器设备和管理经验；另一方面引进外资合作勘探开发国内矿产资源。随着开放力度加大、国家经济实力加强、信息通信便利化以及对外经济技术交流的常态化，中国的矿业不断引进国外先进技术的同时，其自主创新和研究能力也在不断提高。

在矿业立法方面，1978年《中华人民共和国宪法》明确"国家保护环境和自然资源，防治污染和其他公害"；1979年，《中华人民共和国环境保护法（试行）》（以下简称《环保法（试行）》）在第五届全国人民代表大会常务委员会第十一次会议上被原则通过；[①] 1986年，中国首次通过并实施了《中华人民共和国矿产资源法》（以下简称《矿产资源法》）。该法令的颁布，标志着中国的矿产资源的开发利用和管理开始走上了以法治矿的法制轨道，以法律效力保护和促进了矿业生产力的稳定持续发展。1989年，中国在前期《环保法（试行）》的基础上进一步修改，正式通过《中华人民共和国环境保护法》（以下简称《环保法》）；与试行阶段相比，《环保法》进一步总结了实施经验，内容上更加科学，但也仍然存在一定历史局限性，包括以经济增长观念主导，要求环保要顺应发展，[②] 以及在制度安排上主要强调污染控制，没有体现生态保护和预防的原则。为配合《矿产资源法》的实施，国务院于1994年颁布了《中华人民共和国矿产资源法实施细则》，基本完善了中国矿业法律体系。

随着中国经济形势在这一阶段开始步入快速发展阶段，本国工业的发展推动了矿产品的需求上升。加上矿业体制改革、矿业立法完善以及矿业技术随着开放而有所提升，到20世纪90年代中期，中国煤炭、铁矿、铜矿的产量分别占到全球的28.5%、25.2%、4.2%，矿业实现较快速的发展。

---

① 吕忠梅.《中华人民共和国环境保护法》的前世今生 [J]. 政法论丛，2014 (5): 51-61.
② 以《中华人民共和国环境保护法》第4条为例，"使环境保护工作同经济建设和社会发展相协调"。

5.1.3 第三阶段：矿业集约化发展时期

1995~2008年是中国矿业管理体制变革和集约化发展时期。随着中国经济进入高速发展时期，这一时期的矿业需求主要来自三个方面：第一，中国的工业化进程较前一阶段更加迅猛，第二产业对矿产品产生了较大需求。随着以汽车、机械设备、电子产品等为代表的工业产业在中国的大力发展，带动了铁、铜、铝等工业矿产的需求。第二，中国的基础设施建设和城镇化发展也从20世纪90年代中后期开始快速发展，引发对金属和非金属矿产的大量需求。自1996年开始，中国每年城镇新增人口较前一阶段有较大突破，每年新增人口数超过2000万人，城镇化率攀升速度较前一阶段更快。随着城镇化率的提升，必然带来公路、铁路、港口、航空运输的大力发展，以及供城市生活工作必需的楼房、桥梁等建设的拔地而起。除了金属矿产以外，建筑用非金属矿业也得到了大力发展。第三，跨国公司全球化发展在90年代将产业链的加工制造部分大量转移到中国，"大进大出"成为90年代中后期以来中国制造业的一大特点，可以说全球的工业制造业需求很大部分在中国得到了体现，并且表现为对矿产品的直接需求。因此，这一时期中国的本土矿业资源已经不足以支撑如此快速和大体量的工业发展需求。虽然在开放的国际环境下，中国可以通过进口方式获取资源，但容易受到国际矿产品价格波动的影响进而制约经济发展。因此，中国矿业和开始寻求对外直接投资的方式来保障矿产资源的获取。

但由于在上一阶段改革开放初期中国矿业发展片面追求数量扩张，加上中国矿产资源分布"大矿少、散矿多"的特征，逐渐造成了中国矿产行业企业规模偏小、一些地方性矿山"采富弃贫、大矿小开"的现象普遍，导致出现诸多问题。如资源占有率低、管理粗放、技术落后、矿山机械化水平低、无序开采和竞争等。进入21世纪以来，中国政府逐渐认识到这一严峻问题，着手整顿中国矿业发展无序化经营的问题，先后于2005年和2006年连续出台了《国务院关于全面整顿和规范矿产资源开发秩序的通知》和《国务院办公厅转发国土资源部等部门对矿产资源开发进行整合意见的通知》，以加强中国矿产行业的集约化水平，提高矿业企业的规模。矿业企业数量也从20世纪90年代的28万家缩减至2008年的12万家。包括中国铝业公司、中国五矿集团等都在这一阶段的行业内整合和体制改革中壮大成为领军企业。尽管如此，中国的大型矿业企业仅占7%，矿业集中度仍然明显低于其他矿业发达国家。

在矿业技术方面，中国快速增长的矿产品需求和国内"一贫二杂三差"的矿产资源禀赋的背景下，导致供需矛盾愈发突出。[①] 因此低品位矿床开采技术在这一阶段得到进一步重视。围绕提高采矿功效和采场生产能力、降低采掘比和矿石贫化率的一系列采矿方法和技术被相继提出，例如，20世纪90年代末期，以北京矿冶研究总院为代表的研究机构在低品位铜矿采用溶浸采矿技术的应用研究上取得突破，相应成果在紫金山铜矿等矿区得到工业应用，为企业创造了可观的经济效益。

在这一阶段的矿产行业改革中，国有矿业企业改革得到进一步深化。在社会主义计划经济体制转型初期提倡的"以矿为主、矿与非矿并举"的业务多元化战略，实现了主营业务和非主营业务的分离，将矿业企业的核心业务进行加强和整合。在完成公司化改造的过程中，大量企业实现了在中国境内和境外上市，极大提升中国矿业企业的融资能力，摆脱了单一依靠银行贷款的融资渠道。

在对外开放和引进外资方面，中国在矿产行业的合作模式也从早期盲目引资尽量多地建设矿山的思路转变为这一阶段综合性地将融资与技术和管理学习相结合，提高矿山效率和实现循环绿色经济方面转型。

随着中国工业化快速发展，城镇化进程加速以及作为全球制造业产业链中"大进大出"环节的地位确立，在中国自身经济发展和全球制造中心的拉动下，对矿产品的需求急剧上升。因此，政府提倡通过"走出去"的方式参与到国际竞争中，扩大除进口以外的利用国外资源的方式，保障中国矿产资源的储备和供给。由此，矿业企业成为中国较早实现对外投资的一批企业。同时正处于国有企业改革深化时期，矿业管理体制也发生了重

[①] 高玉宝，余斌，龙涛. 有色矿山低品位矿床开采技术进步与发展方向 [J]. 有色金属（矿山部分），2010，62（2）：4-7.

大变化。早期设立的国家土地局、国家测绘局和国家海洋局合并成立国土资源部负责矿产勘探开发,而对其他矿业工业部进行了撤销或者转变为全国性的大型集团公司。

5.1.4 第四阶段:矿业海外投资机遇期

2008年至今是金融危机后中国矿业海外投资的机遇期。2008年的金融危机导致各类国际矿产品价格于第四季度开始呈现跳水式下跌,中国矿业形势急转直下,导致许多矿业企业尤其是小矿山不得不减产、停产甚至关闭。中国矿产行业随之进入调整期。2009年,国土资源部和国家发改委等12个部门联合出台《关于进一步推进矿产资源开发整合工作的通知》,进一步加强中国矿产行业的集约化发展,强化资源的集中度,防止无序竞争。尽管金融危机对中国矿产行业也造成了一定程度的影响和损失,但由于拉动中国矿业发展的需求主要由内需决定的,我国处于工业化和城镇化的上升阶段,矿产品的需求量仍然巨大。因此金融危机对中国矿业的影响较为有限和短暂,对国际矿业的影响则更为巨大。因此金融危机给作为全球矿业后来者的中国企业首次带来了在国际上进行快速并购获得海外矿产资源的机会。以中国五矿、中铝、中色、中冶、中钢等为代表的大型央企矿业公司,和以江西铜业、金川、湖南有色、云南铜业等为代表的地方性大型国有矿业公司纷纷在金融危机后斩获海外投资的机会。

截至当前,虽然中国的矿业发展相比新中国成立初期有了长足的进步,矿业集中度相比改革开放初期也有了较大提升,也有少数大型矿业企业成功实现了对外投资。但是对比全球大型跨国矿业企业,中国的矿业企业仍然存在数量偏多、规模偏小、市场集中度较低的问题。除了少数企业外,绝大多数矿业企业还停留在较为粗放的经营阶段,装备的机械化程度和技术水平还处于20世纪70年代,仍然存在产业结构单一、产业链较短、管理粗放、安全问题较多、国际化程度较低的短板。

5.2 全球矿业发展背景下中国矿业的发展与对外投资能力的形成

5.2.1 中国矿业的初始条件及外资的进入

中华人民共和国刚成立之际，全国矿山生产在多年战乱之后几乎停滞并遭到严重破坏，矿山勘探和开采设备几乎没有，国内的资源储备情况也不清晰，开采技术非常落后。在这样的情况下，中国政府在最初几年主要开展的工作是组织力量探明资源储备情况，并尽快恢复旧有矿山的生产工作，为日后的矿业发展和经济建设打好基础。

从"钻石模型"的四个条件来看（见图5.2）：从需求条件来看，当时中国矿产行业的初始需求水平很低，主要是为中华人民共和国成立后的经济发展提供矿产品；从要素条件来看，当时的矿业技术和设备都极度落后，专业人员极度缺乏，资源储备情况不明，矿业开发资金也是极度缺乏；从相关支持性产业来看，当时的基础设施条件极为落后，装备制造业几乎没有；从竞争环境来看，此时中国的矿业才刚刚起步，国内市场缺乏竞争，市场集中度较低，并未出现具有影响力的龙头企业。

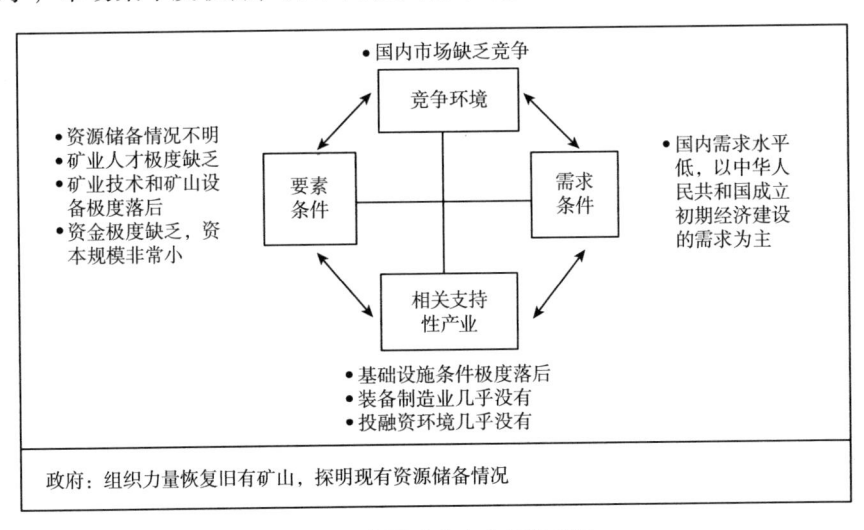

图5.2 中国矿业产业初始条件

总体来看，中国现代矿业发展的产业初始条件各方面都非常落后，产业竞争力更无从谈起。

5.2.2 外资进入对中国矿业产业环境的初始影响

在初步探明国内矿藏储备和旧有矿山情况后，中国矿业从第一个五年计划开始进入计划经济发展时期，也是中国现代矿业的萌芽期。

1949~1978年是计划经济时期中国矿业的初创阶段。这一时期正值国际矿业在第二次世界大战后重建经济热潮中的黄金发展期，但西方国家对中国禁运，因此中国未能搭上国际矿业快速发展的列车。当时，中国通过从苏联引进成套设备项目、技术和人才的方式，奠定了中国现代矿业发展的基础。

从计划经济时期"钻石模型"的四个条件来看（见图5.3）：从需求条件来看，需求水平在计划经济时期的缓慢工业化发展中仍然较低。从要

- 矿业技术和设备：从苏联和其他社会主义国家引进
- 矿业人才：从苏联聘请专家，在交流中培养本土人才；建立矿业学校和专业学科
- 矿业资本：向苏联贷款、合资
- 外部环境劣势的激励：西方贸易禁运，只能寻求本国资源利用

- 国有垄断经营，竞争程度低
- 没有形成产业链体系、单业经营为主

竞争环境 ↔ 要素条件 ↔ 需求条件 ↔ 相关支持性产业

- 国内经济刚起步，需求低下

- 基础设施条件落后
- 装备制造业发展缓慢
- 投融资环境几乎没有

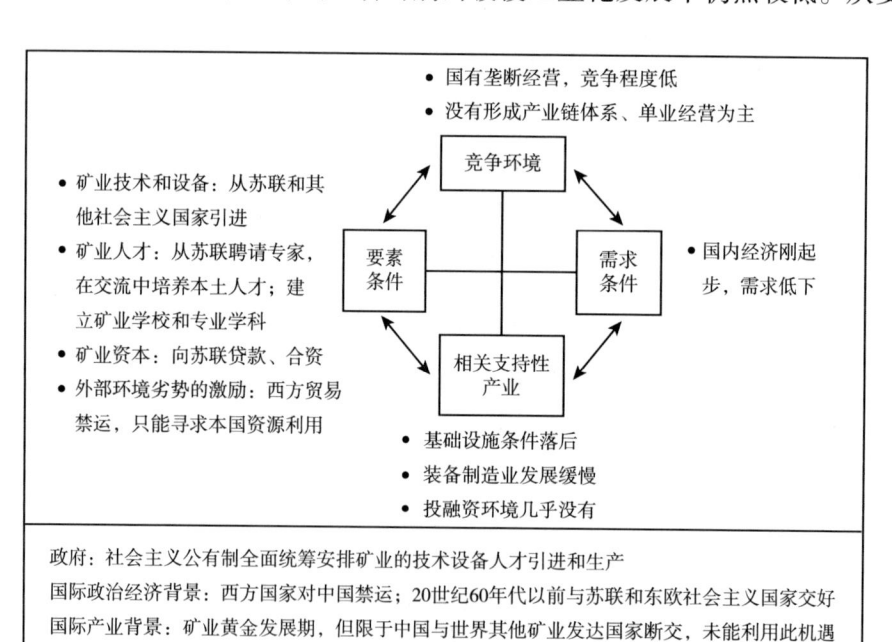

政府：社会主义公有制全面统筹安排矿业的技术设备人才引进和生产
国际政治经济背景：西方国家对中国禁运；20世纪60年代以前与苏联和东欧社会主义国家交好
国际产业背景：矿业黄金发展期，但限于中国与世界其他矿业发达国家断交，未能利用此机遇
外资：从苏联和其他东欧社会主义国家引进设备、技术、人才以及贷款

图5.3 计划经济时期中国现代矿业的初创

素条件来看，苏联为中国提供的第一批矿山勘探、采选等成套项目和设备，以及相应的技术、专家和贷款资金，很大程度上支持了中国矿业的初始发展，填补了矿业空白，成为当时矿业发展的基础。从相关支持性产业来看，中国的基础设施发展落后、装备制造业发展缓慢也未能提供相应支持。从竞争环境来看，由于正值计划经济公有制时期，几乎没有竞争可言，但也正是因为在人力、物力、财力都十分有限的特殊背景下，政府采取公有制和计划经济发展模式恰恰为困难时期的中国矿业建立了未来发展的基础，也让行业内早期成立的国有企业获得了一定程度的资本积累和对本国市场的把控能力。

总体而言，在计划经济时期，中国矿产行业在本国政府支持和部分外资的帮助下，实现了中国现代矿业产业的初创。

5.2.3 本土矿业产业环境与外资的动态互动作用及影响

1978年至20世纪90年代中期，在改革开放的背景下，中国矿业快速发展。这一阶段是中国矿产行业在开放环境下通过吸引外资、引进技术、对外合作交流，以及在国际经济大背景综合影响下快速发展的重要时期。随着中国矿业产业环境的升级，中国矿业产业能力的各方面均有所提升。

改革开放以后，中国与西方国家尤其是矿业技术国家关系逐渐缓和，并为中国带来了改革开放以后第一笔来自美国的矿业外商投资。从国际矿业产业的发展背景来看，20世纪八九十年代是国际矿产行业日渐衰落的时期。在"夕阳产业"论的加持下，发展中矿产资源国纷纷在90年代初开始进行资源行业的私有化改革。当时的中国自身矿业需求逐步增长，主要通过本国矿产资源开发和一定量的外贸进口来满足。虽然也开始参与到一些国际矿业投资中，但由于自身能力积累不足，因此错过了在矿业低潮时期的海外投资机会。反而是英国、美国、日本等历史悠久的跨国矿业公司占得海外扩张的机会。

从中国矿产行业"钻石模型"的四个条件来看（见图5.4）：从需求条件来看，矿产品的需求条件在本国工业化的快速发展下较计划经济时期有了较大提升。从要素条件来看，引入外资不仅补充了中国改革开放初期矿业发展资金不足的问题，还带来了如综合机械化放顶煤开采技术①等先进的矿山设备和专业技术。与此同时，大批具有先进矿山管理经验的外国管理人员和技术人员，对中国矿山管理技术的发展和管理人才的培养产生积极的溢出效应。从相关支持性产业来看，改革开放以来中国在路、桥、港口等运输系统上的大力发展，为矿业生产提供支持。从竞争环境来看，为了满足经济发展的矿产品需要，中国矿产行业在政府引导下鼓励多种所有制并存，地方性矿业企业如雨后春笋般大量出现，中国政府开始引导外资与本土矿业企业合资发展。

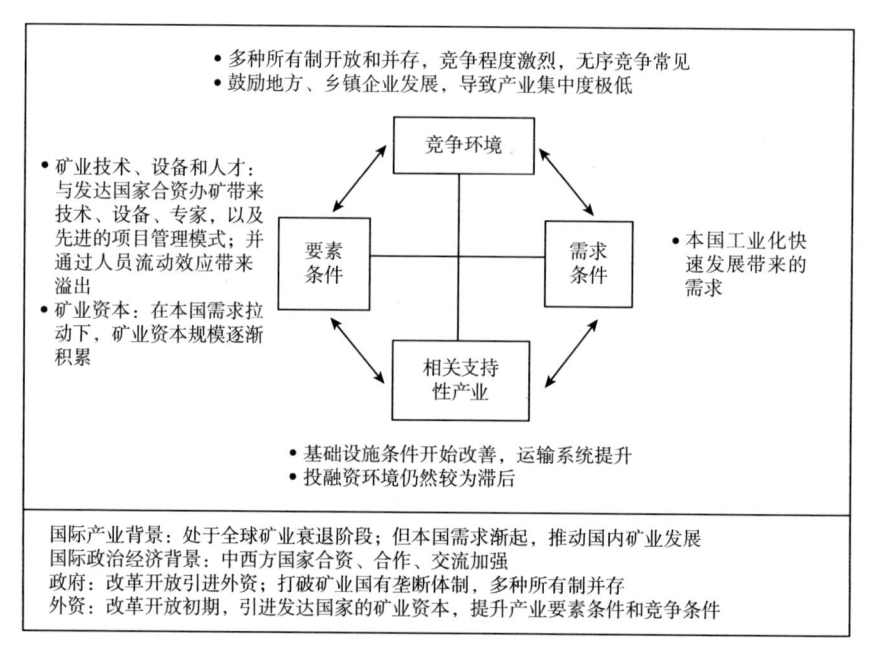

```
• 多种所有制开放和并存，竞争程度激烈，无序竞争常见
• 鼓励地方、乡镇企业发展，导致产业集中度极低

                    竞争环境
                      ↕
• 矿业技术、设备和人才：              • 本国工业化快
  与发达国家合资办矿带来              速发展带来的
  技术、设备、专家，以及    要素 ↔ 需求    需求
  先进的项目管理模式；并    条件   条件
  通过人员流动效应带来
  溢出
• 矿业资本：在本国需求拉              
  动下，矿业资本规模逐渐    相关支持
  积累                    性产业

• 基础设施条件开始改善，运输系统提升
• 投融资环境仍然较为滞后

国际产业背景：处于全球矿业衰退阶段；但本国需求渐起，推动国内矿业发展
国际政治经济背景：中西方国家合资、合作、交流加强
政府：改革开放引进外资；打破矿业国有垄断体制，多种所有制并存
外资：改革开放初期，引进发达国家的矿业资本，提升产业要素条件和竞争条件
```

图 5.4　改革开放初期阶段中国矿业的进一步发展

上述"钻石模型"四个条件不同程度的提升，共同促进了中国矿业产能的提高和整体的进步。然而，由于中国矿业本身具有大矿少、散矿多的

---

① 综合机械化放顶煤开采技术最早起源于 1964 年法国布朗齐矿的开采；1982 年 9 月，中国煤炭科学研究总院和沈阳煤炭研究所首次针对该技术进行研究和攻关。详见刘樟平，赵新宇，井广成. 中国综放开采技术发展历程及其展望 [J]. 中州煤炭，2014（6）：35 - 37.

特征，因此除了先期引入的少数外资项目开发优质大型矿产资源以外，全国各地涌现出大量小矿滥采的情况。从企业战略、企业结构和同业竞争的角度来看，无序竞争和极低的矿业集中度成为中国这一时期矿业发展的阻碍因素和"钻石模型"四要素中的短板。

总体而言，在改革开放初期，一方面，中国在利好的国际关系下、在政府改革开放打破公有制和国有企业垄断的支持下，通过引进先进矿业技术国的外商投资实现了中国现代矿业的初步发展；另一方面，虽然中国矿业产业的技术能力、资本能力、人才水平较前一阶段有了提升，但产业集中度和垂直一体化发展的程度仍很低，整体矿业的竞争能力仍然处于较低水平。

5.2.4 中国矿业的产业整合和提升阶段

20世纪90年代中后期至2008年是中国矿业产业整合的整体提升阶段。这一时期是中国矿业在政府推动下进行企业制度改革、行业内整合和集约发展的阶段。同时，也是中国矿业企业在中国矿业需求高起和国家战略推动共同作用下开始尝试海外投资的阶段。

20世纪90年代中后期以来，中国进入矿业发展的高速增长时期。随着中国在这一时期改革开放力度的加大，中国与国际资本和全球产业链一体化的程度加深，外资在中国的投资由早期的轻工业逐渐向重工业加工贸易产业转移，对中国的矿产品产生更高的需求。从国际矿业发展背景来看，这一时期是全球矿业的复苏阶段。随着以中国为代表的新兴经济体的快速发展，全球矿产品的价格不断高涨，带动了资源富足的发展中国家矿业企业的快速成长、全球大型矿业企业之间的兼并收购加速，以及矿业产业链上的纵向一体化加强。中国的矿业发展从这一阶段开始，在矿业复苏和矿业全球化大发展的背景下，开始走向对外投资。但在进入21世纪后，国际上已探明的矿业资源基本被全球主要矿业公司瓜分，中国的矿业企业作为后来者很难有介入的机会。

从"钻石模型"的四个条件来看（见图5.5），变化最大的是竞争环境方面。中国政府开始逐渐意识到与发达矿业强国相比，中国矿业集中度低和无序竞争的问题比较严重。20世纪90年代末开始，中国在广泛推进企业公司制改革的基础上，明确将国有经济控制的行业集中在国家安全、自然垄断、提供重要公共产品和服务等行业，并将国有资本持续向矿业、电力、电信、冶金等重要行业转移。在这样的国内改革背景下，矿业内部开始加强本产业的集约化发展，推动大型中央企业和国有企业对中小地方企业的兼并收购和产业链上一体化。这种高集中度和一体化发展的趋势，也符合当前国际矿业的发展特征。

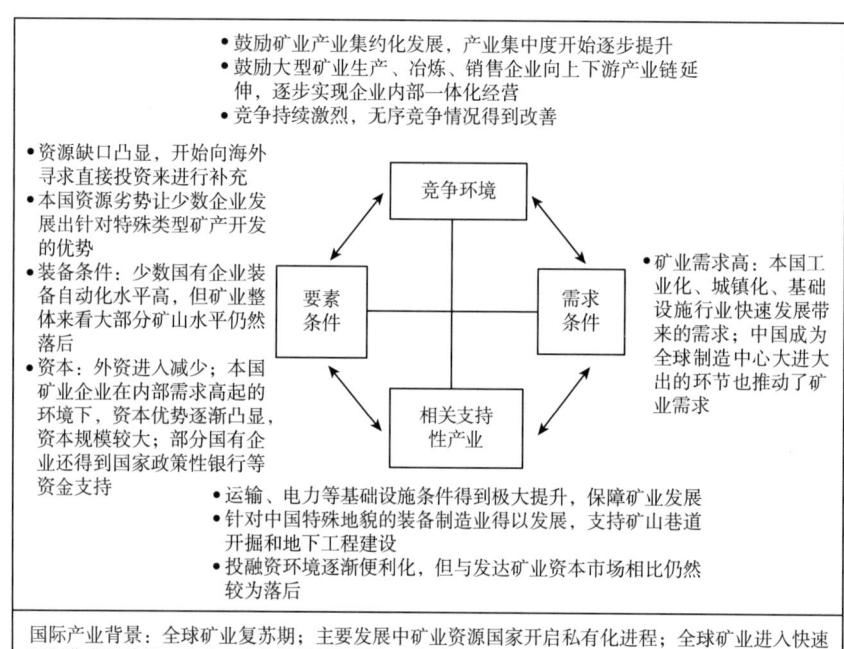

竞争环境：
- 鼓励矿业产业集约化发展，产业集中度开始逐步提升
- 鼓励大型矿业生产、冶炼、销售企业向上下游产业链延伸，逐步实现企业内部一体化经营
- 竞争持续激烈，无序竞争情况得到改善

要素条件：
- 资源缺口凸显，开始向海外寻求直接投资来进行补充
- 本国资源劣势让少数企业发展出针对特殊类型矿产开发的优势
- 装备条件：少数国有企业装备自动化水平高，但矿业整体来看大部分矿山水平仍然落后
- 资本：外资进入减少，本国矿业企业在内部需求高起的环境下，资本优势逐渐凸显，资本规模较大；部分国有企业还得到国家政策性银行等资金支持

需求条件：
- 矿业需求高：本国工业化、城镇化、基础设施行业快速发展带来的需求；中国成为全球制造中心,大进大出的环节也推动了矿业需求

相关支持性产业：
- 运输、电力等基础设施条件得到极大提升，保障矿业发展
- 针对中国特殊地貌的装备制造业得以发展，支持矿山巷道开掘和地下工程建设
- 投融资环境逐渐便利化，但与发达矿业资本市场相比仍然较为落后

国际产业背景：全球矿业复苏期；主要发展中矿业资源国家开启私有化进程；全球矿业进入快速国际化发展阶段，矿业企业之间的兼并收购日益活跃
国际政治经济背景：加入WTO，融入经济全球化发展，成为全球制造业的中心
政府：推动矿业集约化发展，改善无序竞争；鼓励本国企业在产业链上的垂直一体化发展；提出走出去战略，政策性银行支持大型国有资源类企业的海外投资
外资：对中国制造业的大量投资拉动了中国矿产品需求；在传统矿产领域投资受限，重点引导进入与矿山可持续发展、环境保护相关领域

图5.5 产业整合阶段中国矿业的整体提升

从需求条件来看，一方面，从20世纪90年代中后期开始中国的自身工业化和城镇化发展加速，带来矿产品需求日益高涨。另一方面，随着中国逐渐成为全球制造业"大进大出"的中间环节，尤其是在中国加入WTO以后，全球矿产品的需求通过中国的中间制造链段表现出来，放大了中国市场对矿产品的需求。内外需求同步高涨的情况下，中国本土矿产品的供给远远达

不到需求水平，贸易缺口较大。出于战略资源保护和稳定支撑本国经济发展的矿产品价格的考虑，中国开始推动本国矿业的外向发展。

从要素条件来看，中国矿业在20世纪50年代至70年代的垄断发展和80年代至90年代的竞争发展中，其资本能力经过多年的积累有显著提升。此外，由于中国的矿产资源具有品位低、埋藏深、开采条件困难等劣势，类似早期合资的山西安太堡、云南兰坪这样的大型露天矿产已经很少。因此，在不利要素条件推动下中国矿业企业艰苦创新、成功地开发了针对地下矿藏、各类复杂伴生矿藏的开采技术和设备。例如，在早期引进的综合机械化放顶煤开采技术的基础上，山东兖州煤矿集团针对中国深层煤矿开采过程中的自燃问题进一步优化而开发出的综采放顶煤技术，就支持了该公司对澳大利亚的投资。

从相关支持性产业来看，一方面，中国的基础设施从20世纪90年代中后期开始发展迅速，例如占到矿业成本较大比重的电力行业，"西电东输"工程、适合远距离电力输送的特高压技术都得到大力发展，为矿业生产和发展提供了有力保障；另一方面，在复杂的基础设施和工程建设发展过程中，装备制造业也得到大力发展。例如，针对国内山地多的地质条件开发出的现代化大型隧道掘进设备，就支持了中国以深层矿产资源为特征矿藏的开采，以及地下矿道工程的建设。

总体而言，这一时期中国矿业在蓬勃发展的国际经济环境、高速增长的内部需求和基础设施建设、政府产业整合政策等方面的支持下，产业钻石体系的整体竞争力进一步增强，产业呈现出快速发展的势头。与此同时，结合国有企业的改革进程，矿产行业深化改革、整合重组的结果，是在全国范围内建立起了包括中铝公司、中国五矿集团、中国有色集团、西部矿业集团、江西铜业、云南铜业等数十家大型矿业集团公司（朱训，2010），其中部分企业在政府"走出去战略"的推动下，肩负起国家海外战略资源投资的任务，实现了中国矿业早期的对外投资。

5.2.5 中国矿业高速发展时期

从前面的分析我们可以看到，在前一阶段国际矿业大发展和国际矿产资源价格高升的局势下,中国矿业很难有投资全球其他优质矿产资源的机遇。2008年的金融危机,让一些矿业公司不得不出售部分优质矿产项目以获得流动性资金,恰好给中国矿业企业的海外投资提供了难得的机会(见图5.6)。

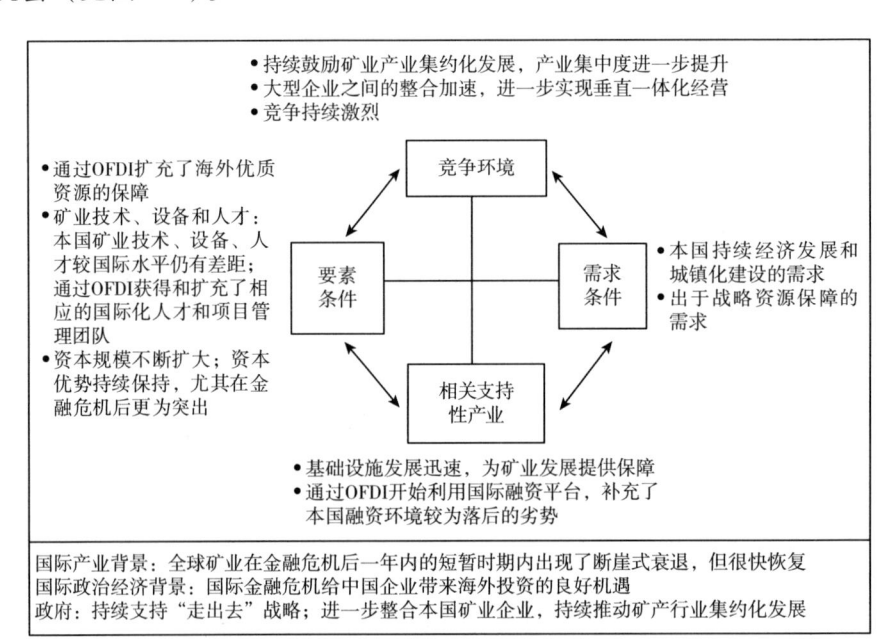

```
• 持续鼓励矿业产业集约化发展,产业集中度进一步提升
• 大型企业之间的整合加速,进一步实现垂直一体化经营
• 竞争持续激烈
                    ┌──────┐
                    │竞争环境│
                    └──────┘
• 通过OFDI扩充了海外优质
  资源的保障
• 矿业技术、设备和人才:      ┌──────┐      ┌──────┐
  本国矿业技术、设备、人      │ 要素 │      │ 需求 │   • 本国持续经济发展和
  才较国际水平仍有差距;      │ 条件 │      │ 条件 │     城镇化建设的需求
  通过OFDI获得和扩充了相     └──────┘      └──────┘   • 出于战略资源保障的
  应的国际化人才和项目管                                  需求
  理团队
• 资本规模不断扩大;资本      ┌────────┐
  优势持续保持,尤其在金      │ 相关支持│
  融危机后更为突出            │ 性产业  │
                              └────────┘
• 基础设施发展迅速,为矿业发展提供保障
• 通过OFDI开始利用国际融资平台,补充了
  本国融资环境较为落后的劣势

国际产业背景:全球矿业在金融危机后一年内的短暂时期内出现了断崖式衰退,但很快恢复
国际政治经济背景:国际金融危机给中国企业带来海外投资的良好机遇
政府:持续支持"走出去"战略;进一步整合本国矿业企业,持续推动矿产行业集约化发展
```

图5.6 金融危机后中国矿业的对外投资

特别是2015年前,从需求条件来看,由于中国经济的大体量和前期发展的惯性,加之中国城镇化和工业化尚未完成所形成的持续的内部需求,中国经济很大程度上并未太多受到全球经济不景气的负面影响。从要素条件来看,中国经济持续发展,让中国矿业企业的资本能力得以保持,并在金融危机的映衬下更加凸显。此外,经过前一阶段的海外投资试水,中国矿业企业学习到在本国矿业产业发展中无法获得的大型矿山的管理、开发和运营的经验,在一定程度上积累了国际矿业普遍存在的经验,并通过海外投资扩充培养了一批矿业国际化团队和人才。从竞争环境来看,中国政府于2009年再度颁布了《关于进一步推进矿产资源开发整合工作的通知》,持续加强中国资源行业和企业的集中度,从而也进一步保障了前述大型矿业企业的国际竞争力。就在上述内部需求仍

然旺盛、产业和企业国际竞争力整体提升，而外部资源由于危机原因出现可获得的重大机遇时，中国矿业企业果断出手，迅速把握时机，在国际市场上实施了大幅度的投资与并购，从而推动了中国矿业对外投资的高潮。从相关支持性产业来看，2008 年金融危机之后，中国的基础设施行业发展迅速，基础设施行业的发展也刺激了对矿产品的需求，为矿业发展提供了保障。此外，矿业企业在金融危机之后抓住海外优质矿产资源出售的机会，通过海外投资开始利用国际融资平台，弥补了本国融资环境较为落后的劣势。

总体而言，金融危机以后是中国矿业产业迈向全球化发展的重要时期，也是全球矿产资源分布不均衡的根本特征与金融危机所提供的重要契机，加之中国内部市场的强劲需求和中国矿业产业及企业竞争力的发展，共同推动中国矿业海外投资高速增长的实现。

5.2.6 开放条件下中国矿业对外投资能力分析

改革开放之前，我国矿业发展的外部环境相对艰难，然而改革开放之后，随着我国与西方国家外交关系的改善，我国矿业发展的外部环境不断优化（见图 5.7）。1992 年，邓小平南方谈话后明确了国有企业要建立现代化的企业制度，并极力推动当时一批国有企业率先走出国门进行海外投资。这其中包括首钢集团在 1992 年对秘鲁马尔科纳铁矿公司的收购，以中国石油为代表的油气类资源企业也开始对外投资的发展，以及中国对非洲的投资也从早期的工程建设转向资源类投资（例如，以中国有色集团为代表的对赞比亚谦比希铜矿的投资）。进入 21 世纪后，在澎湃的国内矿产品需求面前，依托于"走出去"战略的支持和前期积累的能力，中国矿业企业对外投资开始加速。2008 年后，全球金融危机背景下矿产品价格大幅下跌给中国矿业行业带来了首次可把握的、系统性的行业收购与整合机遇。例如五矿收购澳大利亚 OZ 矿业公司、中国有色集团收购赞比亚卢安夏铜矿公司等。在前一阶段国际化成功与失败经验的支持下，中国矿业企业快速反应加强海外并购活动。

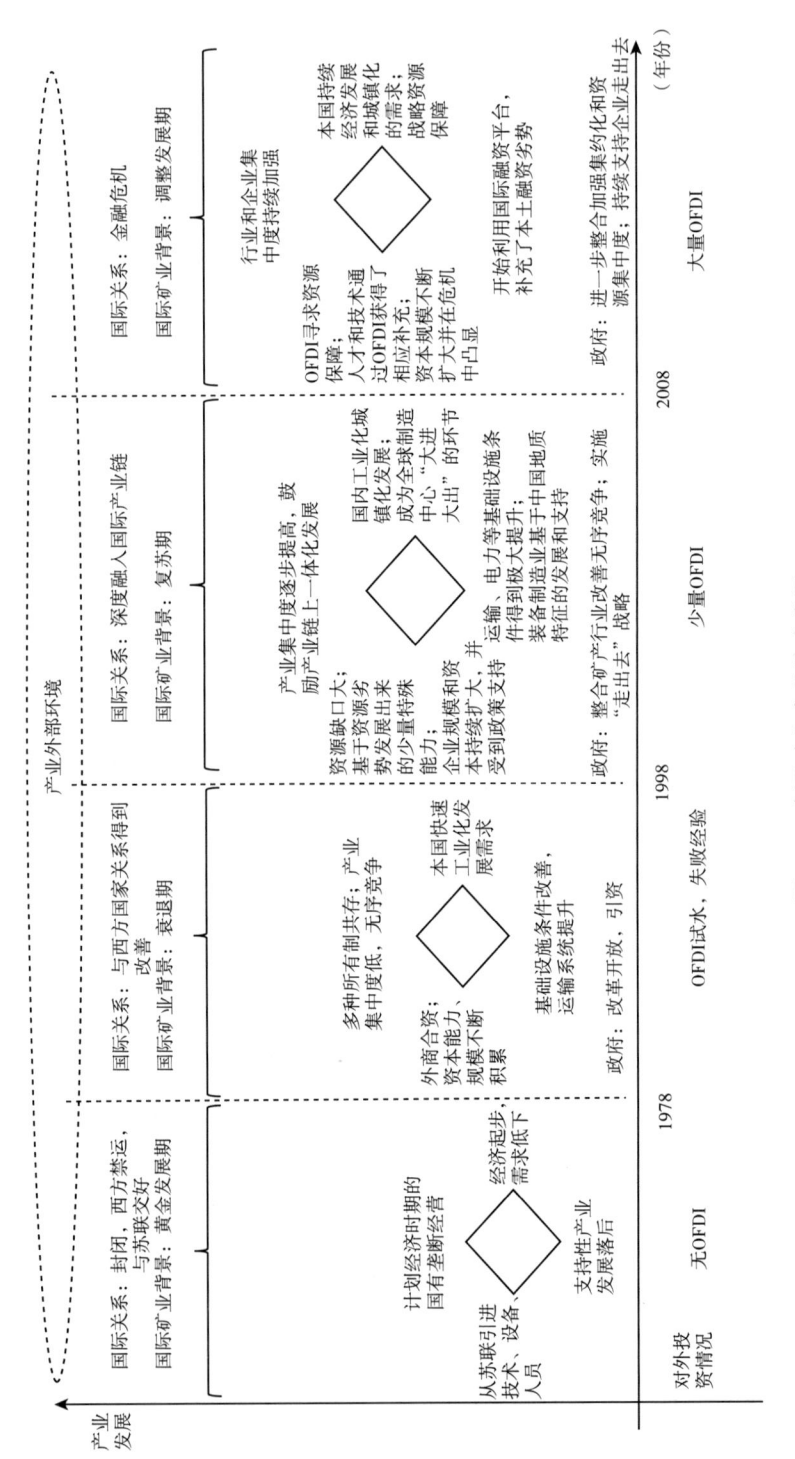

图 5.7 中国矿业产业能力发展

第 5 章
中国矿业企业对外投资机会与能力建设

以投资动机分类，对外投资可分为能力获取型投资和能力延展型投资。其中，中国矿业产业对外投资以能力获取型为主，以能力延展型为辅。前者的典型案例是五矿收购澳大利亚 OZ 矿业公司，后者的典型代表是兖矿收购澳大利亚澳斯达公司。这两类对外投资对能力有着不同的要求。

矿业行业的能力获取型投资有两类特征：一是，投资旨在通过对外投资获取与企业自身互为补充的资产或能力为目标，谋求跨越式发展。在中国矿业行业"一贫二杂三差"和"供不应求"的大背景下，这类对外投资通常以获取海外优质矿产资源为基本目标，在此基础上，海外优秀的运营和并购团队通常也能与中国矿业企业形成良好的互补效应。二是，通常是外部因素改变使得海外资产的可获得性改善或者价格变得有吸引力，进而带来的机会性收购，这类通常收购的时间窗口比较短。

在此指引下，能力获取型投资通常需要资本能力和海外运营的本地化能力与跨国并购整合能力。首先是资本能力，包括企业自有资本能力和筹资能力，尤其是在行业萧条时期的筹资能力。其中，中国矿业企业的自有资本能力在过去数十年的发展过程中已经得到相当程度的积累，包括中铝公司、中国五矿集团、中国有色集团、西部矿业集团、江西铜业、云南铜业、兖矿集团等在内的一批大型矿业集团公司已成长起来。筹资能力可以体现为不同市场条件下不同币种资本的可获取性和筹资成本。中国矿业企业的筹资能力优势主要体现在不同外部条件下资本的可获取性上，在中国国有商业银行和政策性银行的支持下，中国大型矿业企业可以在行业低谷时获取足够的资本支持。此外，随着采取多地上市情况的增加，中国矿业企业多币种融资的渠道也进一步拓宽。在上述资本能力的支持下，中国矿业企业不仅自身可以跨越行业发展周期，还可以通过在行业低谷时收购优质资产来完善自身能力。

本地化能力与并购整合能力是中国矿业企业实行能力获取型投资所需的另一项关键能力。由于矿业投资通常周期较长，因此对于绿地项目或者收购资产的情况，矿业企业自身需要具备足够的本地化运营能力。对于直接收购东道国矿业公司股权的情况，中国矿业企业则需要面对跨国并购后的整合问题。由于传统矿业发达国家的优质资产基本已被跨国矿业巨头瓜分，作为全球矿业市场的后来者，中国矿业企业经常需要在发展中国家进行投资，在这种情况下本地化运营的挑战更加突出。在过去近20年的中国矿业对外投资历史中，部分矿业企业在直接收购资产后通过不断适应东道国营商环境逐渐发展出一定本地化能力，也有一部分矿业企业通过收购国际矿业公司，进而获得其国际化经营团队，通过并购后的良好整合，跨越式获得海外本地化经营的能力。

除能力获取型投资外，中国矿业企业也有部分能力延展型对外投资。这类投资通常是海外资源开采条件与国内具有一定类似性，使得中国矿业企业在国内所积累的相关能力可以适用于海外市场。以兖矿集团收购澳斯达矿业为例，这项收购得以成功的关键——综采放顶煤开采技术于20世纪80年代初从欧洲引进。由于该项技术所适用的厚煤层条件广泛分布于国内矿山，在煤矿资源需求增长助推和国内技术人员努力攻关下，这项技术最终在中国发扬光大，不仅实现原有理论上的高效高产开采，还进一步提升了原有技术的开采条件适应性和技术安全性。在这项技术的支持下，兖矿集团最终将澳斯达矿业"变废为宝"，成功将国内积累的技术能力延展至澳大利亚。与能力获取型投资相比，矿业的能力延展型投资对投资时点相对不敏感，适合的投资窗口期相对较长，在相关可延展能力的支持下，本地化经营的挑战也可能会在一定程度被弱化。然而，能力延展型投资对企业的要求也相对更严苛——矿业企业需要找到自身能力相关且具有比较优势的细分市场，并且自身能力还能顺利在海外市场发挥作用。

5.2.7 政府作用的分析

第一，从资本能力的角度来看，在早期缺乏资金的情况下，政府在积极利用外资方面做出努力，包括计划经济时期向社会主义国家借款、改革开放初期积极引进矿业外资等。在推动中国出现矿业走出去时，政府及相关政策性银行还给予了融资上的大力支持。

第二，从资源的角度来看，中华人民共和国成立初期组织大量人力、物力恢复旧有矿山，探明资源储量和分布情况，为后期的矿业产业发展奠定了基础。

第三，从竞争结构的角度来看，政府不断推动本国产业集中度和矿业垂直一体化发展程度，提升了矿业企业的竞争力。在内外资竞争结构上，政府限制外商独资鼓励合资合作以便更好地形成产业内溢出效应。同时，跟随矿业发展趋势，注重引资上的产业不断升级。

第四，从需求的角度来看，改革开放政策推动的本国工业化城镇化发展，为矿业带来有效需求。

第五，从企业战略的角度来看，中国政府自2000年前后发布了中国企业走出去战略，起到指引和支持的作用。

第六，从相关支持性产业的角度来看，政府大力发展交通运输和电力等基础设施和装备制造业行业，为矿业行业的发展起到重要支持作用。

综上所述，中国矿业发展机制可由表5.1概括。

表5.1　　　　　　中国矿业发展及其产业能力形成的机制总结

发展阶段	影响来源	发生机制：对产业环境的作用	本国矿业产业能力的形成
现代矿业萌芽期	外资	要素条件：通过资本借贷、成套项目引进的方式，获得了早期矿业发展资本、技术、人才	矿业技术和设备的引入奠定了现代化发展的基础；矿业专业人才得到早期培养；资本能力较弱，财政统一划拨；矿业产业内垂直一体化和市场能力较弱
	外部环境	要素条件：早期与苏联交好，因此得到相应技术、设备、人才方面的支援 需求条件：西方国家禁运，后期与苏联断交，产生了自主开发本国矿产的需要	
	政府	要素条件：组织力量摸清本国资源情况；开办矿业专科学院培养人才 竞争环境：公有制垄断，有利于少数大型国有企业的早期资本积累	
市场化改革时期	外资	要素条件：带来先进的现代矿业技术、设备和管理体系；通过合资的方式向本土产业和企业形成溢出 竞争环境：活跃了矿业竞争环境	矿业技术、人才水平，尤其是现代化矿山的管理水平得到了提高；随着中国经济和矿业的发展，资本能力、市场能力有所提升；但该阶段的产业集中度过低、无序竞争等问题，限制了本产业的资本积累和资本能力的发展
	外部环境	与西方国家关系破冰，除了能够吸引外商投资以外，还增加了本国矿业进行海外交流和学习的机会	
	政府	竞争环境：打破公有制，多种所有制并存，活跃了本国矿业竞争环境	

续表

发展阶段	发生机制		本国矿业产业能力的形成
	影响来源	对产业环境的作用	
矿业集约化发展时期	外资	需求条件：制造业投资让中国成为全球制造中心"大进大出"的环节，拉动了矿业需求 相关支持性产业：外资带动矿业重要投入品行业的发展	随着中国成为全球最大矿产品消费国，市场能力成为一大优势； 资本能力在本国矿业需求旺盛的条件下得到快速积累，同时还得到国家战略支持； 基于本土资源劣势，发展出了少量领先矿业技术，但中国整体矿业技术和设备水平较为落后； 在国家鼓励下，产业垂直一体化能力加强，多个全产业链的大型矿业集团形成
	外部环境	需求条件：中国加入WTO，融入全球经济发展，成为全球最大的矿产品消费市场 要素条件：全球矿业进入快速国际化阶段，为中国海外矿业资产的获得提供了较为宽松的环境；但竞争激烈，机会较少	
	政府	竞争环境：通过政策引导矿业集约化发展，无序竞争状态得到改善，产业集中度开始上升；鼓励大型矿业企业的垂直一体化发展 相关支持性产业：支持交通运输、电力系统等基础设施行业的发展，为矿业生产提供保障 要素条件：提出"走出去"战略，并通过政策性银行等实质性支持矿业企业的海外投资	
矿业海外投资机遇期	外部环境	要素条件：全球金融危机带来的优良海外资源并购机会	资本能力成为中国矿产行业最显著的国际竞争力之一； 技术水平和人力资本，尤其是国际化人才方面得到了极大提升； 垂直一体化能力进一步加深
	政府	竞争环境：进一步推动矿业集约化发展	
	OFDI	要素条件：矿业行业前期对外投资的失败或成功的案例，为后期对外投资提供了运营管理方面的经验；前期对外投资获得的优良资产促进资本能力的提升；前期对外投资获得的海外团队补充了相应的人力资本 相关支持性产业：开始利用海外融资平台，提升了本国金融环境落后的短处，增强了资本运作能力	

5.3 中国典型矿业企业的对外投资机会与能力建设——以中国五矿集团为例

5.3.1 中国五矿集团简介与发展历程

早在计划经济时期，中国五矿集团（以下简称五矿）就是独家垄断经营全国的矿产品进出口贸易的国有企业。改革开放后，随着国有企业改革和矿产行业的整合发展，五矿逐渐向矿产行业的上游产业链发展，形成了集资源勘探、开发、冶炼和销售为一体的全产业链矿业企业，并通过对外投资实现了企业规模的扩张和能力的提升。

从发展历程看（见图5.8），五矿既经历了国内的长期积累过程，又是当前实现了海外投资的矿业企业中最具国际化经验的代表性企业。因此，五矿是我们进行中国矿业企业能力及其来源分析的良好案例。

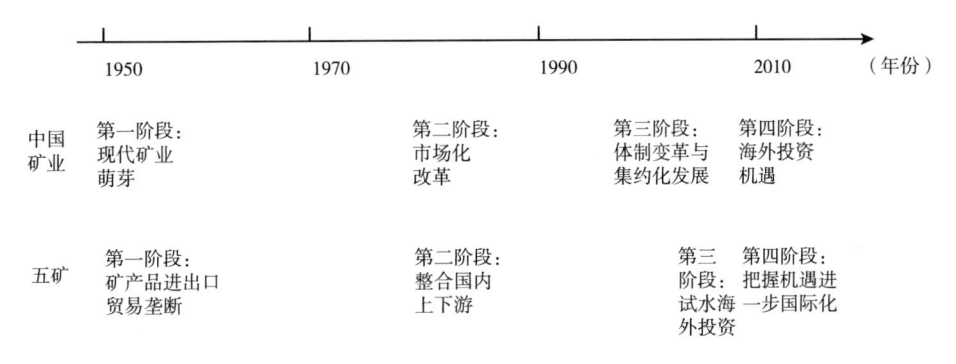

	1950	1970	1990	2010	（年份）
中国矿业	第一阶段：现代矿业萌芽		第二阶段：市场化改革	第三阶段：体制变革与集约化发展	第四阶段：海外投资机遇
五矿	第一阶段：矿产品进出口贸易垄断		第二阶段：整合国内上下游	第三阶段：试水海外投资	第四阶段：把握机遇进一步国际化

图5.8 五矿发展阶段

1. 成立背景

五矿的前身有两家：一家是1950年成立的中国矿产公司，另一家是1952年成立的中国五金电工进口公司。1960年，两家公司合并为中国五金矿产进出口总公司。在中华人民共和国成立之初，在国家计划经济体制和国际冷战背景下，为打破当时全球主要发达国家对矿产品的垄断交易和西方国家对中国的禁运，五矿成为计划经济时期中国矿产品进出口贸易的唯一窗口。作为国家的专业外贸公司，五矿的进出口额曾接近全国外贸总额的1/4。[1]

在这样的成立背景下，五矿成为中国最早接触国际矿业市场的公司。在广泛的国际贸易中，五矿积累了丰富的国际商务能力，并逐步搭建起自己的分销渠道。但是，随着国际政治经济形式的好转和国内市场化改革的推进，五矿的矿产品贸易垄断地位被逐渐打破。为了应对这一变化带来的挑战，贸易商出身的五矿需要进行深刻转型。

---

[1] 周中枢. 中国五矿怎样走向世界 [J]. 全球化，2011（Z1）：60-63.

2. 发展历程

（1）1950~1978年是五矿发展的第一个阶段。在这一阶段，五矿享有计划经济时期矿产品进出口贸易的垄断地位，在五金矿产领域代表中国与海外公司进行国际贸易。以钢材贸易为例，1972年10月，五矿赴日本达成中日钢材共同谈判协议，商定日本向中国出口钢材的统一价格。

（2）1979~2003年是五矿发展的第二个阶段。随着国际政治经济环境的好转以及中国自身的改革开放，五矿在多种矿产上的贸易垄断被逐一打破，与全国千余家具有贸易经营权的企业形成了激烈竞争关系。在制度改革和竞争压力之下，五矿从20世纪80年代开始尝试多元化发展。但由于改革初期的企业缺乏现代化自主经营和管理的能力最终导致五矿的多元化转型并不成功。同时，80年代初期中国政府第一次明确提出"允许出国办企业"，作为国营贸易公司，五矿是最早拥有对外投资资格的企业。

进入20世纪90年代中后期，中国矿业产业进入产业加速整合的阶段。五矿凭借多年从事矿产国际贸易的敏感嗅觉发现：贸易起家的五矿在丧失了独家特许经营权之后，单纯做贸易中间商而不掌控上游资源是看不到出路的。因此，五矿开始对江西钨业、山西修水香炉山矿区等十几家国内上游实体矿业企业发起有针对性地收购。此外，五矿于2001年设立有色金属股份有限公司，主要从事全球范围内的有色金属开采、冶炼、加工、贸易以及科技研发等业务，业务范围定位整体向产业链上游延伸。

（3）2004~2008年是五矿发展的第三个阶段。在这一阶段，五矿开始试水海外投资，国际化经验较前期国际贸易阶段进一步积累。进入21世纪以后，中国逐渐成为全球制造业"大进大出"的环节，加上中国自身工业化和城镇化的快速发展，中国对矿产品的需求急剧上升。在这样的产业背景下，在完成国内整合、坚实了内部市场以后，五矿开始向海外拓展。

2004年，为了保障长期合约的盈利性，五矿收购了自己的供应商——北美第二大氧化铝生产企业Sherwin氧化铝厂51%的股权。收购Sherwin后，五矿不仅通过其全球购销网络帮助Sherwin降低原油采购成本，还获得了160万吨氧化铝产能；并且可以直接使用Sherwin公司较为成熟的技术和管理体系，用以勘探开发牙买加的铝土矿等海外资源。这是五矿海外投资的首次胜利。五矿派去了自己的管理团队进驻美国Sherwin公司。

2004年6月至2005年3月,五矿尝试在矿业价格还未达到高点之前对当时经营不善、连年亏损的加拿大最大的上市矿业企业之一诺兰达(Noranda)公司进行排他性收购。但在前期准备已经十分充分的情况下,还是由于加拿大政府审批环节没有通过而以失败告终。

(4) 2009年至今是五矿发展的第四个阶段。全球性金融危机给五矿带来了国际化发展和能力拓展的机遇。前期加拿大项目失败后,五矿又持续跟踪了澳大利亚的OZ公司,多次接触后认为OZ公司是一个能够与五矿产生很好协同作用的企业。五矿曾在2008年的金融危机爆发前,两次试图要约收购OZ都没有成功。直到2008年10月金融危机爆发后,国际大宗商品价格呈现出断崖式下跌。当时OZ公司也有一些债务面临银行偿债风险,市值下跌到约18亿美元。此时,OZ公司主动找到五矿洽谈解决方案。五矿认为这是一个机会的同时,也意识到国际矿产品价格长期低迷的风险。凭借自身多年做贸易的经验,五矿认为国际矿业价格不会持续低迷,因此决定收购OZ公司。

当时的OZ公司有一处正处于建设期的铜矿山处于澳大利亚军事区域,被澳大利亚政府以"涉及敏感资产"为由阻碍收购。五矿在前期就已经对该项资产做好调查工作,做好针对开采、不开采以及开采一半的预想方案。在澳大利亚方面提出该项目不能被收购时,五矿迅速反应放弃收购该敏感资产,并将收购价格调整到12亿美元。后来由于矿产价格回升较快,澳大利亚货币对美元的汇率也有所提升,因此OZ提出加价要求。由于五矿前期工作充分,集团内部很快同意加价收购,最终这项交易于2009年6月以13.8亿美元的价格达成。

收购完成后,吸取美国铝厂经验的五矿迅速在澳大利亚墨尔本注册设立了全资子公司——金属矿业集团(MMG),负责对所收购相关资产进行集中管理,并保留了原OZ团队的主要人员。2012年,五矿在中国香港的上市公司五矿资源有限公司为专注上游资源领域,而将下游业务剥离,随后收购了MMG,并将中国香港上市公司的名字也变更为MMG。

2012年,在国际矿业巨头整合过程中,瑞士的斯特拉塔(Xstrata)与嘉能可(Glencore)合并,市值高达700亿美元。合并后的公司在铜矿产品的未来销售方面达到了垄断的标准,因此需要接受相关国家的反垄断审查。中国相关部门在征询了五矿和中铝等国内主要矿业企业的意见后，提出要求合并后的嘉能可斯特拉塔企业剥离其在秘鲁建设中的 Las Bambas 项目，或者无底价拍卖其他 4 个正在勘探的矿产。最终嘉能可斯特拉塔为了通过中国的反垄断审查，同意剥离秘鲁的 Las Bambas 项目。在这场对话中，中国通过国家市场优势获得了谈判的话语权，并让五矿获得了快速并购的机会。五矿 MMG 公司全程负责了秘鲁项目的谈判和收购过程，并承担了后期建设、运营和社区问题处理的一系列工作。长期以来，对于在秘鲁运营矿山的企业而言，暴力反矿运动一直都是其最大的经营风险之一。所幸的是，MMG 公司凭借其经验丰富的国际化团队的当地雇员，有序、成功地应对了 2015 年和 2016 年两次挑战。截止到 2017 年下半年，秘鲁项目已恢复正常生产。在 MMG 出色地运营下，Las Bambas 矿山自商业化生产 12 个月以来铜精矿产量超过 40 万吨，按产量已进入全球前 10 大铜矿的行业，并且也是过去 10 年来全球绿地铜矿项目中达产最快最成功的项目之一。[①]

5.3.2 中国五矿集团的阶段性能力分析

1. 计划经济时期五矿的国内发展与能力积累

五矿是新中国成立之初，在国家计划经济体制和国际冷战背景下，为了打破当时全球主要发达国家对矿产品的垄断交易和西方国家对中国的禁运，成立的独家矿产品进出口国有贸易企业。

在国际市场上，五矿能够对全球相关的矿产品市场信息有所把握，率先与国际大型矿业公司通过贸易渠道建立良好关系，并在这个过程中培养国际化人才和积累经验。在国内方面，五矿作为国有企业，首先能够在计划经济时期建立起相当的市场地位，并在与政府部门合作的过程中相互建立信任关系，还能在经营的过程中形成大量资本能力的积累。多年的经营和先于其他企业接触海外市场的经验，让五矿在这个阶段获得资本能力、本土市场能力以及把握海外网络信息的经验和渠道。

---

① 五矿资源（1208.HK）2017 年中期业绩公报。

2. 改革开放后五矿的国内发展与能力积累

改革开放后，五矿的矿产品贸易垄断地位被打破，多种所有制并存带来的激烈竞争激发了五矿自主发展的意识。虽然五矿在改革开放初期经历了向非矿领域多元化转型的失败，但这也让五矿意识到发挥自身在前期积累的矿产领域的经验优势的重要性和企业自身改革的必要性。

在20世纪90年代末期的国有企业改革和矿产行业整顿过程中，企业领导人推动了五矿以矿产资源为核心的一体化发展战略；并首先通过在国内的一系列并购，实现扩大资产规模的同时，也在国内形成了完整的全产业链条。

由此，五矿在该阶段的本土竞争成长过程中，依托国有企业改革和矿产行业的整合大潮，实现了产业链上垂直一体化能力的搭建，并在中国快速的经济发展过程中积累了资本能力和本土矿山运营能力。

3. 五矿对外投资能力的形成

完成国内整合后，五矿凭借多年从事国际矿产品贸易的网络和信息资源，获得了在国际资源并购信息上先行占位的优势。

五矿2004年收购加拿大诺兰达虽然失败，但期间五矿通过积极全方位的接触和相应准备，使其在这个过程中获得了如何做国际的收购、融资、邀约等部分海外并购的经验，锻炼了国际化团队，培养了与跨国收购合作伙伴的默契程度。

同年对美国Sherwin氧化铝厂的成功收购，五矿的能力一方面来自五矿对全球矿产品价格走势的准确判断，另一方面来自其全球布局的营销网络，帮助Sherwin降低了原材料采购成本，进而保障了自身的合约盈利性。作为一项能力获取型投资，五矿在此次收购后获得了160万吨氧化铝产能，并且可以直接使用Sherwin公司较为成熟的技术和管理体系，用以勘探开发牙买加的铝土矿等海外资源。此外，收购完成后，五矿公司派去了自己的管理团队进驻美国Sherwin公司。但后来事实证明，中方的管理团队无法很好地经营和管理美国公司和工厂。这次经验使五矿在后续并购和运营过程中更加注重对外籍管理层和管理团队的运用，并且萌生通过在国际市场上觅得可靠的合作伙伴加强五矿在海外的运营能力的构想。

为了获得与五矿具有协同作用的海外企业，五矿将长期跟踪的澳大利亚 OZ 公司列入了考虑范畴。由于金融危机,当时 OZ 矿业正陷入财务困境,市值从最高的 100 亿美元下跌至十几亿美元。通过之前的数次接触,OZ 矿业认可了五矿的专业能力和资本能力,随后,五矿顺利收购 OZ 矿业。通过这起并购,五矿在获得 OZ 矿业的矿产资源的同时,更获得其优秀的国际并购和海外矿山运营团队,而这恰恰是五矿能力中所缺乏的。一方面,由于以澳大利亚人员为主的团队,他们所面临的资源状况与中国本土的状况非常不同,因此在技术和管理模式方面必然也与中方企业有差异;另一方面,澳大利亚作为英联邦国家,也是矿业发展的领先国,他们对其他西方国家或采用西方制度的国家进行投资和运营更加熟悉,而这方面恰恰是五矿的短板。因此,在五矿成功收购 OZ,并以 OZ 团队搭建 MMG 公司后,五矿很快将这一国际团队的优势发挥起来。通过借助 MMG 这个国际化的平台,五矿后期在秘鲁这个与中国商业环境差异巨大的地方才能够顺利开展投资。

五矿收购 OZ 矿业、成立 MMG 公司的巨大成功很快就在实践中得到了验证。在收购 Las Bambas 项目过程中,MMG 公司代表中国五矿,承担了秘鲁项目谈判和收购中的绝大部分工作,并直接负责项目后期建设、运营和社区问题处理。MMG 公司和 Las Bambas 项目本地的专业团队以发展的眼光处理本地关系,为矿区搬迁居民建设医院、教堂等公共设施,在顺利完成搬迁工作的同时保证了矿区建设工作的进度,最终获得秘鲁政府和当地社区的认可和支持。除 Las Bambas 项目外,五矿凭借 MMG 公司的优秀国际化团队及其在 Las Bambas 项目上积累的复杂环境下矿山运营的能力,总结可复制可传递的经验,向非洲、加拿大和澳大利亚等地进行了进一步拓展,逐步实现其在全球矿业产业链向上延伸的总体战略。

总的来看,获取海外优质矿产资源是五矿对外投资的主要动机。在投资过程中,五矿在国内发展和国际贸易过程中积累的资本能力、渠道分销能力,以及包含对矿产品价格把握在内的国际商务能力的支持下,顺利完成了对美国 Sherwin 铝矿场、澳大利亚 OZ 矿业公司以及秘鲁 Las Bambas 项目等优质资产的合并,并在此过程中进一步搭建起自身的国际并购能力和海外矿山运营能力,实现了能力获取型对外投资与能力搭建的良性循环。

5.4 中国典型矿业企业的对外投资机会与能力建设
——以兖矿集团为例

5.4.1 兖矿集团简介与发展历程

兖矿集团（以下简称兖矿）成立于国内产业条件第一阶段末期，其发展经历了开发建设、增量扩能、发展探索和逆势赶超四个发展过程。兖矿凭借企业自身能力的不断积累，积极把握内外部环境发展的机会，顺利实现一系列对外投资。兖矿发展阶段如图5.9所示。

图 5.9 兖矿发展阶段

1. 成立背景

山东省济宁市是中国重点开发的八大煤炭基地之一。据勘测，济宁市含煤面积4826平方公里，占济宁市总面积的45%，主要含煤地层都在10层以上，可采厚度10米左右，估计储量1500米以上的为178亿吨，主要分布于兖州、曲阜、邹城、微山等地。[①] 兖矿集团的前身——兖州矿务局成立于1976年7月21日。由于当地煤炭储量丰富、煤质好、交通方便，位于泰山南麓的兖州矿务局一直是我国20世纪七八十年代重点建设的能源基地之一，并逐渐发展成一个具有设计、施工、生产、洗选、加工、运输等一条龙综合性煤炭企业。

---

① http://www.yanzhou.gov.cn/art/2011/6/1/art_203_30759.html.

在兖州矿务局基础上成立起来的兖矿集团,通过数十年技术攻关、管理提升和多元化布局,不断增强自身核心竞争力,最终实现了国际化发展。

2. 发展历程

(1) 1966~1989 年是兖矿集团的开发建设阶段。兖州矿区最早可以追溯至 1966 年,在周恩来的批示下,兖州矿区会战指挥部成立并正式开工建设。10 年后,兖州矿务局成立,管辖唐村煤矿、南屯煤矿、北宿煤矿。成立伊始,兖州矿区主要生产方式为普采,设计产能为 225 万吨。[①]

在开发建设阶段,兖矿集团逐步确立依靠科技进步发展煤炭经济的思路。首先,兖矿集团的前身——兖州矿务局对在建的兴隆庄煤矿的工艺进行改造优化,从高档普采为主升级为综采为主,类似地升级方案应用于鲍店和东滩的两个矿井,对应设计产能从原来的 240 万吨和 300 万吨升级为 300 万吨和 400 万吨。1980 年,兖州矿务局从欧洲引进了矿区范围内第一个综合机械化采煤工作面,当年投产产煤 55.9 万吨。引进综采设备后,针对兖州矿区独特的厚煤层资源特征,兖矿决心研制与之配套的综采放顶技术。然而,在当时的情形下,相关研究的推进是极为困难的,一方面原因是国内外没有成熟的综放高产模式可以借鉴。综采放顶煤技术起源于 20 世纪 50 年代的欧洲,因为开采过程中无法解决煤炭自燃、粉尘和瓦斯涌出以及采出率低等技术问题,高效不高产,导致发展缓慢,相应技术研发活动逐渐萎缩;美国虽然研制成功大功率综采技术,工作面可达 300 万吨,但只适用于 3 米以下的中厚煤层,不适用于厚煤层的开采,而且相关设备高达 2 亿元,是普通综采设备的 3~4 倍,对于成立自产煤大国的兖矿而言,不断依靠引进提升技术,在短期财务和长期战略上都是不能接受的。研发困难的另一方面原因在于兖矿当时没有相应的定型设备可以使用,且综放开采对矿区条件的适应性也上不明朗。这使得兖矿在研制过程中不仅需要克服技术上的难题,还要研制相应的技术装备和配套体系。[②]

[①] 莫立崎. 科技兴煤:兖矿的实践与发展 [J]. 沿海企业与科技, 1999 (4): 15-18.

[②] 赵经彻. 坚持走技术创新之路——综采放顶煤技术对兖矿集团的影响 [J]. 煤炭科学技术, 1999, 27 (1): 52-54.

通过研发团队的不懈努力，兖矿集团在大规模引进、吸收国内外先进技术的基础上，开始尝试自主创新和配套，通过优化组合矿井装备、开采条件、职工技术和管理素质等要素，逐步发挥引进装备的生产能力。在采煤技术升级的助力下，从 1986 年开始，兖州矿区每年都有 3 ~ 5 个综采队达到或超过百万吨水平，全员劳动效率得到显著提升。在长达 20 余年的开发建设阶段中，作为兖矿集团的前身，兖州矿务局的煤炭产量突破千万吨，成为全国十大千万吨级矿务局，规模当量实现第一次飞跃。

（2）1990 ~ 2000 年是兖矿集团的增量扩能阶段。经过 10 年的建设，兖矿集团将生产能力提升至 3040 万吨，营业收入 588.8 亿元，年末资产总额 1172.8 亿元，实现规模当量的第二次飞跃。除生产规模迈上新台阶外，兖矿集团的体制机制和管理水平在这一阶段也有了积极变化。1996 年 3 月，兖州矿务局改制为兖州矿业有限责任公司；1999 年 5 月，作为全国 120 家大型试点企业集团中首家受到批复的方案，兖矿集团正式挂牌成立。通过两次体制机制改革，兖矿集团实现了从计划经济工厂向现代矿业公司的转变。体制机制改革使得兖矿集团在领导、管理、用人、分配和监督机制上建立起符合现代化企业集团的制度保障。[①] 此外，1998 年，兖矿集团子公司兖州煤业股份有限公司在纽约、中国的香港和上海三地上市，在拓宽融资渠道的同时，公司治理结构进一步得到规范。管理水平方面，兖矿集团在这一阶段通过强化营销和成本管理、推进企业信息化和自动化，实现了企业综合管理水平的提升。除煤炭主业外，1992 年底，为实现企业的长期可持续发展，兖矿集团提出"以煤为本、煤与非煤并重"，从此开始践行多元化发展战略。

在增量扩能阶段，兖矿集团加大了对技术研发的投入，1991 ~ 1995 年（"八五"期间），在获利能力较弱的情况下，年均研发支出在 4000 万元以上；1996 ~ 2000 年（"九五"期间），年均研发支出更是在 6000 万元以上，投入在综采放顶煤设备配套和技术改造上的资金累计达到

---

① 赵经彻. 战略制胜：企业发展方向、规模、质量、速度的合理性与有效性——兖矿集团实施企业发展战略的实证分析 [J]. 管理世界，2002（2）：134 - 140.

12.1亿元。① 大力度技术攻关之下,兖矿集团在综采生产的一系列关键技术上取得重大创新和突破,建成了一批年产在200万吨以上的综采队。② 兖矿集团在实现煤炭产能大幅提升的同时,生产的安全性也有了进一步提升。据统计,兖矿原煤生产百万死亡率由1990年的0.699降低到1997年的0.16,居世界先进水平。③ 技术能力升级促使兖矿集团的生产效率进一步提升,到2000年,兖矿集团原煤人员效率达到14.63吨/工,是10年前的近9倍。

(3) 2001~2012年是兖矿的发展探索阶段。在区域上,表现为经营范围从省内向省外、国外延伸;在产业上,表现为由煤炭向化工、电铝、装备制造等非煤产业拓展。2004年10月,兖矿旗下兖州煤业以3200万澳元的价格收购了澳大利亚澳斯达公司。澳斯达煤矿地处新南威尔士州猎人谷地区,位于悉尼以北160公里、纽卡斯尔港以西60公里,有铁路与港口相连,交通便利。煤炭产品为低灰、高发热量半硬焦煤,属国际煤炭市场紧缺煤种,矿井的煤层厚度较大,非常适合公司利用自身的专利技术——综采放顶煤技术进行开采。收购澳斯达公司后,兖矿进一步投资对原有矿井进行重建,运用独有技术使澳斯达公司起死回生,2008年至今保持1亿澳元的年利润水平。澳洲高度评价兖州煤业带来适用于澳洲最好的采煤技术,澳斯达煤矿也被评为新州北区煤矿安全最好矿井。2009年12月,兖州煤业把握金融危机带来的投资窗口,再次收购了澳大利亚的Felix公司。收购Felix后,兖矿煤业不仅获得其生产、开发和勘探的资源组合,其中包括澳大利亚最大露天煤矿莫拉本在内的优质资产,还能够获得与其自身相补充的客户基础、Felix公司所拥有的先进环保技术——超洁净煤技术,以及实现与旗下澳斯达公司的整合协同(两个矿区地理位置接近)。除上述两起收购外,这一阶段兖矿还通过在澳大利亚设立了产业投资平台——兖煤澳洲,收购了加拿大19项钾矿探矿权。区域和产业层面的多元化给

---

① 赵经彻. 战略制胜:企业发展方向、规模、质量、速度的合理性与有效性——兖矿集团实施企业发展战略的实证分析 [J]. 管理世界, 2002 (2):134-140.
② 莫立崎. 试论企业核心竞争力的培育 [J]. 中国煤炭, 2001, 27 (2):30-32.
③ 赵经彻. 坚持走技术创新之路——综采放顶煤技术对兖矿集团的影响 [J]. 煤炭科学技术, 1999, 27 (1):52-54.

兖矿带来了丰硕的成果，2012年，集团公司实现煤炭产量7617万吨，化工产量430吨，营业收入1002.9亿元，年末资产总额1845.8亿元，形成集团公司主导产业整体框架。

（4）2013年至今是兖矿集团的逆势赶超阶段。在这一阶段，兖矿在海外投资商再度斩获重要资产。2017年，旗下兖煤澳洲以35亿澳元价格收购力拓联合煤炭公司，获得包含猎人谷露天矿区在内的优质资产，兖煤澳洲成为澳大利亚最大专营煤炭生产商。同年，兖矿开始涉足海外金属矿山投资领域，获得厄瓜多尔厄玻利瓦尔省多个有色金属矿产区块，总占地面积220平方公里。[①] 技术方面，兖矿在煤炭、化工领域拥有突出的技术研发和应用转化能力，成功开发出厚煤层综放开采、水煤浆气化、粉煤加压气化、煤炭间接液化等国内领先、世界一流的核心技术。近年来，兖矿集团累计承担"863"和"973"等国家重点计划课题20余项，获得国家科技进步特等奖1项，国家科学技术奖18项，实现了主导产业技术由引进消化吸收向创新引领的根本性跨越。2018年上半年，完成煤炭产量8182万吨，营业收入1200亿元，资产总额突破3000亿元，创出历史新高。此外，兖矿集团首次跻身《财富》世界500强榜单，位列第399位，而其控股子公司兖州煤业位列2018财富中国500强第54位，在煤炭上市公司中居第二位。[②]

5.4.2 兖矿集团各阶段能力分析

1. 开发建设阶段兖矿的国内发展与能力积累

凭借兖州矿区丰富的煤矿资源和早十年计划经济时期积累的生产经验，兖矿的前身兖州矿务局作为全国众多矿务局中的一员，成立于中国矿业发展第一阶段的末期。20世纪80年代，得益于国际政治经济形势好转和国内改革开放，兖矿在开发建设初期就从欧洲引进综合机械化采煤工作面，并对当时仅有的几个矿井进行设备升级。由于矿区的厚煤层资源特

---

① http://www.mofcom.gov.cn/article/i/jyjl/l/201708/20170802623256.shtml。
② 山东能源集团有限公司官网，http://www.ykjt.cn/xwzx/2018-12/18/content_1021682.html。

征,兖矿看准了综采放顶煤开采理论的应用前景。尽管当时国际对于相关技术的研发已经失去热情,也缺乏直接可借鉴的高产量实例和开采设备,兖矿还是直面技术挑战和自身资金紧缺的困难,努力研制适合当地厚煤层开采的综采放顶煤技术和相应的配套设备和体系。兖矿从此开始对综采放顶煤技术的研发之路。凭借相应技术的逐渐积累,尽管相比国际同行仍然落后,但生产能力在国内已在前列,成为当时全国十大千万吨级矿务局之一。

除了综采技术的研发和生产能力的初步积累外,兖矿在这一阶段并没有积累太多资本能力。一方面,20世纪七八十年代全球矿业发展低迷,中国国内矿业恰逢发展的第二阶段,多种所有制并存下,众多矿区之间无序竞争现象严重;另一方面,兖矿在一定程度上存在当时国有煤炭企业"企业办社会"的通病,工矿区职工的吃、住、行、医院、学校,无所不包。

2. 增量扩能阶段兖矿的国内发展与能力积累

进入增量扩能阶段,兖矿的资本能力得到大幅改善。首先,国有企业改革促使矿业发展集约化,通过行业内整合兼并,一批大型国有矿业企业相继成立,竞争条件明显改善。其次,兖矿旗下兖州煤业公司成功于1998年在纽约、中国的香港和上海三地上市,成为当时第一家境内外多地发行股票的煤炭企业,极大地拓宽了自身融资渠道。最后,兖矿通过体制机制改革和管理水平提升,经营效率相比计划经济时期有了明显好转,盈利能力增强。据统计,1991~1998年,兖州矿区累计实现销售收入373.1亿元,实现利润23.43亿元。

之后兖矿对技术的投入进一步增加。1991~1995年年均研发支出超过4000万元以上,1996~2000年年均研发支出超过6000万元,投入在综采放顶煤设备配套和技术改造上的资金累计达到12.1亿元。在资本能力的支持下,兖矿的技术能力在这一阶段取得了突破性进展。兖矿对综放关键设备和工艺、安全保障技术、提高采出率和含矸率控制技术,以及环境保护和综合利用技术4个方面25个专题进行重点研究,全面、系统地攻克了技术难题,取得了一系列技术成果。[①] 在综采放顶煤技术的支持下,兖矿

---

① 赵经彻. 坚持走技术创新之路——综采放顶煤技术对兖矿集团的影响 [J]. 煤炭科学技术, 1999, 27 (1): 52 - 54.

成功建成高效、高产、安全的矿井，生产能力进一步提升。除资本能力支持外，兖矿取得技术能力快速突破的另一个重要原因在于公司领导层的重点支持和责任担当，使得当时的技术团队能够放开手脚，专注技术攻关。

3. 发展探索和逆势赶超阶段兖矿对外投资能力的形成

进入 21 世纪后，兖矿开始逐步实现大规模对外投资，其对外投资能力来源于前期国内发展阶段积累的技术能力和资本能力。

以 2004 年收购澳洲澳斯达公司为例，这是兖矿典型的能力延展型投资。在全球矿业产业繁荣和国内"走出去"政策的背景下，兖矿凭借自身技术能力成功把握住对矿业发达国澳大利亚的投资机会。尽管产出的煤炭产品为国际紧缺的低灰、高发热量半硬焦煤，但由于煤层厚度较大，澳斯达公司前身南田煤矿无法解决开采过程中的自燃问题，在兖矿之前先后有九家国际和本地的煤炭公司经手，但依旧无法解决问题，最后只好关闭。兖矿在组织专家充分调研论证后，确认澳斯达公司的煤矿条件非常适合采用自己的综采放顶煤技术，即满足投资的相关性。随后兖矿采用技术转让的方式，将相关技术专用于澳大利亚也实现了自身技术能力的转移，进而能够支持对澳斯达公司的投资。此前南田煤矿关闭带来的经济损失和失业问题一直是澳大利亚政府头疼的问题，因此，兖矿通过技术赋能使澳斯达公司"起死回生"也符合东道国的利益。因为上述原因，尽管收购澳斯达公司是兖矿对澳大利亚的第一笔投资，不可避免存在对当地环境不够熟悉等本地化挑战，但在自身技术能力明显领先和东道国政府的支持下，兖矿投资澳斯达公司的后续运营仍然是顺利的。

与收购澳斯达公司相比，2009 年兖矿收购 Felix 公司则属于能力获取型投资。金融危机给矿业资产收购带来了良好的时间窗口，兖矿通过这次收购进一步提升了在澳大利亚的资源储备。此外，由于 Felix 公司的渠道网络、运输能力和技术能力都与兖矿自身能够互补，且与澳斯达公司位置相近，在生产运营上能产生协同效果，这笔投资对兖矿而言无疑是合适的。

成功收购 Felix 公司也离不开兖矿自身的能力支持。除前面提及的资本能力外，前期海外上市、股票增发以及收购澳斯达煤矿的经历，使兖矿在收购 Felix 公司时更加驾轻就熟。实际上，Felix 公司的收购机会正是兖矿从此前合作的国际投行所提供的十余家潜在并购标的中挑选出来的。此外，在收购澳斯达公司后，兖矿也拥有了一支来自澳大利亚的管理和销售团队，收购 Felix 公司后，兖矿可以最大程度上借助当地管理人员的经验与专业技能，有利于接管后的公司在环境、劳工、社区、文化等各方面依然保持与当地融合的良好态势，有利于公司持续、稳定、健康的发展。

第 6 章
巴西矿业企业对外投资机会与能力建设

6.1　巴西矿业的基本情况

巴西是世界上国土面积第五大的国家，自然资源非常丰富。巴西已探明的资源种类约有 50 多种，但这些资源含量非常丰富，总储量和人均占有量都非常高，尤其是铁矿、铝土矿、镍矿、锡矿、锰矿等主要工业矿产资源储量极为丰富，且矿产资源的品位较高。同时，巴西还有丰富石油资源，是仅次于委内瑞拉的第二大拉美产油国。

巴西铁矿是本国的支柱产业，拥有卡拉加斯和伊塔比拉两个世界级超大型铁矿，让西成为全球第二大铁矿生产国和主要出口国。重要的是，巴西铁矿石的含铁量高达 65% 以上、硅和铝等杂质少，是质量极佳的炼铁原料。

矿业是巴西经济的主要产业。相比拉美其他以矿业作为支柱产业的国家而言（如玻利维亚、智利、秘鲁、委内瑞拉），由于巴西经济体量大、经济多元化发展程度较高，因此矿业在巴西经济中的相对地位不如在其他拉美国家凸显，只占到巴西整体 GDP 的 5% 左右。

从出口情况来看，矿产品在巴西总出口中占据了很高的地位。以铁矿石为例，巴西生产的铁矿石中有 70% 都用于出口；而 2010 年后，铁矿出口在总出口中的比重超过 10%（见图 6.1）。

从外商投资流入情况来看（见图 6.2），巴西以其丰富的矿产资源吸引了大量外商直接投资。尤其是 20 世纪 90 年代末以来，随着巴西矿业私有化进程的推行，进入巴西矿业的外资增长较多，特别是以铁矿为代表的金属矿产投资更是如此。即便近年来国际矿业发展进入调整期，但巴西金属矿业的外资流入不到5%。

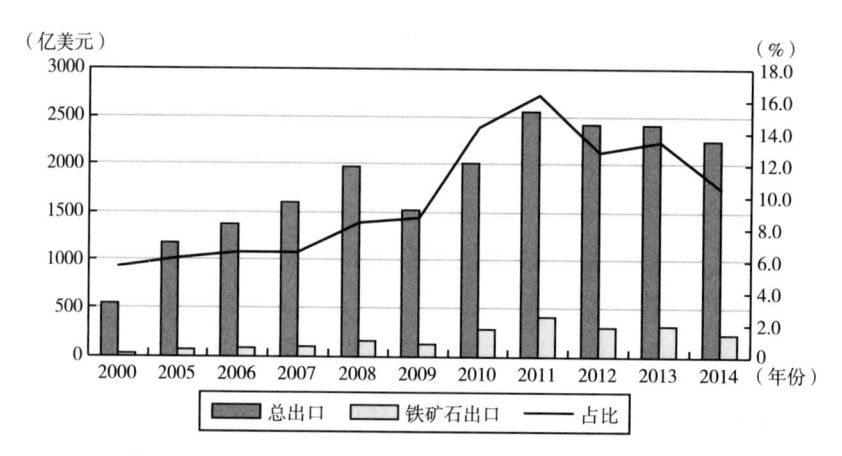

图6.1　2000年、2005~2014年巴西铁矿石出口及其占比

资料来源：金砖国家联合统计手册（2015）。

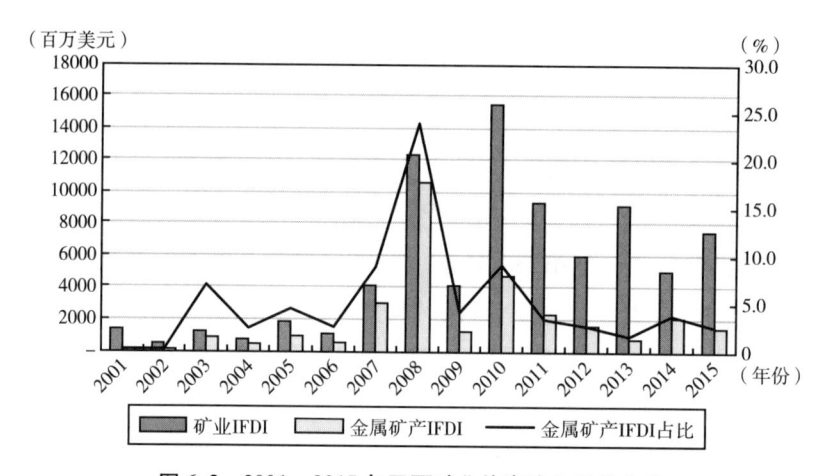

图6.2　2001~2015年巴西矿业外资流入及其占比

资料来源：巴西中央银行数据库。

6.2　巴西矿业的阶段性特征

根据不同时期矿业产业的重大环境特征差异，本书将巴西矿业的发展

历史划分为 5 个发展阶段（见图 6.3）。

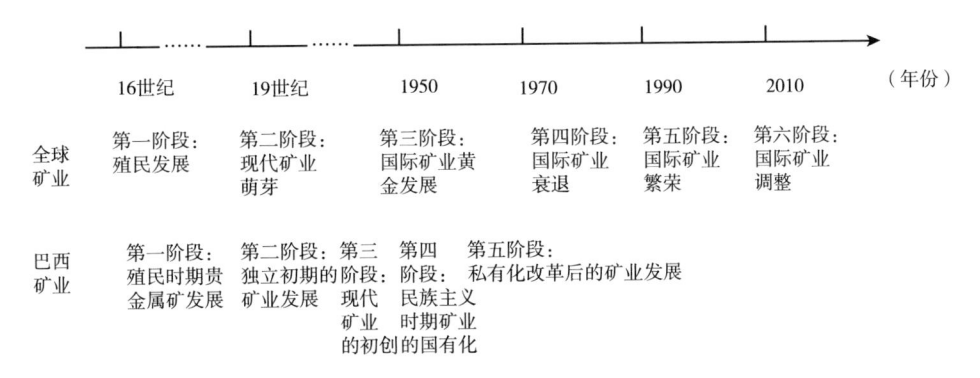

	16世纪	19世纪	1950	1970	1990	2010	（年份）
全球矿业	第一阶段：殖民发展	第二阶段：现代矿业萌芽	第三阶段：国际矿业黄金发展	第四阶段：国际矿业衰退	第五阶段：国际矿业繁荣	第六阶段：国际矿业调整	
巴西矿业	第一阶段：殖民时期贵金属矿发展	第二阶段：独立初期的矿业发展	第三阶段：现代矿业的初创	第四阶段：民族主义时期矿业的国有化	第五阶段：私有化改革后的矿业发展		

图 6.3　巴西矿业产业发展阶段

1. 巴西殖民时期贵金属矿发展阶段（16 世纪至 19 世纪 20 年代）

巴西的矿业发展始于 1500 年葡萄牙殖民时期。在 1500~1600 年，葡萄牙的探索者在巴西几乎没有发现有价值的金矿，除了一些地处偏远、品位较差的金矿。直到 16 世纪末，葡萄牙人在巴西的经济殖民活动主要以开发红杉木和种植甘蔗为主。1698 年，葡萄牙殖民者终于在米纳斯吉拉斯州发现了巴西最大的冲击层富金矿，并一度让巴西进入金矿经济周期。17 世纪 20 年代，葡萄牙殖民者还在巴西发现了钻石矿，这也让巴西成为当时全球最大的钻石生产国，直到澳大利亚、南非等国的钻石大发现。

发生在殖民时期的贵金属矿业经济周期，推动了巴西社会多方面的发展，包括巴西的人口从早期的沿海地区逐渐向内陆的矿业地区流动，同时也带来了大量的欧洲人口。随着矿业经济的发展，巴西的经济活动中心也向西向南转移到米纳斯·吉拉斯和里约热内卢一带，并推动了这些地区经济的发展和城镇的建成。

2. 巴西独立初期矿业发展阶段（19 世纪 20 年代至 20 世纪初）

19 世纪 20 年代的巴西独立战争以后，通过第一次工业革命崛起的英国进入巴西，试图投资当地的金矿和铁矿。但受到巴西基础设施落后和热带瘟疫横生的阻碍，以及矿产业本身具有的投资风险高和回报周期长的特点，当时外资对巴西的矿业投资并不多，因此巴西的矿业在这一时期发展缓慢。加上巴西当时正处于咖啡经济周期，并在 19 世纪 30 年代达到高峰，吸引了外资进入。相比之下，巴西的矿业投资大约只占到全国投资量的

4%，并且都被外资垄断。

3. 巴西现代矿业初创阶段（20世纪初至1945年）

1929年的美国经济大萧条，让当时以出口农产品和矿产品换取资本然后从发达国家进口消费品为主要经济模式的巴西遭受了巨大打击。由于经济的不景气，国际上对巴西的初级产品需求骤降，引起巴西国际收支极度不平衡，消费品的进口难以保障。同时，由于巴西的矿业经济在20世纪初以前几乎被外资垄断，尤其是英国和美国的跨国公司。因此，美国经济大萧条和国际上对巴西矿产品需求的下降直接导致跨国矿业公司在拉美减产、裁员甚至退出，一度造成大量的失业，引发社会动荡。

在此社会经济背景下，巴西开始意识到建立国有企业、发展本国工业、实现消费品自给自足的重要性。1930年，以瓦加斯为代表的新兴工商阶级政党上台，开创了巴西的新共和时期，标志着巴西本国工业化的起步。巴西逐渐从资源产品的出口导向转为进口替代的发展模式，并将矿藏、油气、森林等自然资源收归国有，建立了第一批国有企业。1934年，巴西成立了矿业局（DNPM）并颁布了第一部巴西现代矿业法。同年，巴西宪法第72条规定"矿井和矿山安全是国家安全的一部分，矿井和矿山所在地不能转让给外国人"。1937年，巴西宪法第119条又规定"法律将对矿山、矿井、河流及其他形式的能源，以及对国家经济和军事防御基础等相关工业逐步实现国有化"。

经济大萧条后，国际上对矿产品的需求激增，巴西矿业发展的机会到来。第二次世界大战期间，出于战争武器和装备制造的需要，英国和美国急需进口大量的铁矿石。在此机遇下，巴西与英、美签订了《华盛顿协议》，将英国在巴西的铁矿公司国有化，并由美国华盛顿银行提供资金；在英国和美国的帮助下，建成了巴西第一家也是当前最大的本土矿业企业——淡水河谷公司。同时，为了便于铁矿石的运输，英、美还帮助巴西修建了从矿区到港口的铁路等一系列基础设施。

可以看到，在这一时期巴西政府开始控制外资在巴西矿业的开发，同时将矿产资源国有化的规定纳入了宪法。同时，在战争因素下，巴西政府又强势利用外资建立了本土的矿业企业以及相关发展所必需的基础设施。这也成为巴西现代化矿业发展的起点。

4. 巴西民族主义时期矿业国有化阶段（1946～1994年）

第二次世界大战后，随着日本、欧洲等国战后重建需要的攀升，国际矿业价格逐渐走高。加上亚洲和拉美发展中国家民族意识的觉醒，包括巴西在内的拉美资源国家纷纷开始了国有化运动。巴西的矿产资源国有化运动主要集中发生在20世纪50年代至70年代。例如，1953年，巴西国会确立了国家在石油开采、生产和精炼上的垄断地位，巴西国家石油公司就此成立。到了20世纪60年代末，美国钢铁公司偶然在巴西发现了卡拉加斯大铁矿，后来在巴西政府的强制干预下由当时的国有企业——淡水河谷公司获得了该铁矿的开发权（陈涛涛等，2015）。到了20世纪70年代末，外资跨国矿业公司在巴西的矿业投资活动都仅限于同当地国有公司进行合作。

在这一阶段，由于巴西的矿产资源都掌握在本土企业和政府的手中，在20世纪50年代战后国家重建，六七十年代日、韩经济腾飞的大量矿产品需求带动下，虽然巴西的矿业存在竞争缺乏和效率低下等问题，但也正是因为国有化和限制外资参与的保护，使得巴西的本土矿业企业得以在这一历史时期积累了大量的原始资本。

尽管巴西在矿业国有化限制外资进入矿业相关领域，但出于进口替代工业化发展的需要，仍大力鼓励外资进入交通设备、机械设备、基础设施等领域，改善了与矿业相关的支持性产业的竞争力，对本国矿业发展产生了促进作用。与此同时，由于进口替代带来的生产力提升，巴西矿业也在这一阶段初次实现了对外投资，不过由于能力的限制，这一时期的对外投资大多集中在拉美地区。[①]

在立法方面，巴西国内的矿业管理体系也在逐渐出台相关法律、法规并完善。1960年，巴西矿产和能源部成立。1969年，巴西地质勘探局（CPRM）成立，并带来了巴西国内的矿业勘探热潮。巴西最古老的矿业学校——位于米纳斯吉拉斯州的欧鲁普雷图矿业学院——也在这一时期逐渐壮大，源源不断为巴西矿业输送人才。1982年，墨西哥外债危机爆发，巴

---

① 陈涛涛，陈忱，罗德斯·卡萨诺瓦. 中国与拉美地区对外直接投资的比较研究[J]. 拉丁美洲研究，2016（4）：94-110.

西在连锁反应中也陷入了经济危机。1985年，巴西开始第三次民主化进程。在矿产行业，巴西对待外资的态度再次收紧，1988年通过修订巴西宪法，明令禁止外资企业以及合资企业获得本国矿产的勘探和开采权。该政策的出台导致大批矿业外资的撤离，并致使进入巴西的矿业外资在20世纪90年代初比历史平均水平下降了75%。

与此同时，早期矿业勘探的热潮也给自然环境带来了难以估量的破坏。被称为"地球之肺"的亚马孙热带雨林尽管富含矿产资源，但由于雨林覆盖面积辽阔且其中交通和相应能源基础设施缺乏，除明确勘探到的、极高品味的矿储外，其他情况很难吸引正式的矿业企业进入。然而，从1979年开始，大量非正式采矿团体开始涌入亚马孙雨林中开采金、锡等矿储。这些非正式开采带来日益严重的环境问题，巴西政府开始采取行动。1981年，巴西通过正式的系统性环保标准——《国家环保政策》。随后，1988年，巴西宪法向地方政府分权，同时规定联邦政府和州政府拥有保护环境、自然资源以及控制污染的问题上的立法权。因此，在20世纪80年代联邦和地方层面的环保新政策也相继出台。其中，与非正式开采相关最为紧密的法律可能是宪法第174条第3款和第4款。上述条文规定采矿行为须获得相应采矿许可证，而获得这一许可证的前提是通过环保监管机构的批准。

受环保制度的影响，20世纪80年代，巴西的矿业企业开始采用或研发相应矿业开采或冶炼技术，以追求提升生产效率的同时尽可能地减少对环境的破坏。例如，在开采阶段，采用回填技术将废料填充回采空区，以减少了对地面土地的占用和采空区处理的费用。或者，在冶炼阶段，收集冶炼排放的二氧化硫并将其制成副产品硫酸。在众多企业当中，Rio Paracatu 矿业、力拓锌业（Rio Tinto Zinc）以及淡水河谷，都是在平衡商业利益和环境保护方面做得较好的代表。

5. 巴西私有化改革后矿业发展阶段（1995年至今）

巴西矿产资源开发利用管理的法律框架是建立在1988年的巴西宪法基础之上的。1995年，巴西议会对该条例进行修正，允许私有企业通过合资方式或私有化投资的方式进入采矿业、石油天然气工业、航运、通信和运输业。

在此背景下，巴西最大的国有矿业公司——淡水河谷也从1997年开始进行私有化改革，并于2002年完成。巴西石油公司也在这个过程中实现了政企分离。外资矿业公司的进入给原先开放程度较低、垄断性较高的巴西矿业公司带来竞争的同时，也带来了先进的技术和海外销售渠道。在这个过程中，巴西本土的矿业公司一方面不断收购整合本土的产业企业；另一方面，在前期资本积累的支持下开始大举进行海外矿产资源的投资活动。

21世纪初，在前期能力积累的基础上，巴西矿业的海外投资呈现加速发展态势。在开放压力下，一些企业是为了寻求业务多元化发展，而另外一些企业则是为了寻求业务专一化发展。但他们都不约而同地采取海外投资来实现。这一时期，尽管巴西很多企业都选择临近的拉美区域内国家投资，但包括矿产业在内的一些大型企业却大量进入了发达国家和地区，包括北美和欧洲。随着巴西国内利率的不断攀升，巴西企业不得不通过公司内部借贷的方式将海外资金转移到巴西母公司进行投资。随着矿业在2012年进入波动调整期，巴西的矿业企业大量减少了海外投资甚至出现撤资，其中就包括淡水河谷和巴西石油公司。受到全球矿产业面临生产成本上升和运营利润缩水的不利形势影响，巴西淡水河谷公司在2012年出售了其在欧洲的锰矿资产、在哥伦比亚的煤矿资产和运船等在内的共计11.2亿美元的资产。这一撤资战略与全球其他包括力拓、必和必拓等在内的大型矿业企业的战略如出一辙。巴西石油公司则是撤销了一些海外投资项目，以补充国内投资的不足。

6.3 全球矿业发展背景下巴西矿业的发展与对外投资能力的形成

6.3.1 巴西矿业的初始条件及外资的进入

巴西的土著印第安人与拉美其他国家的印第安人不同，他们的日常生活中只会使用石英、打火石以及一些很硬的石块等工具，而几乎不掌握任何与金属采掘和冶炼相关的技术。因此，在自然开放的状态下，巴西矿业主要依靠早期葡萄牙殖民者，以及前两次工业革命后英国和美国的投资来实现矿产品的采掘和矿业的发展。17世纪末到19世纪初这段时间，巴西处于被葡萄牙殖民时期，矿业发展以贵金属采掘为主。1822年巴西独立以后，随着以英、美为首第一次工业革命和第二次工业革命的爆发，全球矿业进入对工业金属的需求期。拥有丰富的铁矿资源的巴西，从19世纪末开始，逐渐吸引了来自英国和美国的投资目光。这一时期巴西几乎没有本土的矿业企业，矿产品的勘探和开发都依靠跨国公司来实现。

6.3.2　外资进入对巴西矿业产业环境的初始影响

巴西在1822年独立后，以英国和美国为代表的外国资本和跨国公司逐渐开始进入巴西寻求铁矿资源，以支持这些国家工业化发展的需求。这一时期，巴西的矿业几乎被外资企业垄断，没有本土企业。从要素来看，矿业开发所需的技术和设备都是从当时技术发达的欧美矿业国家通过直接投资带入，而巴西本土充足的低成本劳动力，支持了矿业生产。例如，第一次工业革命的产物蒸汽机和第二次工业革命的产物电力及相关设备，通过跨国公司被引入巴西的矿山，提高了巴西矿产品的出产量。加上巴西基础设施落后，外资只能自己修建相应运输矿石的铁路和港口。由此可见，巴西开始本国现代矿业发展之前，已经通过外资建立起了一定的产业规模，以及相关的基础设施。巴西矿业产业环境"钻石模型"的初始条件分析如图6.4所示。

6.3.3　本土矿业产业环境与外资的动态互动作用及影响

巴西矿业的上游资源把握在外资企业手中，下游市场以供给海外为主。因此，当1929年的经济大萧条席卷而来时，巴西出现了大量矿山失业的劳动力，由此也触发了巴西发展本国矿业产业和企业的战略考虑。

1934年，巴西首次成立了国家矿业局（DNPM），并出台了第一部矿业法典。在政府主导下，以英、美两国在第二次世界大战中武器制造中的铁矿需求为契机，巴西通过将英国在巴西的一家矿业公司国有化而成立了

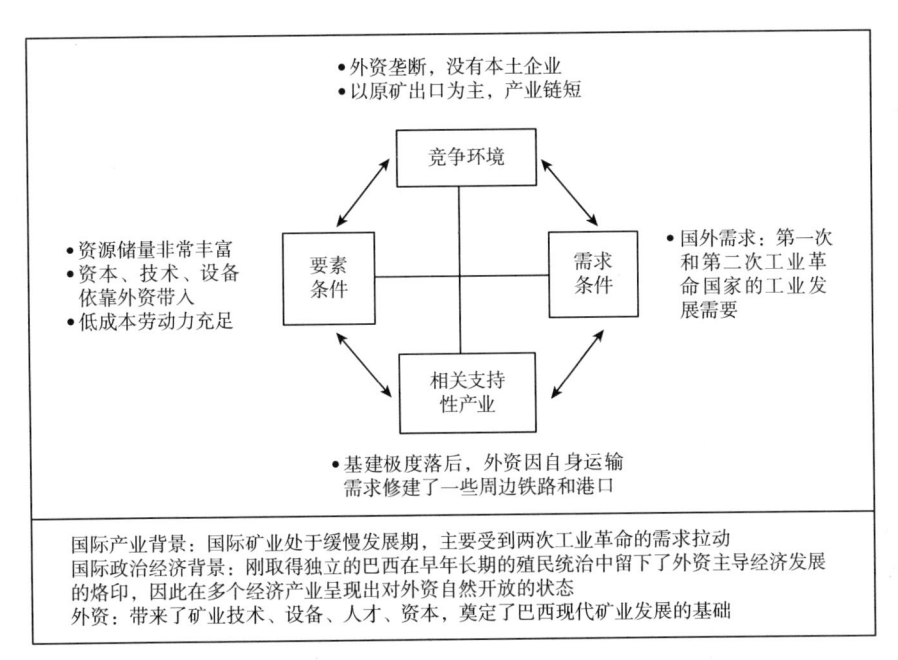

```
┌─────────────────────────────────────────────────────────────┐
│                    • 外资垄断，没有本土企业                  │
│                    • 以原矿出口为主，产业链短                │
│                         ┌──────┐                            │
│                         │竞争环境│                          │
│                         └──────┘                            │
│                            ↕                                │
│ • 资源储量非常丰富   ┌──────┐   ┌──────┐  • 国外需求：第一次 │
│ • 资本、技术、设备   │ 要素 │↔ │ 需求 │    和第二次工业革   │
│   依靠外资带入      │ 条件 │   │ 条件 │    命国家的工业发   │
│ • 低成本劳动力充足   └──────┘   └──────┘    展需要           │
│                            ↕                                │
│                         ┌──────┐                            │
│                         │相关支持│                          │
│                         │性产业 │                           │
│                         └──────┘                            │
│                    • 基建极度落后，外资因自身运输            │
│                      需求修建了一些周边铁路和港口            │
├─────────────────────────────────────────────────────────────┤
│ 国际产业背景：国际矿业处于缓慢发展期，主要受到两次工业革命的需求拉动 │
│ 国际政治经济背景：刚取得独立的巴西在早年长期的殖民统治中留下了外资主导经济发展 │
│ 的烙印，因此在多个经济产业呈现出对外资自然开放的状态          │
│ 外资：带来了矿业技术、设备、人才、资本，奠定了巴西现代矿业发展的基础 │
└─────────────────────────────────────────────────────────────┘
```

图 6.4　巴西矿业产业环境"钻石模型"的初始条件分析

本土第一家国有矿业企业——淡水河谷公司。从需求条件来看，在第二次世界大战后工业国家重建，以及日、韩经济腾飞等连续经济利好发展态势的推动下，全球呈现出对巴西矿产品的强势需求。加上这一时期，巴西本国进口替代工业化，尤其是 20 世纪 50 年代以后的耐用消费品的进口替代工业化发展，也从内部产生了对矿产品的需求。从要素条件来看，这一时期巴西由于将大量的外商矿业资本进行了国有化，并且限制甚至禁止外资进入，导致其矿业技术进展缓慢和管理能力低下。但得益于该阶段正值全球矿业发展黄金期，巴西的矿业得以这一时期盈利运作并积累了大量的原始资本，成为矿业发展的关键要素。而在相关支持性产业上，在电力、运输等基建领域以及机械制造领域，巴西通过引进外资得到了一定的发展，进而支持了本国矿业的发展。

这一时期，由于巴西通过国家政策限制了私人资本和外资进入矿业，一方面导致本国国有矿业公司因缺乏竞争而效率低下，但另一方面也变相支持了以淡水河谷为首的本国矿业行业和企业快速积累了大量原始资本。国有化阶段巴西矿业产业环境"钻石模型"的分析如图 6.5 所示。

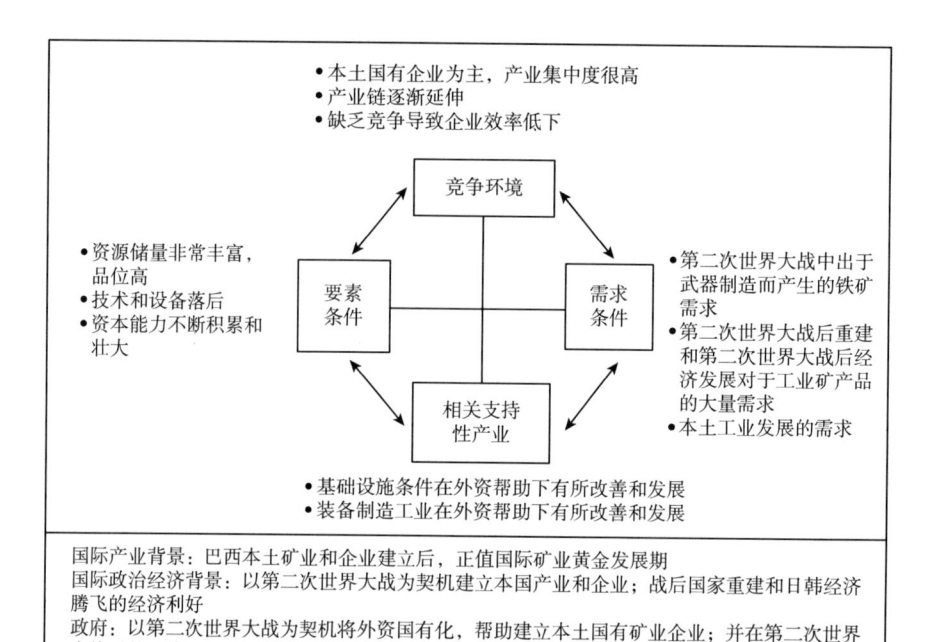

```
┌─────────────────────────────────────────────────────────────────────┐
│                        • 本土国有企业为主，产业集中度很高              │
│                        • 产业链逐渐延伸                              │
│                        • 缺乏竞争导致企业效率低下                     │
│                                                                     │
│                              竞争环境                                │
│                               ↕                                     │
│  • 资源储量非常丰富，              ↕              • 第二次世界大战中出于│
│    品位高          要素条件 ↔ ↔ ↔ 需求条件         武器制造而产生的铁矿│
│  • 技术和设备落后                                   需求              │
│  • 资本能力不断积累和              ↕              • 第二次世界大战后重建│
│    壮大                           ↕                和第二次世界大战后经│
│                              相关支持                济发展对于工业矿产品│
│                              性产业                  的大量需求       │
│                                                  • 本土工业发展的需求 │
│                                                                     │
│                 • 基础设施条件在外资帮助下有所改善和发展              │
│                 • 装备制造工业在外资帮助下有所改善和发展              │
├─────────────────────────────────────────────────────────────────────┤
│ 国际产业背景：巴西本土矿业和企业建立后，正值国际矿业黄金发展期         │
│ 国际政治经济背景：以第二次世界大战为契机建立本国产业和企业；战后国家重建和日韩经济│
│ 腾飞的经济利好                                                      │
│ 政府：以第二次世界大战为契机将外国国有化，帮助建立本土国有矿业企业；并在第二次世界│
│ 大战后的民族主义情绪高涨下不断地将矿产资源国有化，并限制外资进入；引入外资发展基建│
│ 和制造业                                                            │
│ 外资：在基建行业的投资改善了基础设施条件，支持了矿业发展；在制造业的投资拉动了巴西│
│ 内部对矿产品的需求                                                  │
└─────────────────────────────────────────────────────────────────────┘
```

图 6.5　国有化阶段巴西矿业产业环境"钻石模型"的分析

外债危机以后，巴西本国开展了经济自由化和私有化改革。这其中也包括矿业行业。巴西矿业在1997～2002年的私有化过程，主要以私有化巴西国内最大、占巴西矿业80%产能的淡水河谷公司为代表。从竞争环境来看，尽管该私有化进程对本国私人资本和外资都是开放的，但巴西政府仍然通过多阶段拍卖、多重筛选和限制的方式，让最终本土企业获得了矿业私有化的绝大部分好处，并重点支持本土几家大型企业对其他中小企业的兼并收购，让巴西的矿业资源仍然主要掌握在本土企业的手中。从这一阶段的需求条件来看，主要以金砖国家的经济腾飞、包括巴西本国的经济发展和中国的经济发展对矿业的需求，带动了巴西矿业在私有化以后得以实现快速发展。从相关支持性产业来看，巴西在基建行业持续吸引外资支持了矿业产业的升级，并且通过在海外投资和上市获得了更好的融资条件和抗风险能力。例如，巴西从中国引进的特高压输电项目建设，就支持了其从北部水电发达州向东部矿业大州的超远距离输电需求。

在私有化完成以后，巴西矿业一方面加快了本土企业之间的兼并重组，另一方面也通过摆脱政府管制和与外资合作提升了企业效率。依托前一阶段积累的资本、本阶段政府和国家发展银行的支持、出于自身分散风险和实现全产业链发展的考虑，巴西矿业行业和企业在这一阶段实现了快速的对外直接投资。开放条件下巴西矿业产业环境"钻石模型"的分析如图6.6所示。

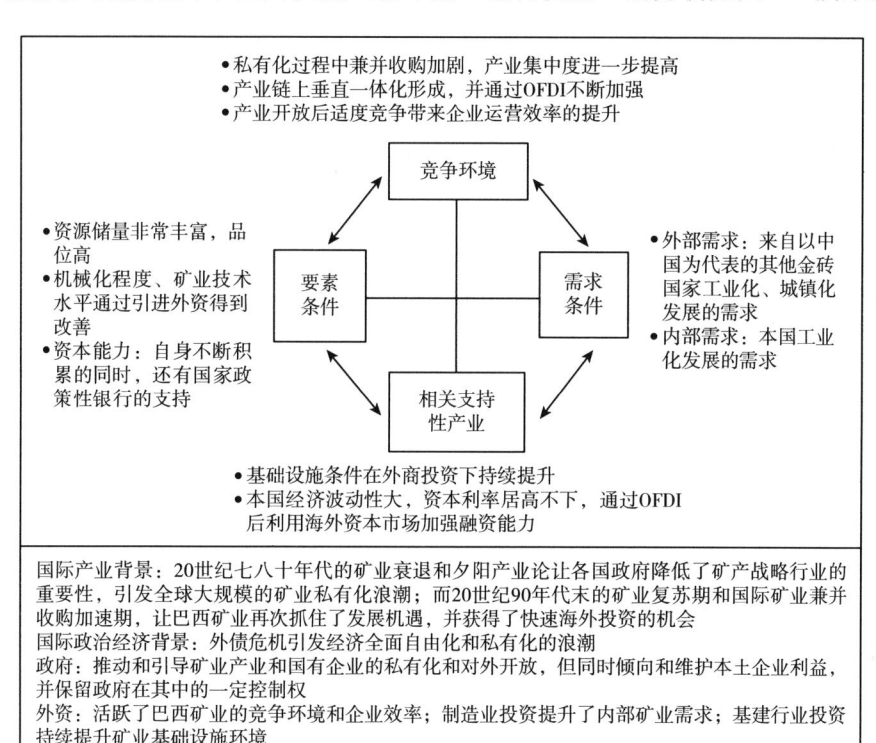

```
• 私有化过程中兼并收购加剧，产业集中度进一步提高
• 产业链上垂直一体化形成，并通过OFDI不断加强
• 产业开放后适度竞争带来企业运营效率的提升

                    竞争环境
                       ↕
• 资源储量非常丰富，品      • 外部需求：来自以中
  位高                   国为代表的其他金砖
• 机械化程度、矿业技术  要素 ↔ 需求  国家工业化、城镇化
  水平通过引进外资得到  条件   条件  发展的需求
  改善                   • 内部需求：本国工业
• 资本能力：自身不断积      化发展的需求
  累的同时，还有国家政       ↕
  策性银行的支持      相关支持
                     性产业

• 基础设施条件在外商投资下持续提升
• 本国经济波动性大，资本利率居高不下，通过OFDI
  后利用海外资本市场加强融资能力

国际产业背景：20世纪七八十年代的矿业衰退和夕阳产业让各国政府降低了矿产战略行业的
重要性，引发全球大规模的矿业私有化浪潮；而20世纪90年代末的矿业复苏期和国际矿业兼并
收购加速期，让巴西矿业再次抓住了发展机遇，并获得了快速海外投资的机会
国际政治经济背景：外债危机引发经济全面自由化和私有化的浪潮
政府：推动和引导矿业产业和国有企业的私有化和对外开放，但同时倾向和维护本土企业利益，
并保留政府在其中的一定控制权
外资：活跃了巴西矿业的竞争环境和企业效率；制造业投资提升了内部矿业需求；基建行业投资
持续提升矿业基础设施环境
```

图6.6 开放条件下巴西矿业产业环境"钻石模型"的分析

6.3.4 开放条件下巴西矿业对外投资能力分析

巴西矿业对外投资开始于20世纪80年代，部分颇具实力的大型公司就开始进行海外投资，试图通过资产地域分布的多样化分散外债危机引起的区域宏观经济不稳定性的影响，这其中主要包括矿业领域的淡水河谷公司，以及其他一些工程和建筑类公司。20世纪90年代末和21世纪初的巴西市场化改革时期，在前期积累能力的基础上，更多的巴西矿业公司选择对外投资。

从对外投资的类型来看，巴西矿业主要以能力获取型投资为主。20世纪90年代巴西矿业完成私有化改革，矿业企业获得更多经营自主权。根据全球矿业的发展趋势，在以中国为代表的新兴经济体崛起带来庞大的矿产品需求。国内市场重新开放带来的竞争加剧和海外市场巨大的增量需求，都促使巴西矿业企业在21世纪初加快对外投资的步伐，获取更多矿业储备以把握全球矿业繁荣期带来的发展机遇，例如2003～2006年，淡水河谷进入非洲开发包括煤、铜、铁在内的多种类型的矿产资源。

梳理巴西矿业的发展历程和对外投资的特征不难发现，外部产业发展趋势、政府引导和外资参与均是巴西矿业对外投资的重要能力来源。巴西矿业产业能力发展如图6.7所示。

首先，巴西矿业的发展屡次借助到国际政治经济环境和国际矿业产业发展的利好时机。巴西本国现代矿业的起点就是第二次世界大战，例如淡水河谷公司就是第二次世界大战时英、美对铁矿石迫切需求的背景下，借助外部资金建立起来的。巴西本土矿业建成后，正值全球矿业的第二次世界大战后黄金发展阶段，充足的矿产品需求使得巴西矿业积累了大量的原始资本。20世纪90年代私有化改革后，正值全球矿业繁荣期，巴西矿业企业的资本能力得到进一步提升。同时，矿业兼并收购活跃，给巴西矿业带来了对外投资的机会。

其次，巴西矿业对外投资能力的形成有赖于巴西政府的扶持和引导。巴西的现代矿业开始于20世纪40年代，巴西政府通过国有化打破了前期外资垄断的局面，并准确把握第二次世界大战矿业需求激增带来的机会，凭借国内丰富的矿产资源获得较为主动的谈判地位，促使以淡水河谷公司为代表的巴西现代矿业公司的建立。20世纪后半叶的国有化发展阶段，在巴西政府的干预下，以淡水河谷公司为代表的国有矿业企业获得了优质矿储的开采权，在与外资的合作中处于强势地位，故而在全球矿业发展的黄金时期积累了大量资本。凭借充沛的资本能力，巴西矿业企业在随后的私有化改革发展阶段实现了大量对外投资。

最后，外资对巴西本土矿业的建立和产业环境的提升起到重要作用。在20世纪40年代国有化以前，巴西矿业是完全对外资开放的。巴西本土

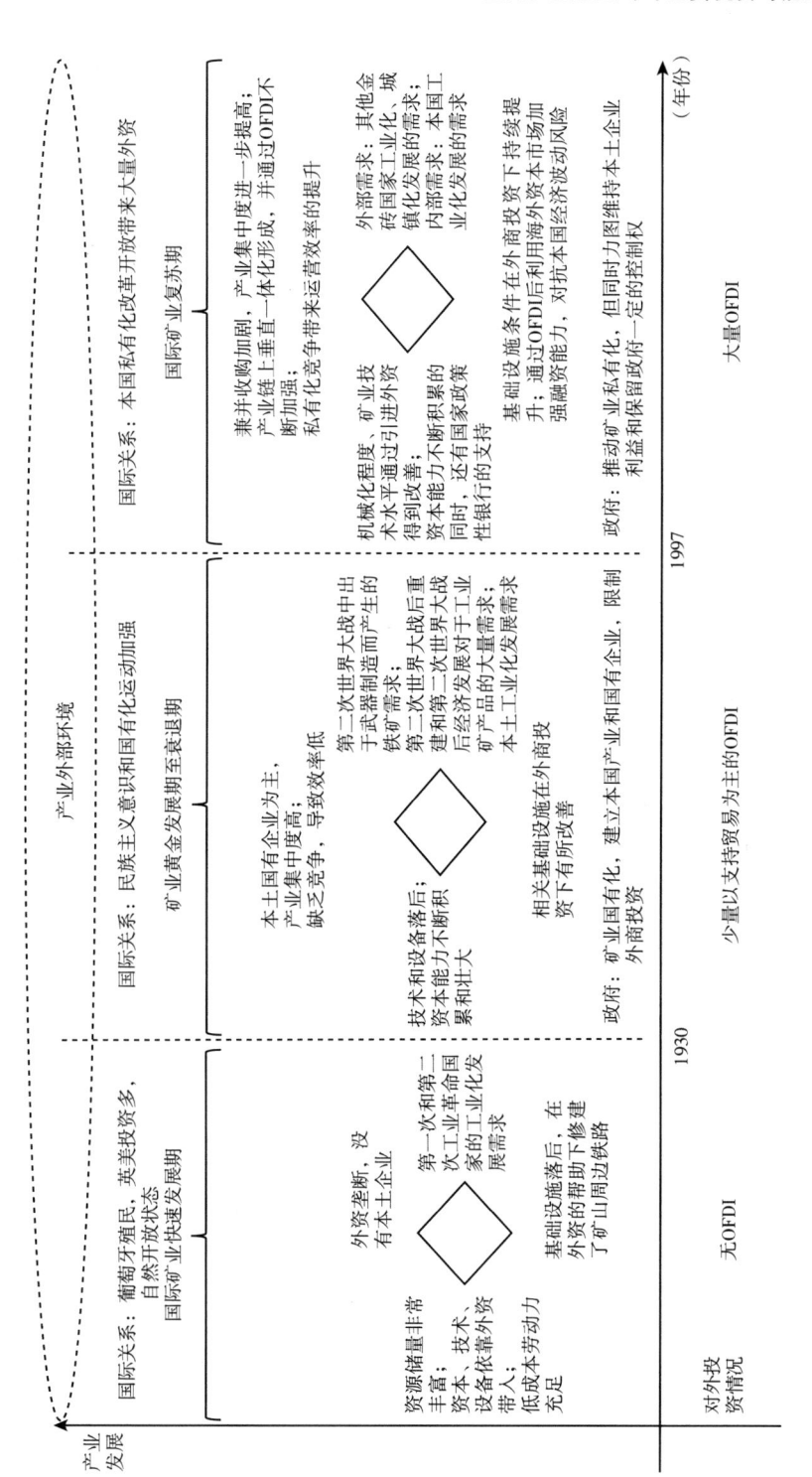

图 6.7 巴西矿业产业能力发展

矿业从要素条件到相关支持性的基础设施，都是在外资的主导下发展起来的，奠定了巴西现代矿业的发展基础。20世纪90年代私有化以后，外资的适当进入活跃了巴西矿业的竞争环境，为巴西带来了现代化的矿业技术和管理模式，进一步提升了巴西矿业产业竞争力，促使巴西矿业企业寻求海外投资的机会。矿业外部行业的外商投资也从需求条件和相关支持性产业的方面推动了巴西矿业产业环境的提升。制造业的外商投资拉动了巴西本国工业的发展，促进了矿业需求发展。基础设施行业的外商投资则推动了巴西电力系统、运输系统的发展，提升了巴西矿业环境的相关支持性产业环节。

6.3.5 政府作用的分析

拉美国家相对中国来说，各行业的经济自由化发展进行得更彻底，政府对于经济的干预程度也更低。巴西是拉美国家中政府角色相对较强的国家，巴西政府之于巴西矿业发展和产业竞争力的形成，具有不可磨灭的重要作用。巴西矿业发展及其产业能力形成的机制总结如表6.1所示。

表6.1　巴西矿业发展及其产业能力形成的机制总结

发展阶段	发生机制		本国矿业产业能力的形成
	影响来源	对产业环境的作用	
外资垄断时期	外资	要素条件：依靠外资带入了矿业技术、设备、人才和资本 竞争环境：外资垄断 相关支持性产业：帮助修建了从内陆矿山到港口的铁路等基础设施	外资带来了现代矿业技术、矿山管理模式和专业人才，在这个过程中也有本土人力资本的培养；虽然产业集中度高，但由于资源都掌握在外资手中，因此资本积累少，资本能力较弱；垂直一体化能力弱
	外部环境	竞争环境：受到早年长期的殖民文化影响，巴西矿业行业具有天然对外资开放的特征，未形成建立本土产业和企业的意识 需求条件：西方国家第一次工业革命和第二次工业革命发展对矿产品的需求	
	政府	—	

续表

发展阶段	影响来源	发生机制 — 对产业环境的作用	本国矿业产业能力的形成
国有化发展时期	外资	需求条件：在政府政策推动下进入到巴西制造业领域，带动了本土对矿产品的需求 相关支持性产业：在基础设施行业的投资支持了巴西矿业的发展	抓住了国际矿业的黄金发展期，在国有化背景和政府支持下，实现了本国矿业资本的快速积累； 由于巴西矿产有相当部分用于出口，本土行业和企业意识到把控市场和垂直一体化发展的重要性，开始向下游的运输、销售延伸
	外部环境	需求条件：第二次世界大战英、美制造武器的需要；第二次世界大战后经济重建，以及日、韩经济的腾飞对矿产品的需求	
	政府	需求条件：推行进口替代工业化战略，本国工业发展带来矿产品的内部需求 竞争环境：国有化政策，维护本国企业的利益，一度禁止外商在矿产资源领域的投资	
开放发展时期	外资	竞争环境：带来了适度竞争，促进本土企业的效率提升 要素条件：提高了技术和机械化水平 相关支持性产业：基建行业在与外资合作的过程中发展迅速	随着国际矿业的复苏，本国矿业的资本能力积累加速； 私有化改革以后，矿业公司可以在多地上市融资，提高了资本运作能力，降低了资金成本； 海外市场能力通过对外投资得到了提升； 人力资本在与外资合作交流过程中得到提升； 垂直一体化能力在国内兼并重组和海外投资的过程中得到提升
	外部环境	需求条件：随着国际经济复苏、以中国为代表的新兴市场国家兴起，国际矿业进入快速恢复发展期后，再度带来了铁矿需求 竞争环境：外债危机后，经济自由化发展思潮席卷拉美各国	
	政府	竞争环境：推动矿业私有化改革，活跃国内竞争环境；同时也通过多种手段保护本国矿产业的利益 要素条件：政策性银行提供资本支持	
	OFDI	企业战略、企业结构和竞争环境：通过 OFDI 冶炼、销售等环节，向外延长了产业链，强化了产业垂直一体化能力 相关支持性产业和要素条件：通过对外投资一方面可以利用外部市场，另一方面可以通过公司内借贷的方式支持母国产业发展的资本需要	

第一，巴西自建国以来就处于对外资开放的状态，矿产行业也在早期处于外商垄断之下。正是 20 世纪 40 年代以来巴西政府推行的强有力的国有化政策，才带来了巴西本土矿业企业的建立。

第二，从资本的角度来看，在本国矿业企业海外投资的过程中通过巴西国家开发银行（BENEDES）向企业提供了贷款支持。

第三，从竞争结构来看，矿业国有化、保护本土企业成为国家冠军、引导外资有序进入一直是巴西政府的政策目标。

第四，从相关支持性产业的角度，得益于巴西政府在基础设施等行业的引资措施，为巴西矿业发展提供了便利。

6.4 巴西典型矿业企业的对外投资机会与能力建设——以淡水河谷为例

6.4.1 淡水河谷简介与发展历程

成立于1942年的巴西淡水河谷公司（Vale）是一家以铁矿业务为主，集多种金属和非金属矿产勘探、开采、加工和销售于一体的综合性全产业链矿业企业，它同时还涉足物流、能源和冶炼等业务领域。Vale是全球第二大金属矿矿业公司，同时也是全球最大的铁矿石供应商和第二大镍生产商。Vale在2015年联合国的全球非金融类跨国公司排名中以353亿美元的海外资产排名第98位，在发展中国家跨国公司排名中排名第5位。淡水河谷的发展阶段如图6.8所示。

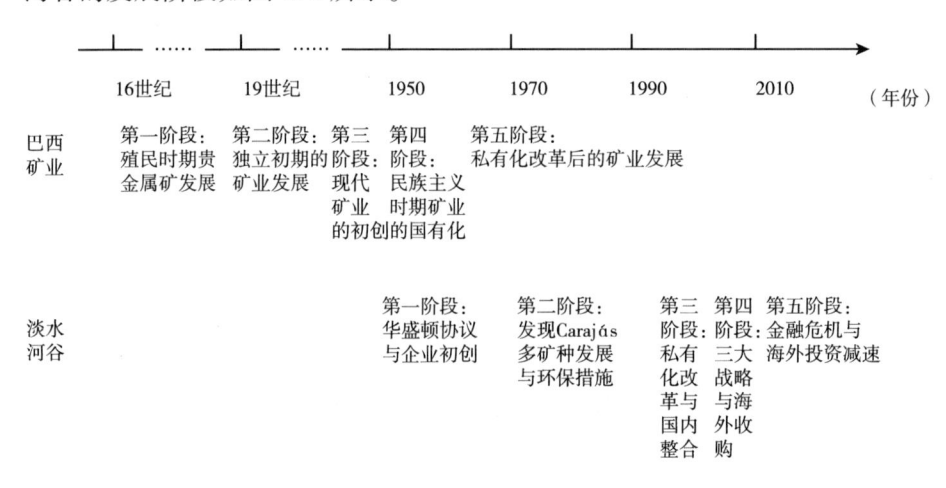

图6.8 淡水河谷发展阶段

从20世纪90年代开始，Vale开始凭借自身资源和能力发展海外投资。进入21世纪以后，公司全球化进程加速，目前业务已经遍布全球五个大洲和30多个国家。

1. 成立背景

Vale的历史最早可以追溯到19世纪末。当时，英国投资者在米纳斯吉拉斯州的伊塔比拉地区发现了铁矿，并成立了伊塔比拉铁矿公司。1911年，该公司为了方便铁矿运输，建成从米纳斯吉拉斯州到巴西维多利亚港口的铁路。第二次世界大战期间，英、美两国为获得巴西的铁矿资源以投入军工生产，美国、英国和巴西通过谈判并达成"华盛顿协议"。在该协议下，1942年6月巴西政府将伊塔比拉铁矿公司收归国有，改名为巴西淡水河谷公司（Companhia Vale do Rio Doce，CVRD，以其业务所在地the Doce River Valley命名，后改名Vale），并指派参与"华盛顿协议"谈判的以色列·皮涅罗（Israel Pinheiro）作为淡水河谷公司的首任负责人。[①] 同时，巴西政府也将连接米纳斯吉拉斯和巴西维多利亚港口的铁路（EFVM）进行了国有化。为了让新成立的淡水河谷公司完成每年向英、美两国出口150万吨铁矿石的目标，美国华盛顿进出口银行向其提供了1400万美元的贷款，用来购买美国生产的设备和机器，便于矿山开发和铁路修建。作为交换条件，Vale除偿还贷款外，还需以大幅低于市场价的水平与英、美签订3年供货协议，3年后Vale可以市场价续约。

丰富的矿产储备和出口导向的成立背景，让Vale持续获得来自巴西政府以及英、美等发达国家外资的支持，进而得以在第二次世界大战后国际矿业黄金时期迅速发展起来。

2. 发展历程

（1）第一阶段：华盛顿协议与企业初创。Vale成立于1942年，是第二次世界大战背景下英国、美国、巴西三国政府博弈下的产物。尽管Vale是一家国有企业，但该公司于1943年即在巴西的里约热内卢证券交易所挂牌上市。此外，Vale也在成立初期表现出环境保护的意识。由于修建连

---

① Vale-Our History，2012年11月，http：//www.vale.com/china/EN/aboutvale/book-our-history/Pages/default.aspx。

通矿区和港口的 EFVM 铁路需要大量枕木，在 Vale do Rio Doce 地区工作生活多年的 EFVM 时任负责人艾丽泽·巴蒂斯塔（Eliezer Batista）的建议下，Vale 没有选择直接砍伐雨林，而是选择另外购置土地投资种植专门用于枕木的树林。①

（2）第二阶段：发现 Carajás 多矿种发展与环保措施。在英、美两国的资金和技术支持下，Vale 很快在 20 世纪 40 年代末就成为巴西最大的铁矿石生产商和出口企业。紧接着从 20 世纪 50 年代开始的各国战后经济重建，让全球矿业进入到黄金发展期，也为 Vale 提供了快速发展和资本积累的机遇。20 世纪 50 年代至 80 年代是巴西民族主义情绪高涨的阶段，巴西政府对各行各业进行集中调控，在重工业上引进外资实现进口替代，在资源行业则对外资持限制态度。作为巴西最大的国有矿业企业，Vale 在该阶段的发展较为依赖政府的支持。1970 年，美国钢铁公司在巴西北部雨林发现了卡加拉斯（Carajás）铁矿——该铁矿后来被认为是全球最大、品位最好的露天铁矿——当时的巴西政府强行要求美国钢铁公司与 Vale 组建合资公司，且 Vale 占 51% 的绝对股权。7 年后，Vale 以美国钢铁公司未遵照合约履行注资为由，收购了其余的 49% 股权。自此，该全球最优质的铁矿资源被纳入 Vale 公司内部，加强了 Vale 的资源能力。

从 20 世纪 70 年代起，巴西在铁矿以外的其他金属和非金属矿产出现贸易赤字，让巴西政府开始重视其他矿产的发展。因此，Vale 在政府政策的推动下，开始涉足有色金属业务，经营起铜、铝、镍、锰、煤等多种矿产品业务。在这一时期，Vale 首次就环境保护采取主动措施。为了控制 EFVM 铁路沿线的污染，1972 年 Vale 与米纳斯吉拉斯联邦大学生物科学研究所签订长达 10 年的合作协议，由其对当时 Vale 矿区废物处理的主要区域进行环境监测和相关基础研究。发现加拉加斯铁矿后，Vale 的环保政策进一步得到强化。1980 年，Vale 成立生态技术委员会，由来自巴西各大学的科学家组成，负责指导公司处理和实施与 Carajás 铁矿及其在米纳斯吉拉斯州和圣埃斯皮里图州运营业务相关生态问题。同期，Vale 成立内部环

---

① Vale-Our History，2012 年 11 月，http：//www.vale.com/china/EN/aboutvale/book-our-history/Pages/default.aspx。

境委员会（CIMAs）。该委员会由生态学家领导，由公司内部技术人员和运营部门负责人组成，其核心功能是执行 Vale 的环境控制活动，即通过识别运营过程中环保相关的重要问题，建立相应应对方法和标准，推进公司内部资源向环境保护目标的分配。据统计，1980~1989 年，Vale 在环境保护相关领域的投资和各项支出就高达 3.14 亿美元。

20 世纪 80 年代，环保成为巴西乃至全球的一个重要话题，一系列相关法律在这一时期出台。此时的 Vale 在埃利泽·巴蒂斯塔（Eliezer Batista）等的领导下，通过执行一系列环境保护政策，成为巴西矿业企业中注重可持续发展的典型代表。

由于巴西矿产品大多用于出口，为了保障矿产品的高效安全运输，Vale 将业务拓展到物流领域。1962 年，Vale 旗下从事海运的物流公司 Docenave 成立，随后 Vale 公司逐渐发展起了包括矿厂、铁路、港口、轮船在内的一体化综合物流网络。物流体系的拓展帮助 Vale 在 20 世纪 60 年代末赢得了当时亟须大量工业矿产的日本和韩国的青睐，并成为 Vale 最主要的客户。让 Vale 在 20 世纪 70 年代的矿业萧条期中能够有所获益。除了业务层面的纵向一体化，出于进一步拓展和分散风险的需要，Vale 于 1971 年设立全资子公司 Docegeo，负责 Vale 在巴西和国外矿储资源的勘探业务。[①]

值得指出的是，这一时期 Vale 与日本企业的合作也对 Vale 管理模式的变革起到了帮助。日本管理模式提倡的全面质量控制、建立质量管理小组、准时生产制度等（Cole，1970）都对 Vale 产生了正面影响。1992 年起，Vale 正式引入全面质量控制制度，对产品和工作质量实施从人员到过程的全方位管理。

（3）第三阶段：私有化改革与国内整合。到了 20 世纪 90 年代中期，一方面随着巴西长期实行进口替代战略造成的国内经济问题亟待解决，另一方面来自外部的压力——例如 IMF 给巴西提供了大量的贷款——都敦促着 Vale 这家国有企业进行改革。1995~2002 年是 Vale 进行私有化的改革时期。1997 年，Vale 正式启动私有化拍卖的第一阶段。在第一阶段拍卖

[①] Vale-Our History，2012 年 11 月，http://www.vale.com/china/EN/aboutvale/book-our-history/Pages/default.aspx。

中，绝大多数的外资企业被排除在外，以确保较大部分的利益能被保留在巴西手中。最后只有两家联合体——由巴西 Votorantim Industrial 集团和英国 Anglo American 矿业公司组成的第一联合体，以及由巴西钢铁巨头 CSN 牵头其他巴西投资企业和国际银行组成的第二联合体 Valepar——参与到该阶段对 Vale 公司 41.73% 股权的拍卖中。最终，Valepar 联合体以 31 亿美元的价格竞标成功。2000 年，Vale 进入第二阶段的私有化过程。Vale 通过在欧洲 Latibex 股票市场和美国纽约证券交易所上市的方式，进入全球金融市场的交易中。2002 年，Vale 进入最终的私有化阶段，巴西政府向全球投资者出售其持有的 Vale 普通股股票。自此，Vale 完成了其私有化的过程。值得注意的是，巴西联邦政府仍然持有 Vale 公司的黄金股，即在关键时刻拥有一票否决权。

私有化以后，Vale 最主要的任务就是通过业务整合来重新确立其在本土市场的地位。由于 2000～2001 年正值拉美经济危机。因此，Vale 在国内用较低的价格收购了大量本土企业和意欲退出巴西市场的其他矿业公司资产。巩固了其在上游资源领域的地位，以及置换本公司已经枯竭的矿脉。2002 年，通过对本国企业的并购巩固了其在本国铝矿产业中的地位。次年，Vale 又与挪威公司 Norsk Hydro 在铝矿冶炼上达成合作协议。至此，Vale 基本完成了在本土矿业市场的布局整合。

私有化以后的巴西开始允许外商投资矿业。2001 年底，Vale 联合日本 Mitsui 财团联合收购了拥有全球 3% 铁矿产量的本土矿业企业 Caemi Mineração e Metalurgia，进一步扩张了 Vale 的市场地位，并一举超过力拓和 BHP 成为全球最大的铁矿石出口商。自此，Mitusui 与 Vale 逐渐走向多元化的深度合作。此外，Mitsusui 还向 Vale 提供融资帮助、客户咨询等服务。2003 年，Mitsusui 成功获得 Vale 公司 15% 的股份，并成为公司第三大股东。Mitsusui 凭借其多年的商业活动经验，向 Vale 派出业务主管参与到 Vale 的实际经营活动中。

（4）第四阶段：三大战略与海外收购。经过私有化初期的国内整合和确立产业地位后，2003～2007 年 Vale 趁着国际矿业形势大好，巴西淡水河谷公司开始大举进行海外收购。Vale 在新任领导人，同时也是早年竞标淡水河谷的 Valepar 联合体首席代表阿格内利（Agnelli）的带领下制定了三大发展战略：第一，开展国际化以对抗单一品种商业周期风险和单一国家风险；第二，剥离非核心、非战略的资产；第三，发展铁矿相关的一站式全产业链业务。

阿格内利认识到 Vale 要想与国际大型矿业公司竞争，就必须加强其在全球的地位。同时，也需要降低对铁矿石单一产品的依赖，以及对商业周期和对巴西市场、国家特定风险进行对冲。2001 年，Vale 有大约 90% 的资产都在巴西境内，2/3 的产品都集中在铁矿石。要解决上述问题的答案是显而易见的，即延长产业链深度、扩张矿产品经营范围以及在地域上突破国界。

紧接着，阿格内利制定了核心业务发展战略，开始剥离公司的非核心业务，并将出售这些非核心业务获得的大量资金用于集中支持铁矿和其他重要矿产品业务的战略发展。2003~2006 年，Vale 在阿格内利的带领下进入非洲，开发包括煤、铜、铁在内的多种类型的矿产资源。并与已经进入非洲的巴西石油公司在非洲进行深度合作。

阿格内利制定的第三个公司发展战略是全球一站式钢铁销售，即要在核心铁矿业务上做到包括矿产开发、冶炼、市场销售在内的全产业链模式。在 Vale 将卡拉加斯铁矿收归为企业资产后，Vale 在铁矿上游资源的地位已经无人能撼动。但是，企业意识到，仅仅把握资源还不够，还需要把握矿产品的出口市场以保持较为稳定的需求。因此，Vale 开始在全球主要钢铁市场寻求合作或者收购钢铁企业。例如，2003 年 Vale 收购了挪威的钢铁企业，从而在美国贸易制裁之下保障了 Vale 铁矿石的世界市场。为了更好地实施全产业链战略，Vale 从 21 世纪初开始在全球范围内收购与锻造钢铁合金相关的其他关键矿产，例如镍矿、锰矿和煤矿等。

(5) 第五阶段：金融危机与海外投资减速。金融危机后，受到全球矿产品价格大跌的影响，Vale 不得不通过出售部分海外资产以减少债务负担。同时，巴西本国利率居高不下，Vale 通过企业内借贷的方式将海外资本转移回国以补充国内投资的不足。近年来，Vale 的海外投资在国际矿业调整期的影响下有所减缓。

2009 年，Vale 在巴西贝伦市成立淡水河谷技术研究所（VTI），致力于通过科学技术研究推动自身商业可持续化发展。其中，环境保护包括更有效率地使用自然资源和减少污染物排放，是 VTI 重点研究的领域。①

6.4.2 淡水河谷各阶段能力分析

1. 淡水河谷初建阶段的能力发展

在成立初期，Vale 主要依靠巴西政府的保护以及当时有利的国际经济和国际矿业发展背景，获得了相当程度的资源垄断能力和资本积累。

一是资源垄断能力。这一时期淡水河谷的资源垄断能力积累与巴西政府的作用有着不可分割的关系。首先，它的成立就是巴西政府与英国和美国谈判而来的。随后，在巴西国有化运动中保持了长达近 60 年的国有企业性质。在国有背景下，巴西政府通过多种强制手段将这一期间外资企业发现的优质矿产归并到 Vale 旗下。尤其是 20 世纪六七十年代国有化运动高潮期间，政府极大地支持和扩充了 Vale 的市场占有率，并为它积累了大量优质资源。

二是资本积累。Vale 建立之初就通过政府与英、美签订的华盛顿协议获得美国银行的资金支持，成为其最早的资本来源。在 Vale 国有化发展时期，正值矿业战后的黄金发展期，西方国家的工业化建设、日韩经济发展以及巴西本国的工业发展都极大地拉动了工业矿产的需求，Vale 在这次矿业繁荣周期中获得了大量的资本积累。

2. 淡水河谷在发展过程中的能力积累

首先，在国内发展过程中，Vale 的资本能力得到进一步发展。Vale 虽然在 20 世纪 90 年代末经历了私有化，但在这个过程中巴西政府最终只批准了由巴西本土企业牵头的两家联合体参与竞拍，以确保最大利益仍然保留在巴西本国，保持了其本土化属性。因此，在私有化滞后放开政府束缚、海外上市，以及矿产价格高涨的情况下，Vale 作为巴西本土企业，其资本能力得以持续积累。

其次，在后续国内发展过程中，Vale 逐步搭建起一体化能力。私有化

---

① https://www.mining-technology.com/features/featuremining-brazil-vale-technological-institute-sustainable-environment/.

以前的 Vale 从事了大量的多元化业务，除了矿产领域之外，还有林业、造纸、化肥等多元化业务。新任领导人阿格内利开始带领 Vale 向核心业务全产业链一体化战略转型。通过剥离非核心业务，Vale 在国内开展从勘探、开采、冶炼到销售、物流的全产业链业务并购重组。一体化战略的实现增强了 Vale 抵抗矿业周期能力。

再其次，私有化增强了 Vale 经营的自主权，管理和运营能力得到进一步提升。例如，Vale 通过与日本 Mitsusui 合资，在 Mitsusui 的帮助下优化了企业管理模式和融资渠道。此外，私有化后的 Vale 将职工人数从 1.6 万人减少到 1.1 万人，运营效率提升。同时，Vale 成立人力资源部对员工进行专业培训，保障公司全球化战略的实施。

最后，Vale 在发展过程中积累了可观的可持续发展能力和环保能力。由于 Vale 在巴西境内所拥有的大量矿储资源，如 Carajás 铁矿大多位于亚马孙雨林范围，公司很早就意识到矿业开采和环境保护之间的关系，并从 20 世纪 70 年代开始采取主动保护措施。对外积极与高校合作研究环保方案，对内成立专门机构推进解决运营过程中出现的环保问题。

3. 淡水河谷对外投资能力的形成

21 世纪初期，正值全球矿业并购重组浪潮。在海外投资机会出现的情况下，Vale 顺势而上完成一系列与钢铁冶炼相关投入品镍矿和煤矿资源的对外收购，不断增强自身在钢铁产业链上一体化的能力。从对外投资类型来看，Vale 主要采用能力获取型投资，发展过程中积累的资本能力和公司时任负责人的领导能力是支持 Vale 对外投资的主要能力来源。

第一，Vale 的对外投资有赖于其强大的资本能力。Vale 对外投资主要以上游矿储资源为主，相应大型项目往往需要十亿美元甚至百亿美元才能顺利落地。因此对公司资金实力有着极高要求。Vale 在其发展早期国有化阶段，凭借巴西政府保护和自身丰富的矿产资源，在矿业发展的黄金时期积累大量原始资本。完成私有化改革后，Vale 通过海外上市获得更多海外融资渠道，资本能力进一步提升。例如，2006 年，Vale 以 190 亿美元全现金收购世界第二大镍生产商 Inco 公司，并购所需过桥贷款来自 4 家国际一线银行。

第二，公司领导人能力。Vale 在关键的私有化改革过程中，新任领导人阿格内利凭借其专业背景和战略眼光,将 Vale 通过海外上市进一步增强资本能力后,迅速在全球发起快速并购,并进入此前不愿意去到的非洲国家投资,带领 Vale 成为全球第二大矿业公司。阿格内利本人也由于出色的业绩,被《哈佛商业评论》评为全球最佳 CEO 第 4 位,仅次于苹果公司、亚马逊公司和三星公司的首席执行官。[①]

---

① https://hbr.org/2013/01/the-best-performing-ceos-in-the-world.

第 7 章
澳大利亚矿业企业对外投资机会与能力建设

7.1 澳大利亚矿业的选择理由

澳大利亚是世界第二大矿产资源出口国,号称"坐在矿车上的国家"。其矿产资源产值占 GDP 近 10% 的比例。澳大利亚的矿产资源禀赋位于俄罗斯、美国和中国之后,居世界第四位。据美国地质调查局(USGS)统计显示,澳大利亚的铁、铝、金等 10 种矿产的储量世界排名第一;铜、钴、银、钛 4 种矿产资源世界排名第二;煤炭、锰、钒等矿产世界排名第四。澳大利亚的铁、锰、铜、铝、铅、锌等金属矿产条件好,储量丰富,是世界第一大金属矿产资源国。此外,澳大利亚的煤炭、天然气等能源资源也非常丰富。总体上看,澳大利亚的矿产资源,不仅有数量优势,还有着成本优势,是典型的"大浅富"型铁矿,极具国际竞争力。

从外资流入的情况看,澳大利亚以其丰富的矿产资源吸引大量的外商直接投资。自 20 世纪 60 年代开始,澳大利亚陆续发现许多储量丰富的矿产资源,加上当时政府奉行积极主动的外交政策,在外资管理上比较宽松自由,外资流入逐渐增多。进入 21 世纪,澳大利亚矿业呈现波动中逐渐增长的趋势。如图 7.1 所示,从总量看,澳大利亚吸引外资流入总体上不断增长，在2013年达到顶峰，之后有所下降，但2016年呈现回升趋势。从矿业IFDI占全行业IFDI的比重中可以看出，矿业吸引外资流入占绝大部分，并在2013年达到最大值87%，说明澳大利亚矿业逐渐成为吸引外资的支柱产业。矿业是澳大利亚国民经济的支柱产业，进入21世纪以来，发达国家对矿产品的需求已趋近饱和，矿业行业的外部需求主要由以中国为代表的新兴经济体国家拉动，因此，澳大利亚矿业行业的发展极易受到这些国家对矿产品需求情况的影响。2015年前后，中国经济增长速度放缓，由此引发铁矿石的需求大幅度下降。受此影响，澳大利亚矿业行业迎来短暂的寒冬，吸引全球外资逐渐减少。

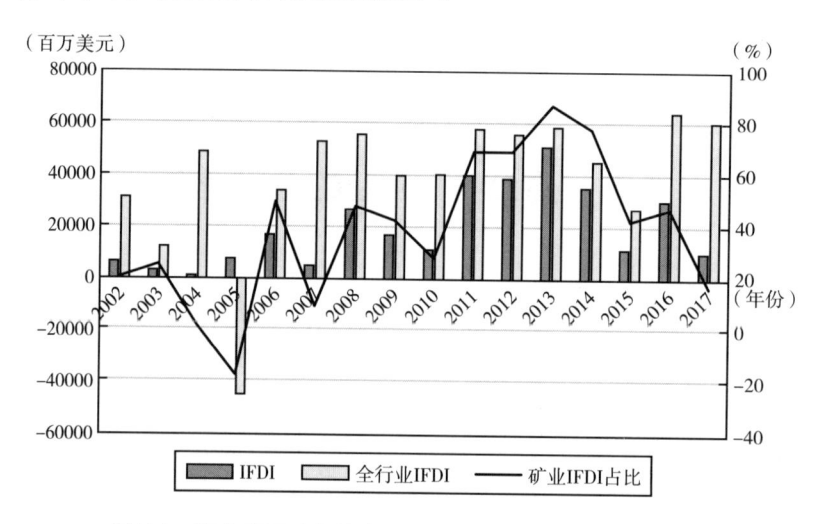

图7.1 澳大利亚矿业外资流入及其占比（2002~2017年）

资料来源：Australian Bureau of Statistics.

7.2 澳大利亚矿业的阶段特征

在对澳大利亚的矿业发展历史进行梳理后，本书根据不同时期矿业产业的重大环境特征差异，将其划分为4个发展阶段（见图7.2）。

（1）第一阶段："淘金热"引发的矿业发展初期。澳大利亚矿业发展始于19世纪50年代。自爆发"淘金热"以来，"淘金热"吸引了大批移

第 7 章
澳大利亚矿业企业对外投资机会与能力建设

	16世纪	19世纪	1950	1970	1990	2010	（年份）
全球矿业	第一阶段：殖民发展	第二阶段：现代矿业萌芽	第三阶段：国际矿业黄金发展	第四阶段：国际矿业衰退	第五阶段：国际矿业繁荣	第六阶段：国际矿业调整	
澳大利亚矿业		第一阶段："淘金热"引发的矿业发展初期	第二阶段：独立自主发展时期	第三阶段：引进外资自由发展时期		第四阶段：和新兴经济体的投资合作加快	

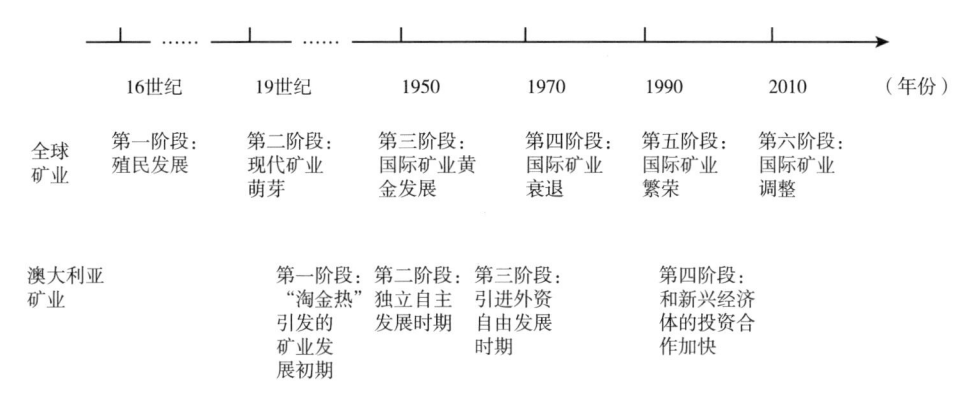

图 7.2　澳大利亚矿业产业发展阶段

民。这些人把先进的生产技术和管理经验带到了澳大利亚，与此同时也把巨额资本带了进来。大量外来移民的流入极大地刺激了当时对商品和服务的需求。从 19 世纪下半叶开始，澳大利亚开始了蒸气化和机械化的进程。工业化进程带动了对矿产资源的需求，拉动了澳大利亚现代矿业的成长。

在"淘金热"爆发之前，澳大利亚的交通运输业基础较为薄弱。在 19 世纪 50 年代之前，澳大利亚以土路为主，内河运输能力较差。在发现金矿后，出于对外运输黄金等矿产品的需求，澳大利亚的交通运输业发展起来，开始近代化的过程，主要表现在铁路网的修建和海运交通的完善。

19 世纪 50 年代，受尤里卡起义的影响，澳大利亚殖民当局废除了采金业所需要的执照费。澳大利亚殖民政府早期针对采金业颁布的一系列措施，缓解了采金矿主和政府之间的矛盾，也为外资后来进入澳大利亚投资矿业提供了便利。20 世纪 80 年代早期无限责任公司的发展也使得资本更加容易获得。此外，政府在这时大量举债来建造公共工程，加速了澳大利亚运输事业的发展，为黄金热带来的移民提供就业机会。

在经历"淘金热"之后，澳大利亚采金业就面临着向深度发展的趋势。当时，由于表层冲积砂矿被采掘殆尽，资本、技术和机器便成为决定整个采金业急需向前发展的关键因素。恰逢 19 世纪下半叶开始，澳大利亚开始工业革命，大量资金涌入和先进勘探技术的出现使得澳大利亚整个采金业开始向有组织的工业化阶段过渡。

1883年，一名名叫查尔斯的德籍技师凭借自己丰富的勘探经验和矿藏知识，钻探出新的大量有色金属和基本金属，甚至挖出了地下的石油。查尔斯迅速注册了一家叫布罗肯希尔私人矿业的公司（即BHP公司的前身）。这在当时的澳大利亚几乎是唯一一家最早有组织地进行矿业开发的私人公司，也为BHP公司奠定了行业中的早期垄断地位，先行者优势不仅为后来的必和必拓公司带来早期的资源累积和技术经验的积累，也为澳大利亚整个西部地区的经济带来很大的提升空间。

后来的矿业公司也大多是由矿山采选业或冶炼业起步，尤其是在公司发展早期由于开采技术的限制和缺乏足够的资金，大多选择实行单矿种专业化、本土化的经营模式，着重关注单一矿种的勘探开采业务或单矿种的冶炼业务。

进入20世纪，尤其是20世纪20年代后，各矿业公司普遍拥有丰富的矿山管理经验和雄厚的资金实力。在此基础上，各矿业公司纷纷调整其经营战略，一方面，向矿产品行业内部的中下游产业链进行延伸，实行纵向一体化经营战略；另一方面，向不同矿产品之间横向延伸，实行矿种多样化经营战略。此外，伴随着业务领域横向和纵向的不断扩张，各矿业公司纷纷走出国门开始早期的全球化经营。例如，BHP公司在成立40年之后的1925年通过收购位于澳大利亚新南威尔士北部煤区的John Darling和Elrington煤矿进军煤炭行业。

进入20世纪30年代后，联邦政府仍大力采取措施促进采矿业的发展，特别重视探查矿业资源的工作。勘查工作到1938年完成，勘查土地面积高达1.9万多平方公里。联邦政府在大力推进勘查工作的同时，亦大力促进采矿业的发展。

在矿产资源开采过程中，澳大利亚也曾经发生过严重的生态危机，有过惨痛的历史教训，如草场退化、河道干涸、物种锐减、水流污染、土地盐碱化等。澳大利亚政府在现代化进程中吸取了一些老牌发达国家的教训，从20世纪30年代起，联邦政府出台了一些环境保护政策，提倡在发展经济时注重环境保护。

（2）第二阶段：独立自主发展时期。第二次世界大战后进入欧洲、日本经济大飞跃的年代，发达国家的战后重建以及日、韩等国家的工业化起步都需要大量的矿业资源，澳洲的矿产品也随之进入黄金时代。

在1945年之前，澳大利亚曾被认为只有铅、锌的储量较为丰富，铁和铜不足，铝土、镍、锰和铀均无蕴藏。但在战后，澳大利亚政府进行大量的地质勘探活动，找到了一些原来认为缺乏的矿物，使得澳大利亚矿业进入了一个快速发展的阶段。

1953年，西澳大利亚首府佩思以北的海湾处打出一口试验性的喷油油井，开启澳大利亚本国的石油开采业。从那以后在国内陆续发现了石油和天然气，出于经济发展的需要和本国政府开采能力的限制，此时澳大利亚鼓励外资在国内大兴油厂，外国公司纷纷来澳大利亚建立石油公司，石油产量大幅增加。到20世纪70年代为止，澳大利亚石油自给率已经达到70%以上。

第二次世界大战之后，伴随着西方国家经济的逐步复苏和日本经济的崛起，国际矿产品市场呈现持续的蓬勃发展态势。在这个时期，矿业公司开始社涉猎矿产资源行业以外的其他行业，积极开展多元化经营。例如，1968~1985年，力拓公司在矿业领域之外的其他产业领域广泛进行投资，其投资项目涵盖水泥、化工、石油、天然气、汽车和建筑业等。BHP公司在第二次世界大战后实行多元化战略，不仅建立了运输船队，收购石灰石矿和钢铁产成品等生产厂家，并且在1967年以开发澳大利亚东南海岸巴斯海峡的大油田为标志，正式进军石油行业。

20世纪60年代，澳大利亚联邦政府制定环境保护法律法规，并不断完善。在处理发展经济和保护环境的关系上采取环境保护优先的发展战略。此外，澳大利亚设立了"矿山关闭基金"，资金主要来源于矿山企业的上缴，用于矿山关闭后的生态恢复、设施拆除、产业转型等。如果企业按照标准完成闭坑的相关工作，上缴资金将被返还。

此外，垄断资本通过政府采取旨在鼓励矿业发展的政策和措施。1949年，政府放宽对勘探铀矿的控制。1960年，澳大利亚政府解除了自1938年实施的禁止铁矿石出口法令。各州政府也分别制定矿业法令支持开发本州的矿藏。除此之外，政府还通过减免税收、发放贷款来扶持矿业发展。1967年，更是设立了澳大利亚资源开发银行，帮助私人企业开发国内重要资源。

(3) 第三阶段：引进外资自由发展时期。除了来自政府的扶持外，来自国际垄断资本的支持也是这段时期澳大利亚矿业迅速发展的重要原因，大量国际资本涌入澳大利亚的矿业部门。一些重要矿藏的发现更吸引了大量的外资，外资在矿业中的比重从 1963 年的大约 37% 上升到 1968 年的 58%。外资的涌入带来先进的技术设备和专业人才，还能在欧美市场上筹措到在澳大利亚无法解决的巨额资金。同时，澳大利亚许多稀有金属矿藏需要大型跨国企业和政府联合开发。这也为外资进入澳大利亚矿业进行直接投资提供了机遇。

当全球矿业产业陷入疲软时，澳大利亚维多利亚东部沿海地区发现特大油田。该油田从 1971 年开始喷油，其产量在当时占到了全国总产原油量的 80% 以上。该油田的发现，为澳大利亚工业的飞速发展提供了条件，也使得澳大利亚在全球矿业不景气的情况下仍然能够吸引外资进来建设炼油厂，促进本国的经济发展。

20 世纪 70 年代以前对于外国资本的投入澳大利亚政府基本采取放任态度。1974~1975 年外国资本对澳大利亚矿业的控制达 60.2%。外国资本控制的比重日益增长引起了澳大利亚的担忧。为此，澳大利亚工党政府在 1972~1975 年颁布了有关外国资本参与澳大利亚矿业开发的特殊规定：凡超过 500 万澳元的投资项目需要报政府审批，至少拥有 50% 的澳大利亚人股本；并且董事会或项目领导集团中澳大利亚人至少有 50% 的决定权的项目才可以获得批准。这条规定适用于除铀以外的采矿和初级产业项目，对于铀矿项目，要求具有至少 75% 的澳大利亚人股本和管理权。不过这些规定的实施比较灵活，若政府确信某项目对国家有利，并一时无法筹集资金，该项目就会被允许在不足 50% 的澳大利亚人股本的情况下进行。对于矿产勘探项目，外国投资者无须邀请澳大利亚人和资本加入。

1975 年，自由国家党重新执政以后，上述规定逐步开始放松。1978 年 5 月，联邦政府宣布了它的"入籍"政策。政策规定：一个公司至少 51% 的股本归澳大利亚人所有才可入籍，入籍的公司参加新项目时能够独立参与项目或与澳大利亚公司合伙，也可以任何其他形式与外国公司联合，但至少拥有 50% 的股本和管理权的规定必须遵守。1979 年，政府又宣布，新投资的铀项目，如果对澳大利亚有重大的经济利益即使澳大利亚参与的股本不到75%也允许进行，但要求澳大利亚股本不少于50%，并且应在决定投资政策方面居主导地位。1985年10月，政府宣布，对新的采矿项目实施的至少50%的澳大利亚人股本和管理权规定的投资限额从500万澳元增加到1000万澳元。同时修改了外国接管法中关于外国投资者获得现有采矿权的豁免条款，将海上接管项目不必受限于外国接管法的300万澳元以内的标准放宽到3000万澳元。

在法律保护方面，虽然澳大利亚没有统一的外资法，但外资活动主要由1975年通过的《外国收购和接管法》《公司法》等法律监管。澳大利亚的各州政府、地方政府也分别出台了相应法律，保护外资在本州、本地方的合法权益。这一系列举措一定程度上缓解了全球矿产品市场不景气对澳大利亚本国经济带来的影响。

（4）第四阶段：和新兴经济体的投资合作加快。20世纪90年代开始，新兴经济体开始了快速的工业化和城市化进程，使大宗矿产品价格剧烈上涨，带动了澳大利亚矿业大规模投资，也使生产要素朝矿业倾斜。而以中国为代表的新兴经济体需求增长最为突出，澳大利亚的矿业发展也在这时进入繁荣时期。

在这个背景下，澳大利亚政府开始放松对外国资本的限制，澳大利亚政府关于投资的基本政策和规定是，对在银行、民用航空、机场、船舶运输、媒体、广播和通信等领域的投资实施一定限制，但对此限制领域以外的一切行业和领域包括矿业均广泛欢迎外国投资。具体来看，澳大利亚政府放宽了需要审批的投资金额底线，还起放松了矿业投资的股权限制。此外，澳大利亚政府对矿业勘探也相当重视，对矿石勘探项目的投入巨大且投入额逐年增加。澳大利亚政府在增加勘探支出的同时，也注重提高勘探技术的科技含量。2007年，政府启动了新一代矿产勘探计划——"玻璃地球"计划。该计划利用三维可视化和地质模拟等技术，使大陆表层（公里以内的地域，像"玻璃一样透明"，从而大大提高了勘探效率）。

从20世纪90年代起，澳大利亚政府每5年对全国生态环境开展一次全面普查，做出系统评估，并向议会提交详细的环境评估报告。由于环境保护起步早，在澳大利亚因经济发展带来的环境问题相对负债少，遗留问题不多，从而大大降低了发展成本。1992年，澳大利亚政府批准了《生物多样性公约》。《生物多样性公约》以及其他有关可持续发展的国际公约中所包含的原则，日益成为澳大利亚矿业公司在生产运营过程中不可或缺的一部分。在1999年，澳大利亚联邦制定了《环境保护与生物多样性保存法案》，保护稀有和濒危动植物物种。在批准进行采矿之前，要由法律部门对任何采矿意向所带来的影响进行评估，对任何可能带给稀有和濒危物种的不利影响进行控制，并将影响降低到法律允许的程度。

进入21世纪，为减轻环保给就业带来的压力，政府制定税收优惠政策，推动企业加快向现代服务业转型，积极鼓励环保产业的发展。目前澳大利亚政府已把生态环境保护纳入了国家战略。联邦政府主要从国家层面进行生态环境的统筹规划和综合治理，生态环境建设和保护的主要职责由州政府承担，市政府受州政府的指导和干预，在州政府发展框架下制定和执行本市范围内的环保规划。

受环保制度的影响，矿业企业要依法编制矿山环境保护和关闭规划，将环境保护和生态恢复放在重要位置。企业在采矿之初，就要制订矿山关闭计划，并将矿山关闭成本列入支出项目，建立一整套指标来考核矿山关闭是否符合有关部门的标准要求。矿山环境治理的验收，由政府主管部门根据矿业公司制定的《开采计划与开采环境影响评价报告》，组织有关部门和专家分阶段进行验收。矿山生态环境治理验收的基本标准有三条，即环境恢复后地形地貌整理的科学性；生物的数量以及生物的多样性；废石堆场形态和自然景观接近自然。如果矿业公司对矿山生态环境治理得好，可以通过降低抵押金来奖励，取得较大成绩的矿业公司，政府还将颁发奖章鼓励。

值得注意的是，自2001年开始，全球主要经济体纷纷奉行低利率政策，为了在通货膨胀背景下维持货币购买力，各类资金涌入矿业部门推高矿产品价格。矿石价格的上涨掀起了矿业投资的热潮，尤其自2005年后更加明显，澳大利亚矿业就业人数逐年不断攀升，迎来了矿业投资的春天。

在澳大利亚，公众有权利参与资源开发项目申请、经营许可证审批等过程。澳大利亚实行社会经营许可证制度，企业在从事矿业活动时，不仅要满足法律法规的要求，还要获得社区组织和居民的支持。澳大利亚考克斯煤炭公司开发 Hunter Valey 一处煤矿，位于商业葡萄园的地下，由当地居民参与的公开会议上，对塌陷及对地下水的影响表示强烈关注。该公司组成一个特别项目小组及社区咨询办公室，通过对关键利益相关人进行咨询，并在学术机构和顾问的协助下制订一个葡萄园监控计划，将煤矿开采对葡萄园的影响降至最低，最终获得社区的支持。

进入 21 世纪以来，受来自新兴经济体强劲的矿产品需求的影响，全球的矿业公司纷纷抓住机会做大做强。澳大利亚本土的矿业公司必和必拓也不例外，在 2005 年的时候，必和必拓公司以 73 亿美元的价格成功收购澳大利亚 WMC 矿业公司，此举不仅为必和必拓增加了世界级的镍、铜资源储备，同时也完善了公司的能源产业链，更好地巩固了其在国际矿产品市场的垄断地位。2008 年的经济危机使得国际需求下滑，大宗矿产品现货价格急剧下降，国际矿业产业进入调整期。许多生产商减产甚至停产，例如当时澳大利亚第三大矿业公司 Oz Minerals 在 2009 年将自己大部分资产出售给中国五矿集团以减少自身的债务风险。经济危机不久后大宗矿产品合同价格又迎来新一轮的价格上涨，有色金属价格逐渐抬头，黄金价格上涨势头尤其强劲，一些金属开采项目也被提上日程，例如 Billiton 公司计划扩大 Olympic Dam 铜矿、铀矿和金矿的产能。

7.3 全球矿业发展背景下澳大利亚矿业的发展与对外投资能力的形成

7.3.1 澳大利亚矿业的初始条件及外资的进入

澳大利亚是矿产资源十分丰富的国家。早期受到英国殖民地的影响，直到 20 世纪初，随着矿物勘探技术的成熟以及澳大利亚正式宣告独立，澳大利亚国内的矿业产业环境呈现出良好的势头，外资的流入结束了英国垄断的局面，开始了民族经济自主发展的时期。

从"钻石模型"的各个要素来看，当时澳大利亚矿业发展的需求主要来自外部，即欧洲以及北美许多国家在 19 世纪 80 年代开始了第二次工业革命。这些西方国家工业化的进程给国际矿产品市场带来巨大的需求。如图7.3所示，这一时期也是生产性矿产资源的开发时期，正值国际矿业发展的初始阶段。在当时国际矿产品需求日渐上涨，矿产品价格逐渐上升的背景下，澳大利亚取消了采金所需要的执照费，为后来外资的进入提供了便利。从竞争环境看，当时澳大利亚本土市场几乎被布罗肯希尔私人矿业公司（必和公司的前身）所垄断，早期的先行者地位为其积累了大量资源优势和技术优势。这个时期的矿业公司多以单矿种的开发为主实行本土化的经营，市场份额几乎被必和公司所垄断，并未出现其他具有竞争力的矿业公司。从要素条件来看，当时澳大利亚所产黄金占世界黄金产量的38.6%，南澳大利亚所产的铜也居于世界领先地位，而淘金热的出现，吸引了大批移民，这些人把先进的生产技术和管理经验带到了澳大利亚，与此同时也把巨额资本带了进来。从相关支持性产业来看，澳大利亚出于对外运输黄金矿产品的需求，主导了铁路网和海运交通的修建，澳大利亚本身悠久的畜牧业和农业也大大缓解了突如其来的移民增加对当地社会经济造成的负担。

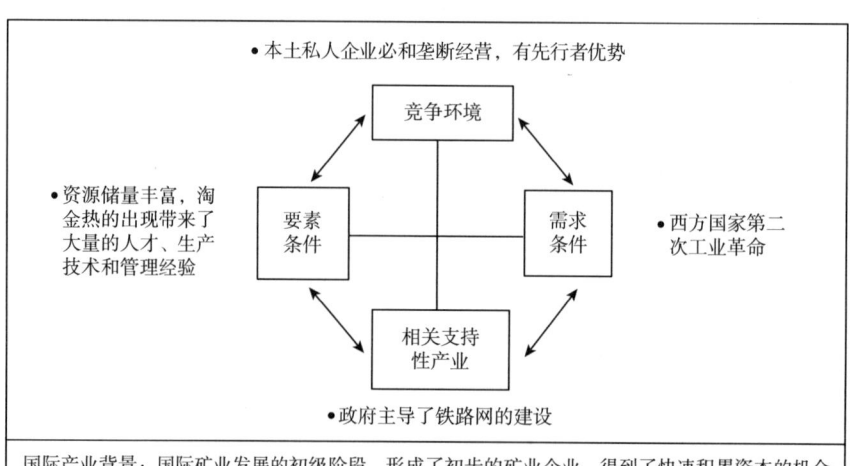

国际产业背景：国际矿业发展的初级阶段，形成了初步的矿业企业，得到了快速积累资本的机会
国际政治经济背景：澳大利亚此时仍是英国殖民地，呈现出对外资自然开放的状态；西方国家正经历第二次工业革命，向外寻求工业矿产资源
政府：取消采金所需要的执照费，为外资的进入提供了便利
外资：带来了矿业技术、设备、人才、资本，奠定了澳大利亚现代矿业发展的厚实基础；同时也是澳大利亚早期私人矿业企业发展的重要资产

图7.3 澳大利亚矿业产业环境"钻石模型"的初始条件分析

从这一阶段的钻石模型分析可以看出，澳大利亚本国矿业和企业在这一阶段实现了矿业资本能力的快速积累，早期本土企业的产生很好地承接了外资流入所带来的先进管理和技术水平，外资在澳大利亚的勘探活动以及政府企业对矿业人才的培养，都为澳大利亚现代矿业的发展奠定了基础。

7.3.2 外资进入对澳大利亚矿业产业环境的初始影响

第二次世界大战后，澳大利亚经济走上了自主发展的道路，与此同时，海外资金的来源也发生了变化，美国资本从20世纪60年代初开始进入澳大利亚，很快与英国平分秋色。

这一阶段澳大利亚矿业"钻石模型"的四个方面都发生了较大的变化（见图7.4）。垄断资本通过政府采取了旨在鼓励矿业发展的政策和措施，通过减免税收，发放贷款来扶持矿业发展。1967年，政府设立澳大利亚资源开发银行，帮助私人企业开发国内重要资源。从竞争环境看，澳大利亚本土的矿业公司开始涉猎矿产资源行业以外的其他行业，积极开展多元化经营。必和公司建立运输船队，收购石灰石矿和钢铁产成品等生产厂家。创立于西班牙的力拓公司于1962年同澳大利亚最大的铅锌生产商综合锌矿公司（Consolidated Zinc）成功合并，开始进入澳大利亚市场，并在经营铁矿、铝土矿和原铝业务取得一席之地。受国际矿业发展的影响，澳大利亚本土开始出现其他一些小型的私人矿业公司，但规模不大，必和和力拓是澳大利亚主要的矿业公司。必和建立时间最早，资金实力最为雄厚，仍然处于行业中的领先地位。从需求条件来看，第二次世界大战后是欧洲、日本经济大飞跃的年代，发达国家的战后重建，以及日、韩等国家的工业化起步都需要大量的矿业资源，澳大利亚矿业产业迎来黄金时期。从要素条件来看，澳大利亚政府在战后进行了大量的地质勘探活动，找到了一些原来认为缺乏的矿物，如铝、镍、石棉、磷酸盐等，铁、铜的储量也大大增加，1953年在西澳大利亚首府珀斯以北的海湾处发现的喷油油井，开始了澳大利亚本国的石油开采业，澳大利亚矿业进入到一个快速发展的阶段。从相关支持性产业看，受到旺盛的铁矿石需求的影响，澳大利亚采矿业对铁路车辆车轮的韧性和强度其实非常高。Comsteel 是拥有 100 年左右历史的一家澳大利亚的铁路车辆车轮制造商，以能够生产出足够建坚韧的火车车轮而闻名。Comsteel 依靠早期积累的行业优势及前沿的技术经验为本国的矿业运输生产铁路车辆车轮，为澳大利亚铁矿运输网络的发展提供了便利的条件。

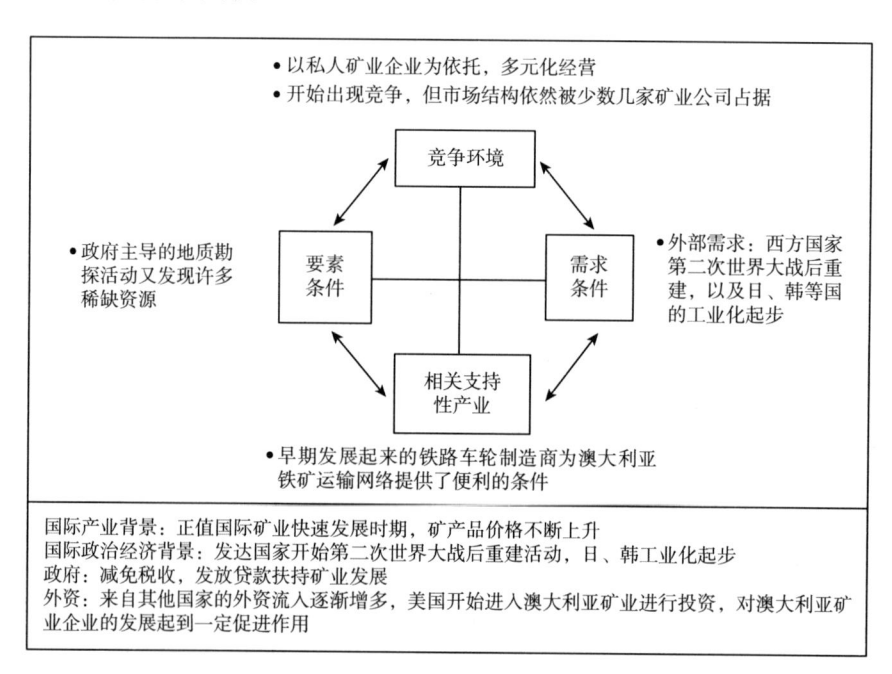

```
• 以私人矿业企业为依托，多元化经营
• 开始出现竞争，但市场结构依然被少数几家矿业公司占据

                    竞争环境
                      ↕
• 政府主导的地质勘    ↙   ↘    • 外部需求：西方国家
  探活动又发现许多   要素   需求    第二次世界大战后重
  稀缺资源          条件   条件    建，以及日、韩等国
                    ↘   ↙      的工业化起步
                    相关支持
                    性产业

• 早期发展起来的铁路车轮制造商为澳大利亚
  铁矿运输网络提供了便利的条件

国际产业背景：正值国际矿业快速发展时期，矿产品价格不断上升
国际政治经济背景：发达国家开始第二次世界大战后重建活动，日、韩工业化起步
政府：减免税收，发放贷款扶持矿业发展
外资：来自其他国家的外资流入逐渐增多，美国开始进入澳大利亚矿业进行投资，对澳大利亚矿业企业的发展起到一定促进作用
```

图 7.4　澳大利亚矿业起步阶段产业环境"钻石模型"的分析

7.3.3　本土矿业产业环境与外资的动态互动作用及影响

从 1970 年开始，澳大利亚联邦政府和中国建立正式的外资合作关系，与此同时其他发达国家的外资也逐渐进入澳大利亚国内，日本在 20 世纪 70 年代中期成为继美、英后第三大投资国，其他国家的投资所占比例也在不断增大。这时全球矿业环境因西方发达国家后工业化以及发展中国家国有化的影响进入缓慢发展阶段，外资的进一步开放以及澳大利亚政府独立自主的管理政策，使得澳大利亚矿业环境进一步发生变化，逐渐在全球矿业环境疲软的情况下形成了自己的竞争力。本土矿业产业环境与外资的动

态互动作用及影响的"钻石模型"分析如图 7.5 所示。

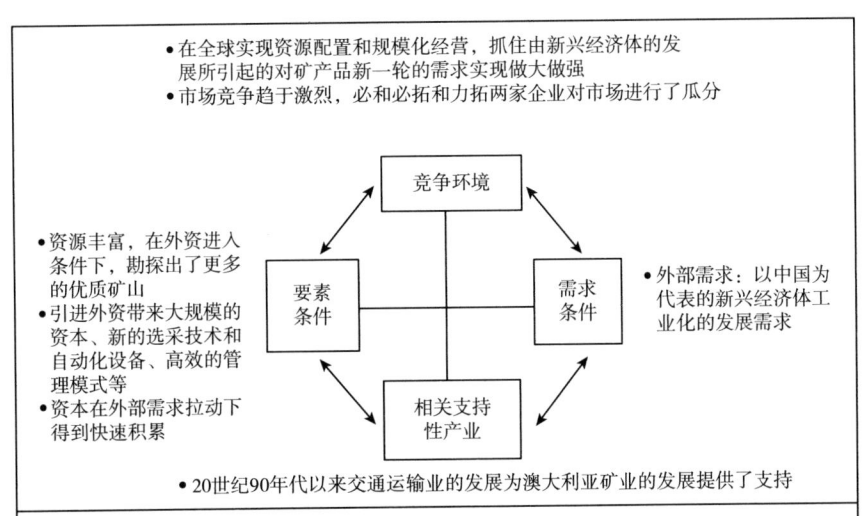

```
┌─────────────────────────────────────────────────────────────────┐
│         • 在全球实现资源配置和规模化经营，抓住由新兴经济体的发          │
│           展所引起的对矿产品新一轮的需求实现做大做强                 │
│         • 市场竞争趋于激烈，必和必拓和力拓两家企业对市场进行了瓜分     │
│                                                                 │
│                          ┌──────┐                               │
│                          │竞争环境│                              │
│                          └──────┘                               │
│                             ↕                                   │
│  • 资源丰富，在外资进入                                            │
│    条件下，勘探出了更多      ┌──────┐      ┌──────┐  • 外部需求：以中国为  │
│    的优质矿山               │要素  │←──→ │需求  │    代表的新兴经济体工  │
│  • 引进外资带来大规模的       │条件  │      │条件  │    业化的发展需求     │
│    资本、新的选采技术和      └──────┘      └──────┘                │
│    自动化设备、高效的管                                            │
│    理模式等                     ↕                                 │
│  • 资本在外部需求拉动下      ┌──────┐                               │
│    得到快速积累             │相关支持│                              │
│                            │性产业 │                              │
│                            └──────┘                               │
│         • 20世纪90年代以来交通运输业的发展为澳大利亚矿业的发展提供了支持 │
├─────────────────────────────────────────────────────────────────┤
│ 国际产业背景：国际矿业发展新时期，外部需求旺盛                        │
│ 国际政治经济背景：经济全球化发展加速，以中国为代表的新兴记经济体迅速崛起，这些国家的 │
│ 工业化又进一步带来了新的矿业需求                                      │
│ 政府：从20世纪90年代开始放松对外国资本的控制，积极主动地和以中国为代表的新兴经济体建 │
│ 立友好的经贸合作关系，给本国矿业的发展又持续引进了许多外资               │
│ 外资：外资大量进入矿产领域带来了要素条件的提升，活跃了市场竞争，但在智利私人矿产行业 │
│ 形成了垄断；在基础设施领域持续优化产业环境，但近年来也因为对本土其他产业的基础造成电 │
│ 力供给不足、电价较高的问题，制约了矿业发展                             │
└─────────────────────────────────────────────────────────────────┘
```

图 7.5　本土矿业产业环境与外资的动态互动作用及影响的"钻石模型"分析

从"钻石模型"的四个方面来看，在需求条件上，受西方发达国家后工业化以及发展中国家国有化的影响，全球矿业的发展进入衰退期，但此时还是有一些来自日、韩以及亚洲国家，例如中国的矿产品需求，这为澳大利亚打开了其在亚洲地区的市场。在要素条件上，1971 年，在澳大利亚维多利亚东部沿海地区发现特大油田，这也是这个阶段澳大利亚仍然能够吸引更多外资流入的重要原因。从竞争环境看，面对全球经济不景气的局面，澳大利亚本土矿业公司纷纷采取兼并重组的办法去除非核心资产，澳大利亚最大的钢铁公司布罗肯希有限公司在美国顾问的建议下进行改造和重组，Billiton 也发起对 North Limited 的收购；力拓公司从 20 世纪 70 年代开始积极实行"走出去"的全球化战略，并于全球矿业市场不景气时开始进行资产重组，并在 20 世纪 90 年代收购了澳大利亚本土和美国的煤炭业务，成为澳大利亚国内仅次于必和的一家矿业公司。在相关支持性产业上，20世纪70年代以来，澳大利亚政府加强了对外资的管理和使用，在政府的主导下开始对当时的铁路网络系统进行进一步修缮，使铁路重载技术发展水平在这个时期得到了一个显著的提升。1996年，在纽曼山至海德兰铁路线上开通了540辆货车编组的重载列车，创造了当时世界上最长、最重列车的记录，也加大了铁矿石、煤炭等矿产品的单次运载量。

7.3.4 开放条件下澳大利亚矿业对外投资能力分析

澳大利亚矿业对外投资开始于20世纪40年代，一些颇具实力的大型公司开始海外投资，抓住第二次世界大战后矿产品需求大幅度增加的机会迅速在全球范围内对许多优质资产展开兼并收购。在80年代，又试图通过资产地域分布的多样化分散外债危机引起的区域宏观经济不稳定性的影响，这其中主要包括矿业领域的必和必拓公司和力拓公司等。90年代末和21世纪初，适逢以中国为代表的新兴经济体快速发展时期，在前期积累能力的基础上，更多的澳大利亚矿业公司选择对外投资道路。

从对外投资的类型来看，澳大利亚矿业主要以能力延展型投资为主。20世纪90年代，澳大利亚实行积极主动的外交政策，吸引更多外资进入澳大利亚本土投资建厂，同时和中国建立起友好合作的经贸关系，使得矿业企业获得更多经营自主权。以中国为代表的新兴经济体崛起带来庞大的矿产品需求，同时国内市场进一步开放带来的竞争加剧和海外市场巨大的增量需求，促使澳大利亚矿业企业在21世纪初对外投资步伐加快，获取更多矿业储备以把握全球矿业繁荣期带来的发展机遇。例如在2001年，BHP和Billiton两家公司正式合并成必和必拓公司，成为在澳大利亚和伦敦证券交易所双重上市的公众公司。利用两家各自先前百年来积累的资源优势、管理经验以及合资经验，开始大规模收购潜力巨大的矿业资源。

梳理澳大利亚矿业的发展历程和对外投资的特征不难发现，外部产业发展趋势、政府引导和外资参与均是澳大利亚矿业对外投资的重要能力来源（见图7.6）。

第 7 章
澳大利亚矿业企业对外投资机会与能力建设

产业外部环境

国际关系：英国殖民地，主要被英国资本垄断，处于自然开放状态
国际矿业快速发展期

国际关系：西方发达国家第二次世界大战后重建，以及日、韩等国工业化起步，利美国开展积极的外交关系
矿业黄金发展期至衰退期

国际关系：新兴经济体的发展引起对矿产品的新一轮需求，中澳关系交好，中国成为澳大利亚矿产品主要的出口和投资国
国际矿业复苏期

外资垄断，本土私人企业得益于美国资本的加入，使得资本成功融资

资源储量非常丰富；资本、技术、设备依靠英国资本带入

在英国资本的帮助下修建了矿山周边铁路

第二次工业革命和国家的工业化发展需求

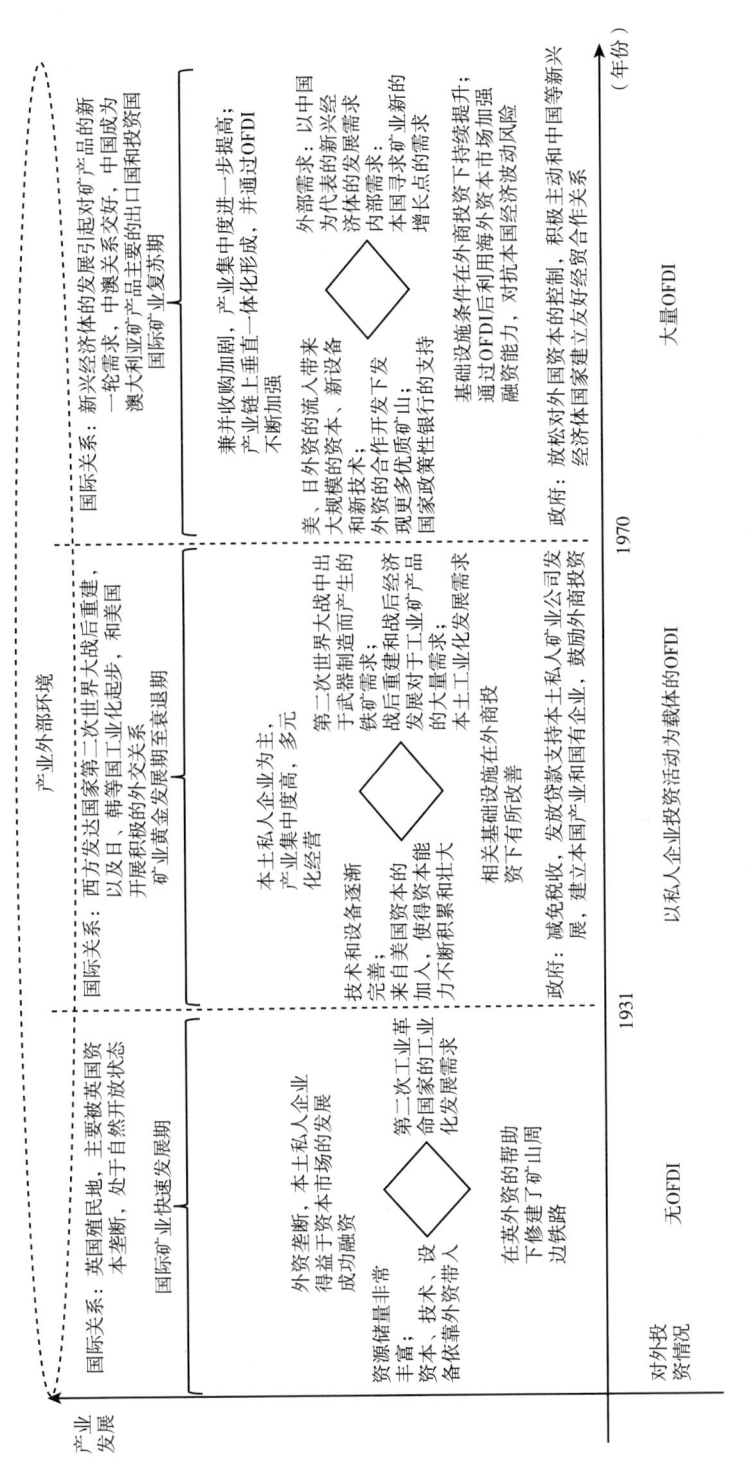

本土私人企业为主，产业集中度高，多元化经营

技术和设备逐渐完善；来自美国资本的加入，使得资本积累能力不断壮大

相关基础设施投资下有所改善

第一次世界大战中出于武器制造而产生的铁矿需求；战后重建和战后工业化发展对于工业矿产品的大量需求；本土工业化发展需求

兼并收购加剧，产业集中度进一步提高，产业链上垂直一体化形成，并通过OFDI不断加强

美、日外资的流入带来大规模的资本和新技术；外资的合作开发下发现更多优质矿山；国家政策性银行的支持

基础设施条件在外商投资下持续提升，通过OFDI后利用海外资本市场加强融资能力，对抗本国经济波动风险

外部需求：以中国为代表的新兴经济体的发展需求；**内部需求**：本国寻求新的增长点的需求

政府：减免税收，发放贷款支持本土私人矿业公司发展，建立本国产业利国有企业，鼓励外商投资

政府：放松对外国资本的控制，积极主动和中国等新兴经济体国家建立友好经贸合作关系

对外投资情况　　无OFDI　　以私人企业投资活动为载体的OFDI　　大量OFDI

1931　　1970　　(年份)

图7.6　澳大利亚矿业产业能力发展

117

首先，澳大利亚矿业的发展三次借助到国际政治经济环境和国际矿业产业发展的利好时机。澳大利亚本国现代矿业的起点就是第二次工业革命，例如必和公司是"淘金热"之后，在第二次工业革命西方发达国家对矿产品迫切的需求下建立起来的。澳大利亚矿业建成后，正值第二次世界大战后发达国家经济重建活动，充足的外部矿产品需求使澳大利亚矿业迅速积累了大量的财富，有了早期对外投资的经验。20世纪90年代，和中国等新兴经济体国家建立起友好经贸合作关系后，正值全球矿业繁荣期，澳大利亚矿业企业的资本能力得到进一步提升；加上矿业兼并收购活跃，给澳大利亚矿业带来了对外投资的机会。

其次，澳大利亚矿业对外投资能力的形成有赖于澳大利亚政府的扶持和引导。澳大利亚的现代矿业开始于20世纪50年代，利用"淘金热"给矿业行业带来的丰富的人才和管理经验，促使了以必和必拓为代表的澳大利亚现代矿业公司的建立。20世纪后半叶的独立自主管理阶段，在澳大利亚政府开放的外资管理政策下，以必和必拓为代表的私人矿业企业获得大量优质矿储资源的开采权，故而在全球矿业发展的黄金时期积累了大量资本。凭借充沛的资本能力，澳大利亚矿业企业在随后的自由发展阶段实现大量对外投资。

最后，外资对澳大利亚矿业本土矿业的建立和产业环境的提升起到重要作用。在19世纪80年代以前，受英国殖民政府的影响，澳大利亚矿业是完全对外资开放的。澳大利亚本土矿业从要素条件到相关支持性产业的基础设施，都是在外资的主导下发展起来的，奠定了澳大利亚现代矿业的发展基础。20世纪30年代，澳大利亚政府宣布独立之后，来自美国等其他国家外资的适当进入活跃了澳大利亚矿业的竞争环境，带来现代化的矿业技术和管理模式，进一步提升了澳大利亚矿业产业竞争力，促使澳大利亚矿业企业海外投资的机会。矿业外部行业的外商投资也从需求条件和相关支持性产业的方面推动澳大利亚矿业产业环境的提升。制造业的外商投资拉动澳大利亚本国工业的发展，促进矿业需求发展。基础设施行业的外商投资推动澳大利亚铁路系统、运输系统的发展，提升了澳大利亚矿业环境的相关支持性产业环节。

7.3.5 政府作用的分析

从之前分析可以看出，澳大利亚政府在各个时期对外资的引入和管理都较为宽松，总体上持积极开明的态度。在经济全球化趋势逐渐加深的背景下鼓励国内企业走出去进行对外直接投资，同时也欢迎其他国家的企业到国内来进行投资建厂。澳大利亚政府对于澳大利亚矿业产业竞争力的形成，起着举足轻重的作用。澳大利亚矿业发展及其产业能力形成的机制总结如表7.1所示。

表7.1　澳大利亚矿业发展及其产业能力形成的机制总结

发展阶段	影响来源	发生机制 / 对产业环境的作用	本国矿业产业能力的形成
外资垄断时期	外资	要素条件："淘金热"的出现，吸引了大批移民，也带来了先进的技术和管理经验 竞争环境：外资垄断 相关支持性产业：帮助修建了铁路网和海运交通，缓解了对外运输黄金的压力	外资带来了现代矿业技术、矿山管理模式和专业人才，在这个过程中也有本土人力资本的培养 产业集中度高，因当时受到英国政府的支持，澳大利亚资金实力较为雄厚
外资垄断时期	外部环境	竞争环境：受到早年英国殖民文化影响，澳大利亚矿业行业具有天然对外资开放的特征 需求条件：西方国家第二次工业革命发展对矿产品的需求	
外资垄断时期	政府	竞争环境：取消了采金所需要的执照费，为后来外资的流入提供了便利	
独立自主发展时期	外资	需求条件：美国在政府政策推动下进入澳大利亚矿业投资领域，推动了澳大利亚矿业发展 相关支持性产业：在基础设施行业的投资支持了澳大利亚矿业的发展	抓住了国际矿业的黄金发展期，在政府支持和外资推动的共同作用下，实现了本国矿业资本的快速积累； 澳大利亚矿产有相当部分是用于出口，本土行业和企业意识到把控市场、挖掘优质资产以及垂直一体化发展的重要性，开始实行多元化经营，在上下游之间进行拓展延伸
独立自主发展时期	外部环境	需求条件：第二次世界大战英、美制造武器的需要；战后经济重建，以及日、韩经济的腾飞对矿产品的需求	
独立自主发展时期	政府	竞争环境：建立了澳大利亚资源开发银行，通过发放贷款来帮助私人企业开发国内重要资源 要素条件：第二次世界大战后主导进行了大量的地质勘探活动，发现了许多新的矿产资源	

续表

发展阶段	影响来源	发生机制 对产业环境的作用	本国矿业产业能力的形成
开放自由发展时期	外资	竞争环境：日本开始进入澳大利亚矿业领域，给本土矿业产业带来竞争的同时也带来了先进的开采技术，促进了本土企业的效率提升 要素条件：外资的共同开发使得许多深埋地下的矿藏变成可用之物，丰富了澳大利亚矿产品种类 相关支持性产业：基建行业在与外资合作的过程中发展迅速	随着国际矿业的复苏，本国矿业的资本能力积累加速； 海外市场能力通过对外投资得到了提升； 人力资本在与外资合作交流过程中得到提升； 垂直一体化能力在国内兼并重组和海外投资的过程中得到提升
	外部环境	需求条件：受西方发达国家后工业化以及发展中国家国有化的影响，全球矿业的发展进入衰退期，但以中国为代表的新兴经济体的崛起，为澳大利亚打开了其在亚洲地区的市场	
	政府	竞争环境：出面参与国家间的贸易谈判，对矿产品的价格作了具体的规定，保证其价格的合理性，加强矿产品在国际市场上的竞争能力 要素条件：提供资金支持高等院校、研究机构和私人企业开展地质、采矿、冶金等方面的研究 相关支持性产业：主导了铁路网络系统的修缮活动，推动了基础设施的进一步发展	
	OFDI	竞争环境：20世纪70年代，澳大利亚联邦政府开始和中国建立正式的外资合作关系，通过对中国的OFDI向外延长了产业链，拓展了矿业产业全球业务范围 相关支持性产业：通过对外投资一方面可以利用外部市场，另一方面外资在澳大利亚本土设立公司、开办企业和购买澳大利亚企业，新技术和新工艺的流入使得石油炼制等资本集约化程度较高的新兴工业得以迅猛发展 需求条件：通过对外投资可以利用外部市场	

第一，澳大利亚政府从殖民时期为促进矿产品的开发采取较为宽松的外资政策。这为早期私人矿业公司的发展提供了良好的外部环境。20世纪70年代起，澳大利亚积极主动的外交手段丰富了外资来源，推动海外企业

在澳大利亚的建立和投资。

第二，从资本的角度看，设立澳大利亚资源开发银行，帮助私人企业开发国内重要资源。

第三，从相关支持性产业的角度，得益于澳大利亚政府在铁路交通等基础设施行业的外资引入，为澳大利亚矿业的发展提供了便利。

7.4 澳大利亚典型矿业企业的对外投资机会与能力建设——以必和必拓为例

7.4.1 必和必拓简介与发展历程[①]

从必和必拓的发展历程来看，主要经历4个阶段（见图7.7）。

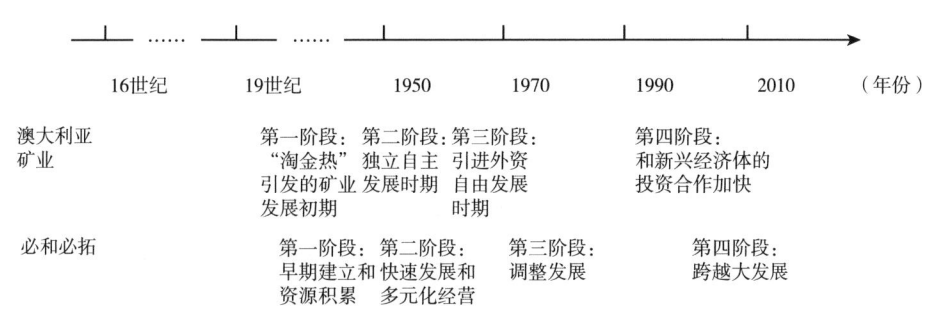

图7.7 必和必拓发展阶段

1. 成立背景

必和必拓是由两家巨型矿业公司合并而成，现在是全球最大的多元化矿产资源公司，名列澳大利亚十大企业之首。其中，BHP公司历史最早起源于1883年的断臂山矿业公司，主要在澳大利亚新南威尔士州富产银、铅、锌矿的断臂山区采矿。1885年更名为Broken Hill Proprietary公司，简称BHP。1899年，BHP公司开发了南澳大利亚Iron Knob的铁矿山，随后开始投身钢铁制造业。第一次世界大战后，BHP公司顺应当时

[①] 该部分内容参考了汤普森，麦克林. 必和必拓：从矿山赌徒到巨无霸[M]. 中信出版社，2011.

的潮流开始实行多元化经营战略，建立了运输船队。1967年，以开发澳大利亚东南海岸巴斯海峡的大油田为标志开始进军石油行业。20世纪70年代，BHP公司开始向中国出口铁矿石，随后加快了和中国合资探矿的步伐。Billiton公司前身于1860年在荷兰海牙成立，同年收购了苏门答腊岛附近的一座富含锡矿的小岛，该岛名为Billiton（现称勿里洞岛），公司更名为Billiton。Billiton公司最初的业务是在荷兰进行锡、铅的冶炼。1940年，Billiton公司开始在印度尼西亚和苏里南进行铝土矿的开发。1970年，被壳牌公司收购。

2001年，两家公司合并成立了BHP Billiton矿业集团，其中BHP持股58%，Billiton持股42%，成为在澳大利亚和伦敦证券交易所双重上市的大型矿业公司。合并后的必和必拓公司拥有着超过千亿美元的资本，并在全球25个国家和地区开展业务，项目达百余个。除此以外，合并后的必和必拓公司经过战略调整，已把中国作为其最大的国际矿业产品贸易伙伴。

2. 发展历程

(1) 早期建立和资源积累阶段（19世纪60年代~第二次世界大战前）。必和必拓公司的历史最早可以追溯到19世纪60年代。19世纪50年代，荷兰人在邦加岛发现了大量的锡。锡矿的开采受到了当时荷兰皇室的支持，成立了一个小型的合伙企业，也就是早期的必拓锡矿公司。政府资金的注入使得必拓迅速在锡矿领域建立起垄断优势，成为当时全球领先的锡矿生产商之一。19世纪末，由于荷兰环境问题初现，必拓公司此时开始关注矿业的生态环保问题。20世纪初期，必拓公司凭借着勿里洞岛的锡矿冶炼厂和在新加坡新设的冶炼厂继续巩固自己在锡、铅矿冶炼领域的地位，逐渐积累了一定的管理经验和资源优势。

作为澳大利亚的本土企业必和公司最早成立于1883年。澳大利亚人查尔斯（Charles）在新南威尔士西部的Broken Hill发现氧化锡矿后成立私人企业Broken Hill矿业公司。1899年，必和以租赁的方式拿下了南澳的铁矿山，开始涉猎钢铁制造行业。由于开采能力有限、管理水平低下，必和公司在早期建立的时候就意识到人才的重要性，并于20世纪初从海外引进了一批矿业人才，解决了锌矿冶炼中分离锌的问题，建立起了相当程度的技术优势，并于 20 世纪 20 年代开始了第一次海外投资的尝试，收购了 Rylands Bros 公司 100% 的股份。

进入 20 世纪初，美国和欧洲人放弃金属货币而改用纸币。为了缓解有可能因工资降低而导致的矿工罢工和工会暴动的现象，必和高管开始重新评估公司未来的发展方向，并于 1911 年派遣公司高管对世界钢铁工业进行考察，最后从美国带回了钢铁专家贝尔。这为后来必和钢铁工业的选址乃至澳大利亚整个钢铁工业的发展都起到了关键作用。

（2）快速发展和多元化经营阶段（第二次世界大战～20 世纪 70 年代）。第二次世界大战结束之后，各国开始后了战后经济重建工作，全球矿业发展进入了黄金时期，也为必和必拓提供快速发展和多元化经营的机遇。

必拓公司最早涉及其他领域的矿产品生产是始于 20 世纪 30 年代。受到 1929 年大萧条的影响，锡产品价格下降，此时必拓开始扩展自己的业务范围。1935 年，必拓在印度尼西亚开发了第一座铝土矿，随后又在苏里南进行铝土矿的开发。40 年代，战争的爆发使飞机生产的需求上升，作为飞机生产不可或缺的铝价格在这个时候飞速上涨，必拓也凭借着自己拥有的几座铝矿迅速拓展自己的业务。随着矿业的发展，一些环保问题日益凸显。60 年代，荷兰开始在环保上采取一系列重要举措，其中包括环保立法。70 年代，迫于战略重组的需要，必拓公司被英国皇家壳牌公司收购。

必和公司最早进行多元化经营是在第一次世界大战之后。由于早期的经营使得必和公司积累了一定的管理技术和资源优势，澳大利亚本土的市场不再能满足企业发展的需要，1919 年，必和购买了两艘船只，开始了自营海运业务，并在这之后大举收购煤矿、铁矿、石灰石矿和钢铁产成品等生产厂家。1935 年，必和公司一举收购了澳大利亚钢铁公司。第二次世界大战结束后，国际矿产品形势一片大好，在这个背景下，必和凭借自己的规模优势和雄厚的经济实力，逐渐占领了澳大利亚的矿产品市场。1967 年，必和公司成功开发澳大利亚东南海岸巴斯海峡的大油田，以此为标志必和公司正式进入石油行业。

（3）调整发展阶段（20 世纪 70 年代～21 世纪初）。进入 20 世纪 70 年代以来，两次石油危机引发了西方发达国家较为严重的经济危机。各国工业发展陷入停滞，全球矿业市场呈现大萧条的景象。

必拓公司采取资产重组的办法，一方面大举收购兼并中小型矿业公司的优良资产，另一方面重点剥离不具有竞争力的非核心资产。必拓公司于 1978 年收购了英国的 Morris 公司，开始为油漆工业生产防腐颜料。1982年，必拓公司陆陆续续在巴西和荷兰进行铝、镁的开发生产。此外，从 20 世纪 80 年代中期开始，必拓公司停止旗下的非核心业务。1985 年关闭了加拿大的钨矿，并出售了英国的钛厂，同时利用出售加拿大铅锌矿股权的方式来筹集资金，90 年代前后陆续收购了许多新"核心"资产，主要包括，1989 年收购了加拿大 Selbaire 铜、锌、银、金矿，兼并了澳大利亚镍业上市公司 QNI 等。

面对矿产品市场的萧条景象，必和公司同样采取的是资产重组，重点发展核心业务，必和公司先后收购了美国犹他国际公司、新墨西哥和昆士兰的煤矿，并且在智利发现了埃斯康迪达铜矿。1990 年开始，必和公司开发了新的金属矿山和石油项目，位于澳大利亚昆士兰的坎宁顿银、铅、锌矿和煤矿以及位于加拿大的 Ekati 钻石矿也陆续投产。

（4）跨越大发展阶段（21 世纪以来）。进入 21 世纪，全球经济快速发展国际矿业市场进入空前繁荣时期。国际矿业资本市场经过几十年的发展，给新时期矿业公司之间大规模的收购兼并重组提供了资金保障。

必和公司意识到如果能成为囊括各种矿产资源在内的矿业巨头，那么势必会在将来矿业市场的竞争中占据更有利的垄断地位。BHP 和 Billiton 两家公司早期就有了合资经验和业务往来，再加上两家公司之间能形成资源优势互补，在 2001 年，BHP 和 Billiton 两家公司正式合并成必和必拓公司，在澳大利亚和伦敦证券交易所双重上市。

为了补偿矿业开发项目对生物多样性所造成的无法避免的残留损害。按照西澳州环保局的要求，必和必拓公司采取了目前最令人满意的以零环境损害为目标的可持续发展政策，与运营所在地区的原住民建立了合作关系，还与国内外的非政府环境保护机构建立合作伙伴关系。这些合作伙伴关系让矿业能够更好地识别和着手解决大家共同关心的问题。在协调资源开采与生物多样性保护之间的矛盾，特别是经营活动涉及生态敏感区域方面，必和必拓公司贡献着自己的智慧，极力平衡生物多样性、土地使用和环保组织三者之间的关系：

第一，制定内部文件规范。作为跨国性的资源企业，必和必拓的社会责任管理机制已经相对成熟。在应对生物多样性问题方面，《环境集团管理文件》要求必和必拓公司对整个运营过程中潜在的土地和生物多样性影响进行评估，而且必须制订《土地和生物多样性管理计划》。该计划包括公司底线和影响评估、控制措施及验证控制有效性的监控程序。

第二，细化问题。必和必拓公司的土地管理策略总体是兼顾环境、社会、经济和文化影响，但具体问题往往需要具体分析。公司首先量化企业生产经营活动对生物多样性和土地利用的影响程度，然后对生物多样性和土地可承受的影响采取预防和减缓措施。在采取以上预防和减缓措施后，如果仍旧发生超出生物多样性承受范围的问题，则必须给予必要的补偿。

第三，出资建立自然保护区。2013 年，必和必拓公司与国际保护组织签订了一项五年的合作协议，建立了澳大利亚五河保护项目和智利维地安沿海保护项目两个国际保护区，同时必和必拓继续在运营所在地寻找类似的项目。建立自然保护区起到生态补偿作用，也拉近必和必拓公司与环保组织之间的关系。合并后的必和必拓公司资产规模庞大，利用两家各自先前百年来积累的资源及经验，开始大规模收购潜力巨大的矿业资源。2005 年，必和必拓成功收购澳大利亚 WMC 矿业公司，使其成为全球第二大铜生产商，同时通过新增铀矿完善了必和必拓的能源产业链。

7.4.2 必和必拓公司各阶段能力分析

1. 必和必拓公司初建阶段的能力发展

在成立初期，必和必拓公司主要收益于当时殖民政府自由放任的管理政策以及当时西方发达国家第二次工业革命和国际矿业发展背景，获得了相当程度的资源垄断能力和资本积累。

首先是资源垄断能力。早期建立时期必拓公司的资源垄断能力很大程度上得益于荷兰政府的支持。当时为了支持锡矿的开采，荷兰皇室支持成立了小型合伙企业，使必拓公司顺利在锡矿开采领域建立起了垄断优势。随后，必和公司在勿里洞岛的锡矿冶炼厂和新加坡的冶炼厂也受到了荷兰当局的资助，进一步巩固自己在锡矿开采领域的地位。

必和公司早期的资源垄断能力首先得益于澳大利亚新南威尔士西部本身银、铅、锌的储量丰富。此外，必和公司更是在拿到西澳的铁矿山后早早地涉足钢铁行业，成为澳大利亚本国内最早进行钢铁生产的矿业企业之一。必和公司还在20世纪初通过技术革新成功分离出锌，大大提高了精锌的生产率，成为当时澳大利亚唯一一家拥有精锌分离技术的公司。

其次是资本积累。必拓公司在建立之初就通过荷兰皇室获得了大量的资金。当时恰逢国际矿业发展的黄金时期，英、法等国工业化起步使得对矿产资源的需求上升，必和必拓公司也得益于此次矿业发展的机遇而获得了大量早期原始资本积累。

必和必拓公司在早期发展过程中也积累了一定的技术革新能力。20世纪初，必和公司在对锌矿的提炼生产过程中发现传统的振动方式无法提炼出纯度较高的锌矿石。当时的管理层果断决定从海外引进一批矿业人才，结合当时先进的物理科技和矿产物探技术，最后采用浮选工艺取代了振动技术。这项技术后来也被其他的一些公司所用，比如澳大利亚本土的力拓公司，这也为必和公司在早期发展中建立起一定的技术垄断优势。

2. 必和必拓公司在发展过程中的能力积累

首先，在国内发展过程中，必和必拓公司的资本能力又得到进一步发展。第二次世界大战后正值西方发达国家战后重建活动，以及日、韩等国工业化起步，国际矿业产业进入发展的黄金期。面对着国际市场上对矿产品的巨大需求，必和公司在当时澳大利亚联邦政府独立自主的外资管理政策下开始了早期的矿产资源收购行为，必拓公司在荷兰政府的支持下借由早期的先行者优势，逐渐积累起一定的资本能力。

其次，必和必拓立足于本身已有的矿产资源，力争做精做强进而做大，大力实行全球化经营。与此同时，必和必拓公司利用早期发展积累下的管理经验和业务能力，快速整合兼并资产，并注意处理好劳工关系。公司董事会设有专门的可持续发展委员会，负责评价公司政策对矿工健康、安全、环境、社会等影响，从而保证公司的声誉。

最后，必和必拓公司在早期就已经在本土根据各自的矿产资源禀赋条件建立了一定的资源垄断地位。受战争影响，必拓公司停止了在荷兰的生产业务，利用早期在锡矿生产中所积累的经验和技术，大力发展下游企业，涉足金属衍生出的各种加工制造业，逐渐获得更多的优质资产。

3. 必和必拓公司对外投资能力的形成

首先，必和必拓公司的对外投资有赖于其面对外部不利冲击时的一体化能力。20世纪70年代之后，受两次石油危机的影响，西方发达国家陷入了严重的经济危机，国际矿产品价格持续下跌。为了缓解价格风险对企业经营造成的不利影响，必和必拓公司在这个时期采取纵向一体化的战略，将企业缺乏竞争力的非核心部分剥离出去，围绕已有的矿业资源，在矿产品上下游发生了较多兼并收购行为。

其次，新兴市场开发能力。面对国际矿产品市场大萧条的景象，必和必拓公司除了剥离非核心资产外，还积极开发新兴市场。20世纪70年代正好赶上中国改革开放，凭借着早期和中国进行矿业贸易所积累的经验，必和公司在这个时期迅速进入中国市场，开始向中国出口铁矿石和钢材。以此为基础，必和公司于1984年在北京成立了办事处，开始着手研究在中国合资探矿的机会。

再其次，强大的资本运作能力。必和必拓公司，利用国际金融规则，分别在澳大利亚、伦敦和纽约等地上市，使得公司具有很强的国际资本市场融资能力。以中国为代表的新兴市场国家逐渐繁荣，拉动了矿产价格高涨，在此情况下，必和必拓公司实质上作为澳大利亚本土企业，其资本能力得以持续积累。

最后，资源整合能力。经过逾百年的发展，必和必拓公司在企业管理上已经相当成熟，加上早期发展的时候两家公司有过合资经验，因此在合并之后两家公司资源得以顺利整合。一方面，必和必拓公司为原来两家企业旗下所有子公司建立共用的ERP系统，将企业所有人事、财务等信息模块化，通过大数据提高管理的标准化程度，从而提高企业运营效率；另一方面，必和必拓公司在集中力量并购优质项目的同时，也不断进行内部整合，积极重组内部资产，从而更好地整合资源。

第 8 章
矿业对外投资能力形成的比较分析

中国和巴西都是当前发展中国家的典型代表,也是发展中国家对外投资的主要力量;澳大利亚则是典型的矿业发达国家。此外,中国、巴西和澳大利亚在实现对外开放发展的过程中,由于其各自所处的国际政治经济背景、国际产业环境、政府政策等因素,导致它们在对外投资特征、行业能力来源和形成路径上有所差异。因此,比较和分析上述三国矿业对外投资能力形成的差异,有助于揭示和理解矿业行业对外投资能力形成的机制。

8.1 中国、巴西与澳大利亚矿业产业开放发展特征的对比分析

总体来看,中国、巴西和澳大利亚的开放发展历程,均先后采取了"开放式"的发展战略,其发展阶段如图 8.1 所示。具体而言,三国在开放时间、开放历程和开放策略方面又各有不同,主要表现在如下几个方面。

第一,从吸引外资的开放发展时长来看,巴西和澳大利亚均有着长达百年的被殖民历史。因此,在独立初期相当长的一段时间里,一直保持着自然开放的状态,很多产业都是在先前外商投资的基础上建立起来的。相比之下,中国从新中国成立直至改革开放以前,几乎没有外资进入。从对外投资的发展起点来看,澳大利亚的对外投资起步最早,其次是巴西,而我国的起步则较晚,是典型的"后来者"。这主要是取决于各国经济发展的先后顺序和各国企业发展的程度。澳大利亚是发达国家中较早实现矿业产业对外投资的国家之一,在发展初期充分利用了几次国际矿业产业发展

第 8 章
矿业对外投资能力形成的比较分析

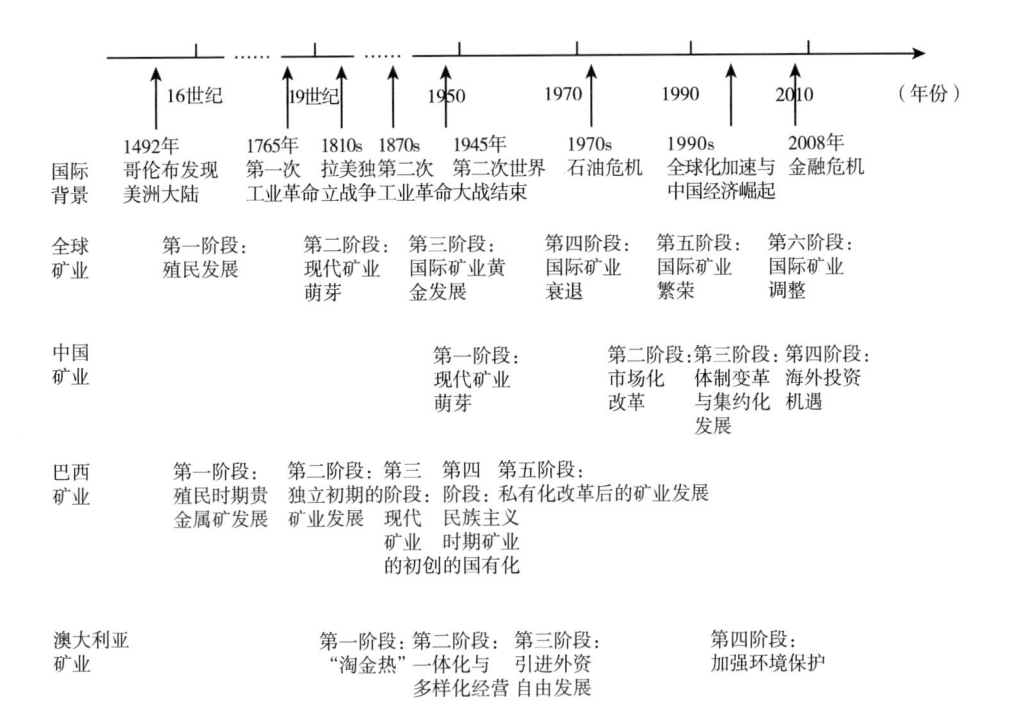

	16世纪	19世纪	1950	1970	1990	2010	（年份）
国际背景	1492年哥伦布发现美洲大陆	1765年第一次工业革命	1810s 1870s 1945年拉美独第二次第二次世界立战争工业革命大战结束	1970s石油危机	1990s全球化加速与中国经济崛起	2008年金融危机	
全球矿业	第一阶段：殖民发展	第二阶段：现代矿业萌芽	第三阶段：国际矿业黄金发展	第四阶段：国际矿业衰退	第五阶段：国际矿业繁荣	第六阶段：国际矿业调整	
中国矿业			第一阶段：现代矿业萌芽	第二阶段：市场化改革	第三阶段：体制变革与集约化发展	第四阶段：海外投资机遇	
巴西矿业	第一阶段：殖民时期贵金属矿发展	第二阶段：独立初期的矿业发展	第三阶段：现代矿业的初创	第四阶段：民族主义时期矿业国有化	第五阶段：私有化改革后的矿业发展		
澳大利亚矿业			第一阶段："淘金热"	第二阶段：一体化与多样化经营	第三阶段：引进外资自由发展	第四阶段：加强环境保护	

图 8.1 中国、巴西与澳大利亚发展阶段对比

黄金期带来的机会，在政府的主导下实施了自由的投资发展战略；巴西工业化基础的发展早于中国，这是支持巴西早在20世纪70年代就开展对外投资，并能在80年代的外债危机中沉寂十年后，于90年代中后期迅速恢复的重要因素。

第二，从对外开放的节奏来看，中国表现出相对巴西和澳大利亚更加稳定和循序渐进的开放步伐。虽然中国对外开放的时间较短，但从中国80年代的有限开放，到90年代的加大引资力度，再到2001年加入WTO以后的深度开放，过程中均表现出在吸引外资方面的政策延续性。巴西则是经历了完全不一样的开放节奏——从自然开放各行业几乎完全被外资垄断，到第二次世界大战后国有化发展限制和禁止外商投资，再到拉美外债危机后短时间内的全面开放，直至20世纪90年代以来才进入较为稳定的对外开放时期。澳大利亚矿业的发展在19世纪50年代殖民统治时期呈现自由开发的状态，这个时期受限于开采技术和管理经验，矿业储藏虽然丰富但产出较低，矿业行业外资几乎被英国垄断，直到20世纪30年代澳大利亚外交上正式宣布独立，矿业吸引外资来源才逐渐开始多元化，70年代一些亚洲新兴经济体国家的加入，更是加速了澳大利亚矿业行业对外开放的进程。

第三，从对外开放的策略来看，中国始终保持谨慎的开放态度，仅在改革开放初期有过几个大型矿山开发项目的合作，此后则逐渐开始限制外资在普通矿山开采项目上的投资，转而朝着与废矿回收利用、矿山环境保护相关的投资导向升级。20世纪90年代末，中国则将矿业整合发展与国有企业改革相结合，使得大型国有矿业企业通过本土整合不断壮大。巴西矿业在经历第二次世界大战后长达数十年的垄断经营、不得不进行私有化改革时，政府通过对拍卖过程的干预仍然让私有化以后的本土矿业大部分利益和资产都保持在了本国企业的手中。随后，巴西政府在开放本国矿业的外商直接投资的同时，通过支持本土矿业和企业成为"国家冠军"的方式与外资企业形成有效竞争，从而防止了外资跨国矿业公司对本土矿业产业的挤出。澳大利亚矿业产业的发展主要是通过本土私人矿业企业拉动进行的。加上早期殖民政府自由的管理政策，使得私人企业快速发展起来；在澳大利亚政府宣布外交独立后，来自美、日的外资继英国之后纷纷涌入澳大利亚。

在上述三种不同的开放路径下，中国、巴西和澳大利亚逐渐形成了不同的国内矿业竞争格局——中国矿业以少数大型国有企业为主，大量民营企业为辅；巴西矿业以数家大型国家冠军型企业为主，少数外资企业为辅；澳大利亚矿业则以单个私有企业为主，大量外资跨国公司并重。

8.2 巴西与澳大利亚矿业对外投资能力的对比分析

巴西和澳大利亚虽然分属发展中国家和发达国家，但同样是矿业储备大国。通过比较分析两国对外投资能力的相似性和差异化，可以更好地揭示发展中国家矿业产业对外投资能力的来源及其中的具体机制。

8.2.1 巴西和澳大利亚矿业产业对外投资能力的相似性与对外投资能力形成机制

同为富矿国的巴西和澳大利亚，虽然经济发展水平不同，但其矿业产业的发展历程和对外投资能力来源具有相当的类似性。

首先,从发展历程来看,巴西和澳大利亚矿业产业具有诸多相似之处。两国都经历过早期矿业的殖民阶段和天然开放阶段。在第二次世界大战前后,两国矿业产业发展的轨迹出现分叉——巴西实行矿业国有化;而澳大利亚则走上了独立自主的开放发展道路。直到20世纪90年代末期,两国矿业的发展轨迹才重新收敛——均通过开放条件实现矿业行业对外投资的快速发展。

其次,两国对外投资能力的形成均是继承本国产业环境条件的结果。从矿业产业环境的起点和搭建过程来看,巴西和澳大利亚的矿业产业也存在诸多相似点。从要素条件来看,两国都是矿业资源储备大国。在矿业资源要素方面都具有"大浅富"的特征,都拥有得天独厚的资源优势。从需求条件来看,两国矿业均有大量出口,受海外矿业需求的影响较为明显,在发展过程中两国的矿业产业均把握住战后重建、日韩崛起、新兴市场工业化等全球矿产品需求骤增带来的重大机遇时点,进而实现本国矿业产业的快速发展。从相关支持性产业来看,两国矿业产业均是借助外资的帮助将相关支持性产业发展起来的。例如,在巴西和澳大利亚的自然开放阶段,两国的基础设施均是外资矿业企业在自身利益驱动下修建的。在后续的发展过程中,两国政府则是通过引导的方式,借助外资进一步完善本国矿业产业的基础设施。从竞争环境来看,两国矿业均实现了相对有序、良好的竞争结构,其中澳大利亚形成了以必和必拓公司为代表的本土私营企业与以力拓公司为代表的大型跨国外资企业共存的竞争局面,而巴西则形成了以淡水河谷为代表的本土矿业企业主导的竞争结构。

最后,两国的对外投资都明显受到了全球矿业产业和国际政治经济的影响。巴西矿业产业对外投资能力的发展深刻受到外部环境的影响。巴西本土矿业诞生和企业建立源自巴西政府与英、美谈判的结果。巴西在建成本土矿业后,正值全球矿业战后的黄金发展阶段,充沛的外部需求使得巴西矿业产业在发展早期积累了大量原始资本。20世纪90年代,全球矿业兼并收购的机会给巴西矿业产业带来了对外投资的机会,而随着21世纪全球矿业进入调整期,巴西矿业产业也受到了不小的冲击,其海外投资大量减少甚至出现已有投资撤资的情况。澳大利亚同样受到全球产业趋势和国际政治经济形势的影响，表现为：第二次工业革命给发展初期的澳大利亚矿业产业带来巨大需求，使其积累了大量原始资本，第二次世界大战后来自美国资本的流入，推动了现代科学技术在澳大利亚矿业部门的应用，促进了当地矿业的现代化发展，加上战后重建和日、韩等国家崛起带来的需求，使得澳大利亚矿业产业进入黄金发展期。20世纪70年代，澳大利亚政府积极的外交政策给本国带来了大量外资，90年代，全球矿业进入繁荣期，以拉美国家为代表的发展中国家的私有化改革给全球矿业带来了大量兼并和投资机会，澳大利亚矿业产业也抓住机会实现了大量对外投资。

8.2.2 巴西和澳大利亚矿业产业对外投资能力差异与对外投资能力形成机制

梳理巴西和澳大利亚矿业对外投资能力差异，同样可以从两国矿业产业发展的起点开始。巴西和澳大利亚矿业产业在发展早期虽然都经历过殖民阶段和自然开放阶段，但两国出现本土矿业企业的时间点存在明显差异。巴西本土矿业的成立是在第二次世界大战的国际环境大背景下，巴西政府通过与英美谈判，以1942年国有化英资的伊塔比拉铁矿公司成立淡水河谷为标志。相比之下，澳大利亚的必和公司成立于1883年，并且在成立之初就凭借技术和资金等优势，占领了大量矿储资源，迅速发展成澳大利亚市场上领先的矿业企业。由此可见，澳大利亚矿业产业具有相对先行者优势，这也使得其后续形成以本土私营企业为主的矿业行业对外投资主体；而巴西矿业产业由于相对后发，在建立本土矿业产业之时，本地矿业产业已被跨国矿业公司垄断，因此巴西政府也只能通过国有化等方式扶持创建本土矿业企业。在这种情况下，巴西矿业产业最终形成了以淡水河谷为代表的国有矿业企业对外投资的能力。由此可见，产业建立时点和所在时点全球矿业产业发展情况的差异是导致巴西和澳大利亚矿业产业形成不同对外投资主体的主要原因。

巴西和澳大利亚矿业产业对外投资能力的第二大差异在于技术能力。在发展过程中，巴西矿业产业发展出环境友好、矿业可持续发展相关的特定技术能力；与此相对，澳大利亚矿业产业发展出的技术能力则更为全面，涉及开采、冶炼等多个链段。究其原因，除了澳大利亚矿业产业相对先行外，还可以从两国产业环境和企业层面的因素进行解释。首先，巴西和澳大利亚虽然都是富矿国，且矿业产业环境均是在外资的帮助下完善，但从要素条件具体来看，澳大利亚在技术人才等研发要素上明显优于巴西。这也构成了澳大利亚矿业企业更全面技术实力的发展基础。其次，从企业层面来看，澳大利亚矿业产业中的代表必和必拓企业，由于企业领导层对技术的重视，使其在技术研发上长期保持着开拓精神；必和必拓企业对技术持续不断的投入，使得其在发展中的重要节点上能够把握先机，从锌精矿浮选技术到多元化时期的钢铁技术，必和必拓企业的技术能力得以不断迭代。相比之下，巴西矿业的典型企业淡水河谷在相当长时间内都是巴西的国有企业，特定的制度安排使得其无法像必和必拓企业一样持续地追求技术的进步与发展。从政府影响机制的差异来看。巴西是拉美地区为数不多的由政府直接支持企业海外投资的国家。巴西政府主要通过维护国内本土企业地位，并由巴西国家开发银行向企业提供资金和优惠贷款的方式加以支持。巴西对外投资的矿业企业虽然大多在20世纪90年代的改革中实现了私有化，但巴西政府仍然非常支持这些矿业冠军企业在国内和海外市场的发展。相比之下，澳大利亚政府主要采取的是间接措施。例如，澳大利亚政府在殖民时期采取自由宽松的外资政策，为本土私人企业早期建立和发展提供了良好的环境；在20世纪60年代，澳大利亚政府设立澳大利亚资源开发银行，帮助私人矿业企业开发国内重要资源；70年代澳大利亚政府更凭借积极主动的外交手段和多个国家建立了友好外交关系，丰富了外资来源，推动了外资企业在澳大利亚的投资规模。

巴西与澳大利亚矿业产业对外投资能力及其形成机制对比如表8.1所示。

表8.1　巴西与澳大利亚矿业产业对外投资能力及其形成机制对比

项目		巴西	澳大利亚
对外投资能力	形成主体	部分大型国有矿业企业	部分大型私人矿业企业
	能力形式	特定矿业技术能力、一体化发展能力、资本能力	综合性矿业技术能力、一体化发展能力、资本能力
企业自身特征	前期行业基础	具有相关产业经验	具有相关产业经验
	企业自身特征	历史上拥有优秀的企业领导人	历史上拥有优秀的企业领导人

续表

项目		巴西	澳大利亚
产业环境	需求	本土供给能力超过本土需求，以出口为主； 具有需求潜力与规模	本土供给能力超过本土需求，以出口为主； 具有需求潜力与规模
	要素	资源储备"大浅富"； 在外资支持下技术逐步发展	资源储备"大浅富"； 在外资支持下技术逐步发展
	相关产业	在政策引导下依托外资建立	初期借助外资建立，后在政策引导下外资逐渐完善
	竞争	竞争结构良好	竞争结构良好
全球产业发展趋势的影响		发展初期遇到全球矿业黄金发展期； 全球矿业繁荣期带来大量对外投资的机会	发展初期遇到全球矿业发展黄金期； 全球矿业繁荣期带来大量对外投资的机会
全球政治经济趋势的影响		第二次世界大战时期对国内现代矿业产业创立的影响； 2008年金融危机后缩减海外投资	第二次工业革命对国内初创期的矿业产业的影响； 第二次世界大战后充分把握对外投资机遇
政府作用	对外资的引导	引进资本、技术和管理经验； 引导建设基础设施	引进资本、技术和管理经验； 引导完善基础设施
	对本土企业的支持	国有企业创立、国有化和私有化进程中对本土企业的保护，支持对外投资	降低外资进入门槛，支持对外投资，为本土企业提供贷款，减少矿业行业税收

8.3　中国、巴西与澳大利亚矿业产业对外投资能力的对比分析

进一步引入中国矿业产业，可以在前面发展中国家与发达国家比较的基础上，增加富矿国与贫矿国的对比维度，进一步验证本书所用框架的合理性，更好地揭示发展中国家矿业产业对外投资能力的来源及其中的作用机制。

8.3.1 中国、巴西、澳大利亚矿业产业对外投资能力的相似性与对外投资能力形成机制

尽管中国和巴西、澳大利亚的矿业产业在对外投资能力上存在差异，但三者也具有诸多相似之处。梳理这些相似点，有助于进一步验证本书所用框架的合理性。

首先，从外部环境来看，与巴西、澳大利亚矿业产业类似，中国矿业产业对外投资能力的形成同样极大程度地受到全球矿业产业发展条件和全球政治经济形势的影响。在发展初期，中国矿业产业由于冷战的影响，无法充分引入外资协助国内产业环境的搭建。直至国际关系形势缓和，改革开放后中国矿业产业才迎来迅速发展的阶段。2008年，全球金融危机爆发，国际矿业资产价格明显下跌，则给中国矿业产业带来了良好的对外投资窗口期。

其次，从矿业产业环境对比来看，中国矿业产业的发展条件与巴西和澳大利亚也存在一定相似性。在要素条件方面，三国都是依托外资带来的资本、管理和技术，建立起本国现代矿业的基础；在需求条件方面，中国、巴西和澳大利亚在工业化和城市化的进程中均表现出规模化的矿业需求及其潜力；在竞争环境方面，三国最终都形成了有序的竞争结构，均建立起一批拥有较强实力的本土矿业公司；在相关支持性产业方面，都有较为良好的基础设施条件。不同之处在于，中国的基础设施以自建为主，而巴西和澳大利亚则是通过政府引导外资建立而实现的。

无论是中国，还是巴西、澳大利亚的矿业产业条件，都是在开放条件下、在全球产业发展大背景下，通过引入外资发展起来的。前面分析充分表明，国内产业环境是巴西和澳大利亚两个矿业产业对外投资能力形成的重要因素。中国的情况十分类似——在矿业产业发展的初期，国内的产业条件相当不完备。在这样的背景下，引进外资成为必要的、有效的矿业产业发展途径。事实也证明，在政府合理、有效的引导下，通过引入外资，中国、巴西和澳大利亚的矿业产业环境都实现了快速发展。外资的引入一方面取决于东道国对外开放的大环境，同时，全球矿业产

发展趋势中规模需求涌现和资源储备分布不对称的特征，也促使外资进入中国、巴西和澳大利亚三国，并在客观上协助东道国建立起良好的产业环境。

再其次，政府的引导在对外投资能力形成过程中都起到了至关重要的作用。从中国、巴西与澳大利亚的案例中能够清晰看到，政府对本土矿业产业对外投资能力的形成都起到了至关重要的作用。第一，政府引导外资建立起本土产业的环境。前面的分析也表明，即使在有利的全球产业条件下，外资进入最根本的目的是逐利，而其服务于本土产业环境本质上是政府与外资的利益协调。若没有政府的引导，本土良好的产业环境难以建立。第二，在企业发展过程中，政府也起到了重要的支持作用，这一作用在企业的发展初期表现尤为显著。从中国的案例来看，五矿发展初期享有垄断进出口贸易的市场地位，兖矿也得到了地方政府的大力支持；从巴西淡水河谷公司的案例来看，企业本身的建立就是巴西政府与欧美的谈判的结果；澳大利亚必和必拓公司的前身之一必拓公司则在发展初期凭借荷兰政府的资金支持，迅速形成先行者优势。第三，中巴两国政府对于本国矿业产业对外投资都采取了积极的鼓励措施。其中，中国政府在不同阶段对放开、允许、支持或者推动企业的海外投资活动都有明确指导意见，巴西则是拉美地区为数不多的有政府背景支持企业海外投资的国家。巴西政府主要通过在国内维护本土企业国家地位的形成，并由巴西国家开发银行向企业提供资金和优惠贷款的方式加以支持。巴西对外投资的企业虽然大多在20世纪90年代的改革中实现了私有化，但巴西政府仍然非常支持这些"国家冠军"在本国的壮大和海外市场的发展。

最后，从企业层面观察，中国、巴西和澳大利亚矿业拥有对外投资能力的企业均具备一定产业经验和优秀的领导团队。例如，中国五矿和兖矿分别作为全国垄断的矿产品进出口贸易商和全国重要矿务局成立；巴西的淡水河谷公司成立于1942年，在对外投资之前早已是巴西国内最大的矿业企业；澳大利亚必和必拓公司的两个前身则早在19世纪就开始矿业活动。在上述四家企业的发展过程中，无一例外把握住了全球产业发展的机遇，成功实现了自身发展和对外投资的深化。此外，这些企业在其发展的重要历史机遇期，都幸运地拥有了优秀的企业领导人。这些领导人在企业发展的重要节点上，目光长远，制定了适合企业自身能力的正确战略。例如，五矿的国际化战略选择，多元化尝试失败后专注向后一体化发展的战略；兖矿对综采技术孜孜以求，最终实现在特定矿业技术上的后来居上；淡水河谷公司的领导人阿涅拉，聚焦自身优势，延长价值链的策略；必和必拓公司的领导人长期保持对矿业技术的重视，使得必和必拓公司在矿业发展的数轮浪潮中始终站立在潮头。这些策略都使得案例企业获得了进一步发展，并为后续对外投资的实现奠定了重要基础。

正是在上述优质特征的基础上，中国、巴西和澳大利亚优秀的矿业企业利用了本土产业环境与全球产业环境的机遇，最终发展出了对外投资能力。从中国的案例来看，五矿在发展初期受益于国内垄断贸易的竞争环境，搭建起系统的销售渠道，并在发展过程中不断积累资本能力和国际商务能力；而兖矿则拥有国内为数不多的大型煤矿储备，并在国内独特的产业环境下发展出特定技术能力。类似地，巴西淡水河谷公司和澳大利亚的必和必拓公司依托自身丰富的矿产资源储备，在发展历程中，充分把握了全球产业发展过程中的多轮次需求爆发，积累了充沛的资本能力，并分别发展出特定或综合的技术能力。

8.3.2 中国、巴西、澳大利亚矿业产业对外投资能力差异与对外投资能力的形成机制

从中国的对外投资现状来看，虽然在自身禀赋和发展路径上与巴西、澳大利亚存在差异，但也实现了一定的对外投资规模，发展出了相应的对外投资能力。

具体来看，巴西矿业产业对外投资开始于20世纪70年代，尽管规模不大、投资地点局限于拉美地区，但在时点上明显早于中国矿业产业。相比之下，中国矿业产业对外投资开始于90年代，当时的中国在邓小平南方谈话的影响下开始允许企业对外进行投资；全球矿业行业在经历了近30年的价格低谷期后出现转机，其背后的驱动力恰恰是以中国和巴西为代表的新兴发展中国家的崛起——发展中国家的工业化和城市化推动了全球矿业产业再次进入繁荣期。而这一时期以拉美国家为代表的私有化浪潮也给

全球矿业公司之间的兼并重组创造了条件。在这样的内外部环境下，中国国有企业首钢把握住秘鲁矿业私有化改革带来的机会，于 1992 年首次实现中国矿业产业的对外投资。虽然同样是实现了对外投资，但在 90 年代，中国矿业企业各方面能力明显弱于巴西和澳大利亚的矿业企业，矿业繁荣期内的对外投资也以个案为主，并未形成整体的对外投资趋势。直至 2008 年金融危机出现，进一步积累发展了 10 余年的中国矿业产业才开始实现规模化对外投资。

虽然对外投资能力均已形成，但中国与巴西、澳大利亚矿业产业对外投资能力也存在差异。事实上，对比三国矿业产业对外投资的动机即可一窥这种差异：中国矿业企业对外投资主要为了获取资源能力。与此相比，巴西和澳大利亚矿业企业对外投资则主要是为了在全球配置资产，通过产品和地区多样化来分散风险。

通过比较中国、巴西、澳大利亚矿业产业环境的差异，可以进一步揭示三国矿业产业不同对外投资能力的形成机制。在要素条件方面，中国和巴西、澳大利亚两国在矿产资源储备上存在巨大差异。中国的资源一方面储量较低，另一方面还受限于分布相对分散、资源品位低、埋藏较深等劣势；与之相比，巴西和澳大利亚不仅在多个重要矿产品上具有全球领先的储备，还具有资源分布集中、易开采和品位高的优势。在需求条件方面，虽然三国矿业产业环境在发展过程中都拥有了需求的规模和条件，但中国和巴西、澳大利亚在本土需求方面是存在差异的。中国在改革开放后，工业化和城市化的推进带来了巨大的本土矿产品需求；加入 WTO 后，中国作为"世界工厂"承接了全球价值链上"大进大出"的链段，更是将部分分布在全球的矿产品需求集中到本土。而巴西方面，虽然在 20 世纪 50 年代至 70 年代通过进口替代搭建起本国的工业化基础，但随后其工业并没有保持强劲增长的势头；相反，随着长期高关税政策的执行、本土劳动力成本的提升以及包括中国在内更有竞争力的制造业大国的出现，巴西甚至一度出现"去工业化"的情况，本土矿业需求萎靡。澳大利亚虽然拥有一定规模的本土工业，尤其是汽车产业，但由于地理位置相对偏远、人工成本相对高，相对其庞大的矿产资源储备而言，其本土矿产品需求仍然较小。

第8章
矿业对外投资能力形成的比较分析

对比中国和巴西、澳大利亚矿业产业环境在要素和需求条件上的差异，我们可以得到一个基本结论，即在发展过程中，中国矿储相对贫乏，本土矿产品需求相对大，表现出长期、典型的供不应求状态，需不断从外进口矿产品满足本土需求；而巴西和澳大利亚则相反，本土矿储非常丰富，本土矿产品需求相对小，表现出长期、典型的供过于求状态，需不断对外出口矿产品消化本土产能。要素条件和需求条件的差异是中、巴、澳三国形成不同对外投资目的和对外投资能力的重要原因。其中，中、巴、澳矿业产业对外投资能力的差异在产业层面具体表现为环保意识和技术能力特征的差异。

一是环保意识方面。对于中国而言，中华人民共和国成立初期百废待兴，矿储不明，技术和人才短缺，矿业开采和冶炼都采取粗放手段；改革开放后，迫切的发展需求使得环境保护长期让位于经济增长，这种情况虽然在近期有所改善，但在前期的发展过程中，中国矿业产业在环保意识方面仍然是积累不足的。相比之下，由于在产业发展初期受到英、美国家的资金、技术支持，加上大部分重要矿储位于亚马孙雨林范围内，使得巴西更早地意识到矿业发展与环境保护之间的关系，也更早地在环保领域采取实质性的立法行动，进而巴西矿业产业在环保意识上也有相对更好的积累。澳大利亚则由于现代产业起步早，在全球产业发展的早期阶段就遇到了相应的环境问题，因而制定了切实有效的环保政策，包括必和必拓在内的澳大利亚矿业企业的环保意识也在这个过程中得到了提升。

二是技术能力方面。由于中国"一贫二杂三差"的矿业禀赋特征，叠加后期庞大的本土矿产品需求，使中国的矿业产业从一开始就执着于更彻底地开采和利用已有矿储，这种典型、长期的本土供需差距也使得中国的矿业产业逐步发展出开采更复杂矿山的开采技术能力和更高效利用低品位矿储的冶炼技术能力，而这些能力也支持了中国矿业企业后续特定的对外投资。相比之下，巴西和澳大利亚矿业产业并没有开发这种类型技术的需求；另外，由于巴西国内环保意识的重视，巴西矿业产业也发展出了相应的环保技术能力，例如开采和冶炼阶段废料综合利用的相关技术，澳大利亚也发展出了综合性的矿业技术能力。

从企业层面来看，中国、巴西、澳大利亚矿业企业对外投资能力的来源也有一定差异。概括地讲，中国矿业企业的对外投资能力更多来源于对中国市场的渠道掌控能力和特定领先的矿业技术能力。其中，前者的代表性企业为中国五矿，后者的代表性企业是兖矿。中国矿业在发展初期，为了突破"冷战"阶段的贸易封锁，将矿产品进出口集中于五矿，使五矿在国内搭建起完整、系统的矿产品销售网络，并且得以在国际贸易业务中积累相应的国际商务能力。这些能力都在五矿后续国际化进程中不断支持五矿对外投资的实现和对外投资能力的进一步发展。兖矿基于国内特定煤矿条件发展出来的综采放顶煤技术，使其在开采类似矿山上处于全球技术领先的位置，直接支持了其对澳大利亚的投资。与中国矿业企业相比，巴西和澳大利亚矿业企业对外投资能力则更多来自自身的资本能力和先行者优势。

中国、巴西和澳大利亚矿业产业对外投资能力及其形成机制对比如表 8.2 所示。

表 8.2　中国、巴西和澳大利亚矿业产业对外投资能力及其形成机制对比

	项　目	中国	巴西	澳大利亚
对外投资能力	形成主体	部分大型国有矿业企业	部分大型国有矿业企业	部分大型私人矿业企业
	能力形式	市场渠道能力、特定矿业技术能力、资本能力	特定矿业技术能力、一体化发展能力、资本能力	综合性矿业技术能力、一体化发展能力、资本能力
企业自身特征	前期行业基础	具有相关产业经验	具有相关产业经验	具有相关产业经验
	企业自身特征	历史上拥有优秀的企业领导人	历史上拥有优秀的企业领导人	历史上拥有优秀的企业领导人
产业环境	需求	本土需求超过本土供给能力，需要大量进口	本土供给能力超过本土需求，以出口为主	本土供给能力超过本土需求，以出口为主
	要素	资源储备"贫杂差"	资源储备"大浅富"	资源储备"大浅富"
	相关产业	自建为主，借助了外资的技术和资本支持	在政策引导下依托外资建立	在政策引导下依托外资建立
	竞争	早期无序竞争，行业整合后实现良好竞争结构	竞争结构良好	竞争结构良好

第8章 矿业对外投资能力形成的比较分析

续表

项　目		中国	巴西	澳大利亚
全球产业发展趋势的影响		发展初期遇到矿业发展低迷期；因能力不足无法充分把握全球矿业繁荣期机会	发展初期遇到全球矿业黄金发展期；全球矿业繁荣期带来大量对外投资的机会	发展初期遇到全球矿业发展黄金期；全球矿业繁荣期带来大量对外投资的机会
全球政治经济趋势的影响		冷战时期对初创阶段发展的影响；2008年金融危机后把握对外投资机遇	第二次世界大战时期对国内现代矿业产业创立的影响；2008年金融危机后缩减海外投资	第二次工业革命对国内初创期的矿业产业的影响；第二次世界大战后充分把握对外投资机遇
政府作用	对外资的引导	引进资本、技术和管理经验	引进资本、技术和管理经验；引导建设基础设施	引进资本、技术和管理经验；引导完善基础设施
	对本土企业的支持	外资进入门槛，支持对外投资	国有企业创立、国有化和私有化进程中对本土企业的保护，支持对外投资	降低外资进入门槛，支持对外投资，为本土企业提供贷款，减少矿业行业税收

第三篇

企业层面动态 IDP 分析 Ⅱ：发展中国家汽车产业跨国企业能力建设

汽车产业历史悠久，是典型的制造业产业。在汽车产业的发展过程中，既出现了以美国汽车产业为代表的先行者，也存在墨西哥、中国等借助不同开放模式实现不同发展路径的后来者。对汽车产业的分析以及国际对比，有助于我们细致理解发展中国家对外投资能力的积累过程，并验证本书框架的适用性。

第9章
全球政治经济背景下汽车产业的发展路径

汽车产业的发展涉及生产技术、市场结构与竞争、国际化特征等各个方面。在现有研究中，尚未有文献就上述方面系统性梳理全球汽车产业至今的整个发展历程。综合考虑上述因素以及不同类型文献对汽车产业的描述，本书认为，从技术角度看，以内燃机为动力的汽车产业起步于19世纪中期。20世纪初美国汽车产业引领的流水线生产方式变革，标志着汽车产业量产化时代的到来（黄解宇，2005；苏大军，2000）。第二次世界大战后，全球汽车产业进入了新的发展阶段，一方面市场竞争出现了新的格局；另一方面精益生产模式的出现极大改变了汽车行业的生产效率。根据汉弗莱和门多维奇（Humphrey & Memedovic，2003）、卢锋（2004）以及斯特真和凡（Sturgeon & Van，2011）的研究，全球汽车产业在20世纪80年代正式进入国际分工和全球价值链时代。这一时期，产业技术呈现的平台化与模块化趋势同样标志着一个新时代的诞生。综上所述，全球汽车产业的发展至少经历了上述4个典型的阶段。

从上述描述中不难发现，汽车产业的发展与工业革命、经济全球化等重要经济与政治因素密切相关。所以，本章将在全球政治经济背景下探讨全球汽车产业的发展路径。

9.1 第一阶段（19世纪中期至19世纪末期）：工业革命与汽车产业的起步

现代汽车产业始于19世纪中后期，第二次工业革命中内燃机的发明是汽车出现的重要推动因素。然而，到19世纪末为止，汽车产业的生产率较低，仍仅处于起步阶段。

9.1.1 产业技术的起步

以技术革命为标志，现代汽车产业起步于19世纪中期。以蒸汽机为动力的"汽车"最早可追溯到18世纪中期法国工程师古诺研制的蒸汽机汽车。然而以内燃机为动力的现代汽车产业的发展始于19世纪中期的第二次工业革命。

19世纪中期，欧洲与美国开始了第二次工业革命，而内燃机技术是第二次工业革命的重要产物。1838年，英国工程师亨纳特研发了第一台内燃机点火装置，为现代汽车产业奠定了重要的基础。此后的半个世纪内，法国、德国的工程师相继对现代汽车最重要的部件——内燃机进行了研制和优化。在这一背景下，在1885年与1886年，两位德国工程师卡尔·奔驰与戈特利布·戴姆勒分别生产出了全球第一辆三轮汽车与四轮汽车，这标志着全球汽车产业的开端。

随着内燃机技术的发展，汽车产业的重要技术也在欧美相继取得重要进展。一方面，汽车的重要零部件技术在欧洲诞生。例如，法国在这一时期研制出了汽车的齿轮变速器、差速器、充气式轮胎等；而德国工程师进一步申请了V型发动机专利并发明了柴油发动机。另一方面，在汽车传动模式上，前置后驱的汽车结构模型在这一时期由法国工程师设计并提出。从19世纪末期开始，拥有机械产业基础的美国也在汽车产业取得了一定的发展，例如这一时期，美国工程师相继发明了双缸四轮车和四缸风冷发动机等。

9.1.2 早期汽车市场雏形的出现

在技术驱动下，这一时期的汽车产业与企业主要起步于欧洲和美国，欧美发达国家也是这一时期汽车产业的主导者。在1871年，全球第一家汽车公司——奔驰汽车公司在德国成立。到19世纪末期，欧洲的戴姆勒、标致、菲亚特、雷诺以及美国的奥兹等汽车厂相继建立（见表9.1）。

表9.1　20世纪之前成立的主要（内燃机）汽车企业

汽车企业	成立时间	国别
奔驰	1871	德国
戴姆勒	1886	德国
标致	1888	法国
奥兹莫比尔	1897	美国
雷诺	1898	法国
菲亚特	1899	意大利

随着汽车企业的诞生与汽车的销售，汽车市场初步出现。然而此时的汽车市场仍处于雏形阶段。从供给角度看，20世纪之前，汽车生产技术尚不成熟，产量很低，并未实现量产。到19世纪末期，法国标致的年产量仅为300辆，当时全球最大的汽车生产企业——奔驰的汽车年产量也仅为500余辆，而当时雷诺一年的产量甚至不足10辆。从需求角度看，当时市场对汽车并未形成广泛的需求。在19世纪末，汽车产业生产率的低下同时也导致了汽车的高售价。当时雷诺与标致的售价都超过3万法郎，这一价格相当于法国一般工人10年的工资。在产品技术不成熟、产量低下、价格高昂等条件下，汽车产业的普遍性需求也尚未建立。①

所以，在19世纪末期，汽车产业与各大企业尚处于起步阶段，需求也仅呈现出雏形，汽车产业并不具备成熟的市场竞争与国际化的条件。

---

① 根据各企业的官方历史简介整理。

9.2 第二阶段（20 世纪初期至第二次世界大战）：生产率提升与汽车产业的量产化

20 世纪初，随着美国引领的汽车产业流水线模式的出现，汽车产业生产率与产量极大提升。汽车产业的竞争格局与全球化发展初步显现。

9.2.1 生产技术的变革

20 世纪初期区别于前期的关键原因在于，这一时期汽车生产技术发生了革命性变化，即流水线模式的出现及其带来的汽车行业量产化。早在 1901 年，美国的奥兹汽车公司在 Curved Dash 型号的汽车生产上实现了流水线生产模式，率先实现了汽车的量产。流水线模式的使用，使得 Curved Dash 汽车在 1902 年的产量比 1901 年翻了五倍。由于量产化的生产技术，两座的 Curved Dash 车价格相对较低，当时售价为 650 美元①。1913 年，福特在参考屠宰工厂流水线模式的基础上首次在汽车制造领域引入了移动流水线模式，这一模式的引入进一步提升了汽车生产效率，汽车底盘生产时间由 12.5 小时降低至 1.5 小时②，产量由 1912 年的 6 万余辆上升至 1913 年的 17 万辆。随着效率的提升，采用流水线生产的 T 型车价格也不断下降：1925 年，T 型车的售价一度降低至 260 美元③。

在奥兹、福特等美国汽车企业的引领下，全球汽车产业在这一时期经历了一场生产方式的变革。例如，雪铁龙负责人在 1923 年从福特处学习并引入了流水线模式④；戴姆勒与奔驰合并之后，于 1928 年也开始了流水线生产⑤。在这一过程中，作为流水线模式的创立者，美国汽车企业的领

---

① 奥兹汽车历史，https：//en.wikipedia.org/wiki/Oldsmobile_Curved_Dash。
② 福特汽车历史，https：//en.wikipedia.org/wiki/Ford_Motor_Company。
③ 福特 T 型车历史，https：//en.wikipedia.org/wiki/Ford_Model_T#Mass_production。
④ 雪铁龙汽车历史，http：//baike.baidu.com/item/%E9%9B%AA%E9%93%81%E9%BE%99? sefr = cr。
⑤ 奔驰汽车历史，https：//wenku.baidu.com/view/3f5a24bd852458fb760b5684.html。

导地位也随之确立。显然，流水线模式的发展依赖于电机驱动，而美国在第二次工业革命中电气技术的发展为流水线模式的应用提供了重要的保障。

这一时期，除福特流水线生产模式的巨大变革外，汽车零部件技术在各个细节方面也都得到了逐步改进：欧洲各国的汽车企业也对车身结构设计、车用照明、制动方式、可视化设计等方面进行了改进，产业技术进一步成熟。

9.2.2 汽车产业的市场竞争与初步国际化

随着汽车生产技术和零部件技术的成熟，这一时期全球进一步涌现出了大量汽车企业（见表9.2）。从中不难发现，这一时期，欧美诞生了大量汽车企业，尤其是美国国内建立了多家知名汽车企业。这一时期，除了早期建立和这一时期初建的欧美企业快速发展之外，日本也开始加入全球汽车产业。经历了19世纪60年代至80年代的明治维新之后，日本工业化基础初步建立，从制度到技术都倾向于学习欧美。所以，日本汽车从仿制欧美车型起步，三菱、五十铃、丰田等企业的汽车部门也相继建立。

表9.2　　　　　　　　20世纪初期成立的主要汽车企业

汽车企业	成立时间	国别
凯迪拉克	1902	美国
福特	1903	美国
罗浮（汽车部门）	1904	英国
通用	1908	美国
雪佛兰	1911	美国
道奇	1914	美国
宝马	1916	德国
三菱（汽车部门）	1917	日本
五十铃（汽车部门）	1922	日本
雪铁龙	1919	法国
克莱斯勒	1922	美国

续表

汽车企业	成立时间	国别
捷豹	1922	英国
日产	1933	日本
大众	1937	德国
丰田（汽车部门）	1937	日本

随着流水线模式的推广，汽车市场的竞争格局初步显现。在流水线生产方式出现之后，汽车产业的产量迅速扩大。同时，此时全球汽车产业依然集中在欧美，而美国凭借流水线技术迅速超越了欧洲。表 9.3 表明，在这一时期，美国和欧洲基本生产了全世界全部的汽车，而美国在全球汽车市场中占据了绝对垄断的地位。

表 9.3　　　　　　　　　20 世纪全球初汽车产量

年份	产量（万辆）	欧洲份额（%）	亚洲份额（%）	北美洲份额（%）
1910	25.5	25.5	0	74.5
1920	238.3	2.6	0	97.4
1930	413.3	14.9	0	85.1
1940	494.2	4.1	1.0	94.9

资料来源：张仁琪，高汉初. 世界汽车工业——道路·趋势·矛盾·对策［M］. 北京：中国经济出版社，2001.

面对日益兴起的汽车产业，欧美汽车企业在国内市场中通过推出新车型、降低汽车售价、自我展示等方式展开了激烈的竞争。在汽车企业的竞争过程中，部分企业也在国内完成了兼并收购，企业的国内竞争地位也不断发生变化。

更为重要的是，除国内企业的竞争外，汽车产业的竞争开始超越国界，形成了汽车产业早期的国际化发展。一方面，汽车生产厂商通过出口占领国外市场份额。美国汽车企业在这一时期出口欧洲与南美，甚至远销日本。另一方面，部分车企开始对外投资设厂。1908 年，福特在巴黎成立了第一家国际销售公司，1911 年后在英国成立了其在欧洲的第一家工厂。在 20 世纪 20 年代，福特在日本、澳大利亚，巴西等国成立了汽车工厂（Noguez，2013）。类似的，通用等汽车企业也在这一时期开始了对外投资。

这一时期，汽车企业在海外直接投资建厂主要是通过将企业的优势能力外展实现的，其目的也主要是通过直接建厂从而有效地减少国际贸易保护壁垒以及高昂运输成本带来的影响（林季红，2007）。而这一时期汽车产业的国际分工，甚至是国内分工依然尚未建立起来。这一时期，最典型的汽车生产方式是福特的垂直一体化模式。在20世纪初期，福特的荣格工厂几乎涵盖了汽车生产的所有价值链段（Downs，1999）。所以，虽然这一时期福特有多次对外投资，但是其主要目的仍是跨越关税壁垒，而非通过国际分工实现效率的提升。

9.3 第三阶段（第二次世界大战后至20世纪80年代）：精益生产与全球价值链

第二次世界大战之后，日本汽车产业的崛起对全球汽车产业的发展起到了重要的影响。同时，在全球产业链构建的过程中，汽车产业也在一定范围内构建起初步的生产网络。

9.3.1 精益生产模式与竞争格局的演变

第二次世界大战后，日本汽车产业的崛起深刻影响了这一时期全球汽车产业的生产方式与竞争格局。其一，日本汽车产业的崛起伴随着汽车制造精益生产模式的推行。这对于此后全球汽车产业的生产方式起到了重要的影响。其二，日本汽车产业的崛起冲击了美国在汽车产业的领导地位，改变了汽车产业的市场竞争格局。

这一时期，在汽车零部件技术向用户友好型方向发展的同时，汽车生产领域出现了改变汽车生产方式的精益生产模式。一方面，随着汽车零部件技术的不断完善，汽车产业的零部件技术在这一时期经历了用户友好型改进，例如助力转向装置和投入使用汽车安全带，电控门锁和无级变速相继问世。另一方面，也是更为重要的一点，这一时期日本汽车产业发展出了精益生产模式，这一生产模式的出现极大地改变了此后汽车产业的生产形式。

具体来看，第二次世界大战后日本根据自身小产量发展的客观条件推行了精益生产方式。在1950年前后，日本计划通过向美国的领导型汽车企业学习，从而发展汽车产业。1950年，丰田工程师多次访问美国，学习福特等企业的先进技术与经验。[①] 在这一过程中，丰田工程师发现了美国汽车企业在生产过程中存在效率低下等问题，从而提出了在生产过程各个环节尽可能减少浪费的"丰田生产方式"（TPS），通过"看板模式""及时生产模式"不断降低库存，减少废品等浪费行为，从而高效地生产（苏大军，2000）。精益生产模式的出现极大提升了日本汽车产业的生产效率，提升了日本汽车产业的国际竞争力。

随着日本以及欧洲汽车产业的战后发展，全球汽车产业的竞争格局也逐步经历了由美国主导向日本、欧洲崛起的改变。在第二次世界大战中，日本和欧洲都受到了战争的冲击，在第二次世界大战结束之时，日本汽车工业体系已基本被摧毁殆尽（李国津，1994）。类似的，法国、德国的工业都在第二次世界大战中受到了毁灭性打击，雪铁龙、奔驰等汽车企业也受到了巨大的冲击。而美国是当时主要汽车产业国中唯一未卷入第二次世界大战的国家，其汽车工业甚至一定程度受到了战争需求的拉动。所以在战后初期，美国主导了全球汽车产业。然而，在当时战后全球经济复苏的拉动与政府支持的推动下，日本和欧洲的汽车产业得到了有效发展，生产率快速提升。

从这一时期的全球产量来看，第二次世界大战后欧洲和亚洲（主要是日本）的汽车产量份额迅速提升，而美国在全球市场中也逐步失去了绝对垄断的地位（见表9.4）。

表9.4　　　　　　　　第二次世界大战后全球汽车产量

年份	产量（万辆）	欧洲份额（%）	亚洲份额（%）	北美洲份额（%）	南美洲份额（%）	非洲份额（%）	大洋洲份额（%）
1950	1057.7	18.8	0.4	79.4	0.2	—	1.2
1960	1648.8	42.5	3.3	49.8	1.6	0.6	2.2

① http：//www.leanchina.cn/jyscglnews/217.html.

第9章 全球政治经济背景下汽车产业的发展路径

续表

年份	产量（万辆）	欧洲份额（%）	亚洲份额（%）	北美洲份额（%）	南美洲份额（%）	非洲份额（%）	大洋洲份额（%）
1970	2940.3	45.0	18.1	30.9	3.1	1.1	1.8
1980	3851.4	40.1	29.5	22.9	5.4	1.0	1.1

资料来源：张仁琪，高汉初．世界汽车工业——道路·趋势·矛盾·对策［M］．北京：中国经济出版社，2001．

从生产效率看，从表9.5中可以看到，第二次世界大战后欧洲和日本企业的生产效率快速发展。综合考虑劳动力工资水平与单位员工产量不难发现，欧洲汽车产业的生产效率逐步与美国靠近，日本汽车产业的单位员工年产量在20世纪70年代初已接近美国，而工资却只有美国汽车工人工资的1/3。

表9.5　　　　　　　　　单位员工年均汽车产量与工资

国别	单位员工产量1955年（辆）	单位员工产量1965年（辆）	单位员工产量1973年（辆）	1975年平均工资指数（以美国为100）
美国	11.1	13.9	14.9	100
英国	4.2	5.8	5.1	41
德国	3.9	7.1	7.3	80
法国	3.6	6.1	6.8	54
意大利	3.0	7.4	6.8	54
日本	1.2	4.4	12.2	37

资料来源：Doz Y. L. The internationalization of manufacturing in the automobile industry: Some recent trends ［J］. Information (International Social Science Council)，1981，20 (6)：857-881．

也正是在高效的生产方式支持下，日本汽车产业借助两次石油危机，迅速扩大了市场份额，甚至冲击了美国汽车市场。经历了第二次世界大战后20年的发展，日本的汽车产量已由20世纪50年代的全球第六位，上升至1980年全球第一位。凭借两次石油危机的契机，日本的节能型汽车进一步打入国际市场，并快速占据美国汽车市场，以至于到20世纪70年代末，日本对美国的汽车出口引发了美国的限制。总的来看，到70年代中后期，全球汽车产业开始进入激烈竞争的时代。

9.3.2 汽车产业全球价值链的起步

在20世纪60年代以前，美国经济处于绝对优势地位，欧洲、日本等发达国家正经历第二次世界大战后的经济快速复苏，而多数发展中国家在这一时期采取进口替代策略。所以，在这一背景下，美国、日本、欧洲等发达国家进行产品内分工的动力不强，全球产业链建立也缺乏发展中国家承接产业链的基础。

而到20世纪60年代开始，全球价值链形成的条件逐步显现。从价值链移出或对外投资国角度看，随着欧洲、日本的发展，其国内劳动力成本压力不断增大，欧洲、日本的发展也增强了这一时期发达国家之间的产业竞争，从而使得成本控制至关重要。从价值链移入或吸引外资国角度看，这一时期部分发展中国家（如东南亚国家、墨西哥）认识了前期进口替代的弊端，开始逐步采取出口导向政策。同时，全球物流（海运、航运、公路运输）成本及信息交流成本显著下降，这也为全球产业链的形成提供了重要保障。

在全球价值链兴起的背景下，全球汽车产业开始出现了产品内分工的生产方式，并出现了全球价值链构建的初步尝试。与第二次世界大战前汽车产业生产高度一体化不同，在第二次世界大战之后，汽车产业的发展朝产品内分工的方向发展，并逐步出现了汽车总装厂与三个生产层级的生产模式，但第二次世界大战后初期的汽车产业链主要在国内分布（卢峰，2004）。20世纪60年代，伴随全球价值链的发展以及成本压力与竞争的加剧，发达国家的汽车产业也开始了全球价值链的整合过程。在北美地区，由于美国和加拿大双边汽车产品自由贸易政策的推行，美国企业通过投资进一步整合双边生产。以通用为例，仅在双边贸易协议签订的当年，即1965年，通用就在加拿大新投资了两家组装工厂：圣·泰瑞斯，魁北克与奥沙瓦卡车厂。[①] 而在欧洲地区，从70年代开始，福特、通用以及欧洲本土的大众开始在区域内投资整合生产，例如在当时生产成本相对较低的西班牙投资设立组装工厂（Humphrey & Memedovic，2003）。然而，由于这

---

① 通用汽车在加拿大，https://en.wikipedia.org/wiki/General_Motors_Canada。

一时期全球政治背景仍处于冷战时期，东欧、部分亚洲发展中国家并未融入西方国家主导的汽车产业链之中。

9.4 第四阶段（20世纪80年代以来）：竞争压力下的技术变革与全球化发展

20世纪80年代开始，随着前期汽车产业的成熟，汽车企业间的竞争日趋剧烈。在这一背景下，汽车产业一方面发展出了更高效的生产模式；另一方面，汽车企业也通过全球化整合资源，提高自身的竞争力。

9.4.1 平台化与模块化技术的出现与发展

到20世纪80年代，全球汽车产业在产业技术方面又出现了新的革新，即平台化与模块化发展。在当时美国、日本、欧洲多家汽车企业激烈竞争的局面下，控制成本、开发多元化产品成为各家汽车企业的重要竞争手段。然而，汽车产品的单位开发成本较高、周期长、风险大，生产也很难具备规模经济。

这一时期平台化技术的出现存在一定的经济背景。在1980年前后，一款汽车产量提高一倍，能够将平均可变成本减低8.4%、总成本降低5%，一款车型要达到规模经济至少需要25万辆的年产量；要达到最佳生产规模，每款车型的年产量需要达到50万辆（Doz，1981）。然而，当时全球汽车企业中能够达到这一标准的并不多（见图9.1），多数企业仍有效率提升的空间。

在这一条件下，从20世纪80年代开始，"平台化"开发成为跨国公司发展的主流趋势。汽车产业中的"平台化"是指通过通用的底盘等架构发展不同款式的汽车，从而降低了不同车型的单位开发成本。换言之，基于同一平台的不同款车型能够分担平台建设的固定成本，从而使得在考虑最优生产规模时不再单独考察每一款车型的产量，而是考察基于同一平台所有车型产量的总和。在"平台化"趋势的基础上，全球汽车产业进一步发展出了"模块化"趋势。汽车产业的模块化是指设计和制造通用的、集成的汽车零部件。这能够降低开发成本，同时模块化也降低了总装的难度。

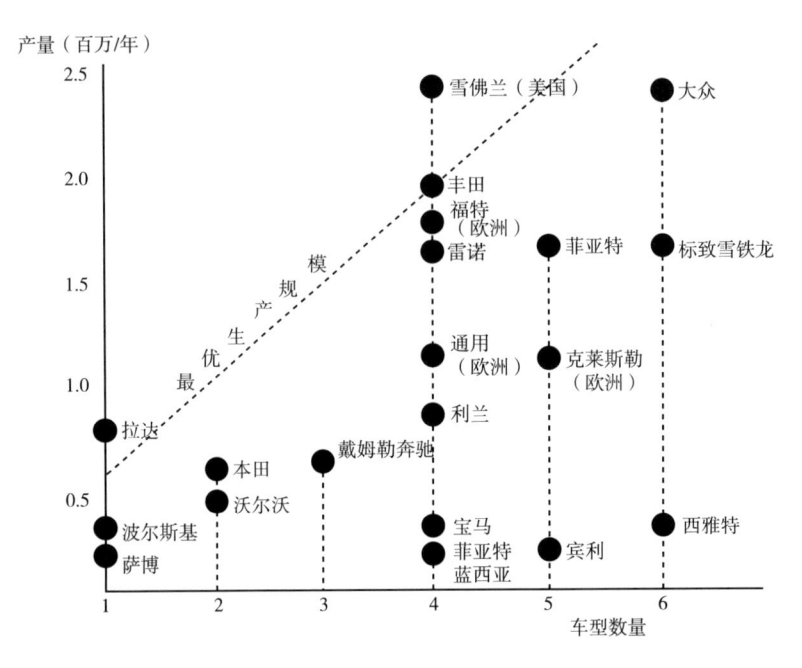

图 9.1 最优生产规模

资料来源：Doz Y. L. The internationalization of manufacturing in the automobile industry: Some recent trends [J]. Information (International Social Science Council), 1981, 20 (6): 857-881.

平台化与模块化的出现对于汽车产业的发展起到了两大作用：其一，这两大技术趋势增强了汽车生产的兼容性，降低了汽车生产的成本；其二，在这两大技术的影响下，汽车的生产日趋标准化，这也为后发国家汽车产业的发展提供了有利条件。

9.4.2 全球化背景下的国际化发展与产业链新特征

面对全球汽车产业的激烈竞争，在经济全球化的影响下，全球汽车产业从 20 世纪末开始加速了国际化的步伐，汽车产业的产业链也在全球化形势下表现出了新的特征。

20 世纪末以来，在激烈的产业竞争与经济全球化的大背景下，汽车产业的国际化发展表现出了两大特征。一方面，全球主要汽车企业加速了自身在全球范围，尤其是发展中国家的布局。20 世纪末开始，随着苏联解体、冷战结束，更多发展中国家（尤其是东欧国家）融入全球经济之中。

第9章
全球政治经济背景下汽车产业的发展路径

这些发展中国家拥有廉价的生产资源,从而使国际汽车企业在成本竞争压力下将部分生产链段转移至发展中国家。例如,随着东欧的融入,部分汽车产业的组装链段从前期的西班牙转移至了波兰等东欧国家(Humphrey & Memedovic,2003)。

另一方面,在全球汽车市场中,传统欧洲、美国、日本市场增速放缓,而新兴经济体增速快速提升。在 1990~1997 年,中国、东盟、东欧、印度以及拉美市场的汽车销量增幅达 80%,而同期欧洲、美国、日本市场汽车销量增幅仅为 0.8%(Humphrey & Memedovic,2003)。为获得发展中国家的市场,国际汽车企业在运输成本与关税壁垒等技术与政治因素影响下,不得不将生产转移至发展中国家(Sturgeon & Biesebroeck,2011)。在这一背景下,全球主流国际车企开始了相互之间的国际市场争夺,早先主要投资拉美的欧美企业开始在东南亚投资设厂,而早期主要进入东南亚市场的日本汽车企业也开始寻求进入拉美市场。

20 世纪 90 年代初期和后期轻型车整车厂在新兴市场国家投资情况分别如表 9.6 和表 9.7 所示。

表 9.6　20 世纪 90 年代初期轻型车整车厂在新兴市场国家投资情况

国别	通用	福特	大众集团	戴姆勒/克莱斯勒	菲亚特	雷诺	标致集团	丰田	日产	本田
墨西哥	1	1	1	0	0	0	0	0	1	0
阿根廷	0	1	1	0	0	1	1	0	0	0
巴西	1	1	2	0	1	0	0	0	0	0
马来西亚	0	0	0	0	0	0	0	1	1	0
泰国	0	0	0	0	0	0	0	1	1	1
印度尼西亚	0	0	0	0	0	0	0	1	0	0
捷克斯洛伐克	0	0	1	0	0	0	0	0	0	0
波兰	1	0	0	0	1	1	0	0	0	0
匈牙利	0	0	0	0	0	0	0	0	0	0
印度	0	0	0	0	0	0	0	0	0	0
中国	0	0	1	1	0	0	1	0	0	0

注:表中数字表示整车厂数量。

资料来源:Humphrey J. and Memedovic O. The global wood furniture value chain:what prospects for upgrading by developing countries [J]. Ssrn Electronic Journal,2003.

表 9.7　20世纪90年代后期轻型车整车厂在新兴市场国家投资情况

国别	通用	福特	大众集团	戴姆勒/克莱斯勒	菲亚特	雷诺	标致集团	丰田	日产	本田
墨西哥	1	1	1	2	0	0	0	0	1	1
阿根廷	1	1	1	1	2	1	1	1	0	0
巴西	2	2	3	1	1	1	1	1	0	0
马来西亚	0	0	0	0	0	0	1	1	1	0
泰国	1	1	0	0	0	0	0	1	1	1
印度尼西亚	1	0	0	0	0	0	0	1	1	1
捷克斯洛伐克	0	0	1	0	0	0	0	0	0	0
波兰	2	1	0	0	2	0	0	0	0	0
匈牙利	1	0	1	0	0	0	0	0	0	0
印度	1	1	0	1	1	0	0	1	0	1
中国	1	1	1	1	0	0	1	0	1	1

注：表中数字表示整车厂数量。

资料来源：Humphrey J. and Memedovic O. The global wood furniture value chain: what prospects for upgrading by developing countries [J]. Ssrn Electronic Journal, 2003.

在汽车全球产业链布局的过程中，从20世纪80年代中期开始，区域集群式发展模式也日益兴起。在整车厂被要求进入发展中国家的同时，由于精益生产模式的需要，整车厂也要求其零部件供应企业投资到东道国，就近生产，从而在东道国形成一定的产业集聚（Sturgeon et al.，2008；Hertenstein et al.，2017）。集群式的产业发展成为汽车产业竞争力的重要来源，也是当前汽车产业发展的重要模式。

另外，面对激烈的市场竞争，全球汽车厂商之间展开了大规模的兼并收购与联盟合作，通过整合效应提高自身竞争力。由于不同国家的企业在市场划分、品牌形象等方面存在显著的互补效应，企业间展开了广泛的合作。表9.8显示，20世纪末至21世纪初，福特、通用、大众等传统汽车企业与部分来自中国和印度的新兴汽车跨国公司展开了大量的跨国并购以及联盟合作活动。

第 9 章
全球政治经济背景下汽车产业的发展路径

表 9.8　20 世纪末至 21 世纪初汽车产业的重要国际并购与合作

年份	汽车企业 1	国籍 1	汽车企业 2	国籍 2	国际化方式
1986~1990	大众	德国	西雅特	西班牙	收购
1991~2000	大众	德国	斯柯达	捷克	收购
1994	福特	美国	阿斯顿马丁	英国	收购
1994	宝马	德国	路虎	英国	收购
1997	大众	德国	宾利	英国	收购
1998	大众	德国	兰博基尼	意大利	收购
1998	大众	德国	布加迪	法国	收购
1998	戴姆勒	德国	克莱斯勒	美国	合并
1999	通用	美国	富士	日本	联盟
1999	福特	美国	沃尔沃轿车业务	瑞典	收购
1999	雷诺	法国	日产	日本	联盟
2000	福特	美国	路虎	英国	收购
2002	通用	美国	大宇	韩国	收购
2003	宝马	德国	劳斯莱斯	英国	收购
2005	南京汽车	中国	罗浮	英国	收购
2008	塔塔集团	印度	路虎	英国	收购
2008	塔塔集团	印度	捷豹	英国	收购
2010	吉利	中国	沃尔沃轿车业务	瑞典	收购
2014	菲亚特	意大利	克莱斯勒	美国	收购
2017	吉利	中国	宝腾	马来西亚	收购
2017	吉利	中国	莲花	英国	收购

这些跨国并购对于增强企业竞争力具有重要作用。第一，国际并购与合作能够起到协同整合效应，降低企业成本。例如，在克莱斯勒与戴姆勒合并之后，梅赛德斯 M 系列车型由戴姆勒的澳洲工厂进行组装，仅这一项就节省了 3000 万美元的生产成本。雷诺与日产整合后，两者能够共用生产平台，从而降低生产成本。事实上，通过两者的联盟，2002 年节约生产成本就达 17 亿美元（张仁琪和高汉初，2011）。第二，这些并购存在巨大的互补效应。一方面，这些企业往往都是各自区域内的领导企业，通过兼并与合作能够打入对方市场，并协同开发全球市场。例如，戴姆勒与克莱斯勒分别在欧洲与北美占重要的市场地位。另一方面，这些并购与合作的双方往往都处在不同的细分领域，并购后内部竞争较小，却能够有效扩张

产品种类。例如，大众主打普通轿车，而其并购的宾利、兰博基尼等都属于豪车品牌。近年来，发展中国家后发车企也开始利用自身在国内市场的地位，通过国际并购实现品牌形象、技术能力、市场销售能力的跳跃式发展。可见，在全球汽车产业发展的这一时期，在激烈竞争压力下，联盟合作成为汽车产业发展的重要趋势。

进入 20 世纪末以来，除上述整车领域的国际化趋势外，全球汽车产业在产业链阶段间的关系也在国际化新态势下呈现出了新的特征。联合国贸发会议的全球投资报告在 2011 年指出，非股权投资已经成为全球生产体系中的重要方式。传统的股权形式虽然能够对子公司形成完全控制，但是股权形式意味着长期责任，成本较高；而使用传统的外部化形式，即贸易，又将失去对对方的控制，存在交易成本。所以，在全球产业链相对成熟的条件下，采用非股权合作的形式是一种灵活的、能够调节对方生产，满足己方要求的"中间道路"。

与全球价值链非股权模式一致，汽车产业价值链的特征表现为既紧密协作又相互独立。在生产方面，在精益生产模式下，整车厂对零部件供应商有着严格的要求和控制。在企业所有权层面，随着汽车产业的全球产业链进一步发展，整车厂与零部件厂商、不同层级的零部件厂商内部分工愈发明确，合作也愈发顺畅。在这一背景下，由于汽车产业中整车领域处于价值链的高端，而零部件企业地位相对较低，所以整车企业并不要求在所有权层面控制零部件企业。在管理成本与利润率差异的驱使下，部分整车厂商甚至主动剥离自身拥有的零部件企业（Contreras et al., 2012; Hoshino, 2015）。例如，通用剥离了德尔福、伟世通也逐步从福特的零部件部门逐步独立，并最终脱离了福特（Humphrey & Memedovic, 2003）。所以，从这一阶段开始，汽车产业中整车厂商与零部件厂商的地位相对独立。从价值链的治理模式上看，这一变化过程具有从等级型治理关系向市场型和网络型治理关系转变的特征。

9.4.3　全球汽车产业的新特征

近年来，新兴经济体汽车产业快速发展，并在全球汽车产业中崭露头角。随着全球产业链的发展和新兴经济体汽车市场的发展，外商投资帮助新兴经济体国家建立了一定的产业基础。在日益成熟的全球产业中，新兴经济体国家的汽车企业借助外商在搭建全球产业链过程中建立的产业基础与本土需求发展了起来，并逐渐成为全球汽车产业中的新兴力量。其中，中国汽车产业的发展以及部分中国汽车企业，如奇瑞、吉利等尤为引人瞩目。正如前面描述，新兴市场的汽车企业正积极参与到国际化活动之中，通过跨国并购、国际合作等方式不断增强自身的竞争能力。

此外，全球汽车产业正在酝酿新的产业技术变革。一方面，当前汽车产业的变革由需求引致。近年来，环境与能源问题日益成为全球社会重点关注的议题，传统能源汽车使用不可再生能源，对环境产生影响的局限日益突出。在这一背景下，电动汽车成为当前全球汽车产业发展的焦点。另一方面，汽车产业的发展趋势也由当前科技趋势所引领。近年来，电池技术、充电技术取得了长足的进展，电池的大容量与快速充电成为可能，这为当前电动车技术提供了重要的技术保障。人工智能的快速发展也为无人驾驶这一未来汽车产业的发展方向提供了重要的技术支持。

第 10 章
开放条件下中国汽车产业与典型企业对外投资能力的形成

10.1 中国汽车产业发展的阶段性特征

中国汽车产业的发展具有典型的阶段性特征。从产业的发展速度、企业类型、市场与竞争态势角度看，中国汽车产业发展共经历四个阶段：即初期的封闭式发展阶段、开放发展阶段、自主轿车初期发展阶段与当前多元化发展阶段（见图 10.1）。

	1880	1900	1950	1980	1990	2000	2010（年份）
全球		第一阶段：初建时期	第二阶段：量产化阶段	第三阶段：精益生产、竞争与全球产业链的初建	第四阶段：平台化、竞争加剧与全球产业链的发展		
中国				第一阶段：封闭式发展阶段	第二阶段：开放发展阶段	第三阶段：自主轿车初期发展阶段	第四阶段：多元化发展阶段

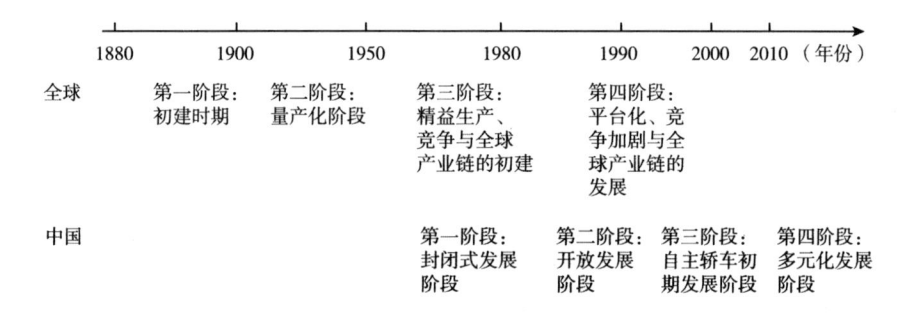

图 10.1 中国汽车产业发展阶段

中国汽车产业起步于中华人民共和国成立初期，这一阶段中国汽车产业处于相对独立发展的地位，并未受到全球汽车产业的显著影响，汽车产业全球价值链的搭建也未影响中国汽车产业。当时中国汽车产业的发展主要受苏联的援助，并建立起初步的商用车生产基础。总的来看，这一时期国内汽车产业发展缓慢。

中国汽车产业融入全球汽车产业始于改革开放之后，即20世纪80年代中期。从全球汽车产业发展来看，当时全球汽车产业已经进入了技术相对成熟，竞争日趋激烈的阶段。在激烈的市场竞争驱使下，世界主要汽车企业进一步拓展前期未曾涉足的新兴市场。在面对国内日益增长的轿车需求压力时，中国选择通过引进外资发展汽车产业。事实上，中国汽车产业中的轿车发展基础正是在这一时期得以快速发展。在对外开放过程中，商用车在市场经济的浪潮中通过自主研发与对外合作不断提升自身能力。

20世纪90年代之后，中国汽车产业发展的最大特征是自主轿车品牌得到充分发展。国内出现新兴价格敏感型汽车消费市场，这为本土汽车品牌提供了重要的需求保障。同时，本土品牌在有效利用前期外资协助下发展起产业链网络，甚至发展出了一定质量保障下的成本优势（陈涛涛和陈晓，2014）。同时，国内商用车领域凭借前期积累、自主研发以及对外合作快速发展，并同样依靠国内市场的规模效应、要素条件等因素发展出了质量与价格优势。这也成为中国汽车企业对外投资优势的重要基础。

近年来，随着中国宏观经济与汽车产业的快速发展，虽然当前依然存在发展不充分、不平衡等问题，但人民对美好生活的需要日益增长。这也引导汽车产业进入多元化发展的新时期。一方面，中国汽车市场的需求层次出现多元化趋势；另一方面，中国汽车市场对清洁能源、自动驾驶等新技术具有强烈的需求。这些因素都进一步推动了中国汽车产业的发展。

10.2 开放条件下中国汽车产业的发展与对外投资能力的形成

中国汽车产业的发展经历了由封闭到开放，由依靠外资到自主品牌崛起的过程。下面将具体阐述在开放条件下中国汽车产业及其对外投资能力的发展过程。

10.2.1 中国汽车产业的初始条件与外资的进入

1. 中国汽车产业的初始条件的二元特征

从初始条件来看，中国汽车产业的初始产业条件相对薄弱，并且存在典型的二元特征（见图10.2）。从需求条件看，在中华人民共和国成立之后，由于基础设施建设、农业发展以及军事运输的需要，国内对于商用车（如卡车）存在一定的需求。然而，由于经济发展水平和民众意识等原因，当时国内基本不存在对于轿车的普遍性需求，仅在外交、政府等方面存在极少量的需求。从相关支持性产业与要素条件看，当时客观上存在一定的薄弱工业基础，包括汽车生产的条件，然而这些条件主要集中在商用车领域。同时，这一时期国内汽车领域仅有少量的国有企业，难以形成有效竞争。整体来看，需求不足（尤其是轿车领域）、技术落后、产能低下是当时中国汽车产业的状况。

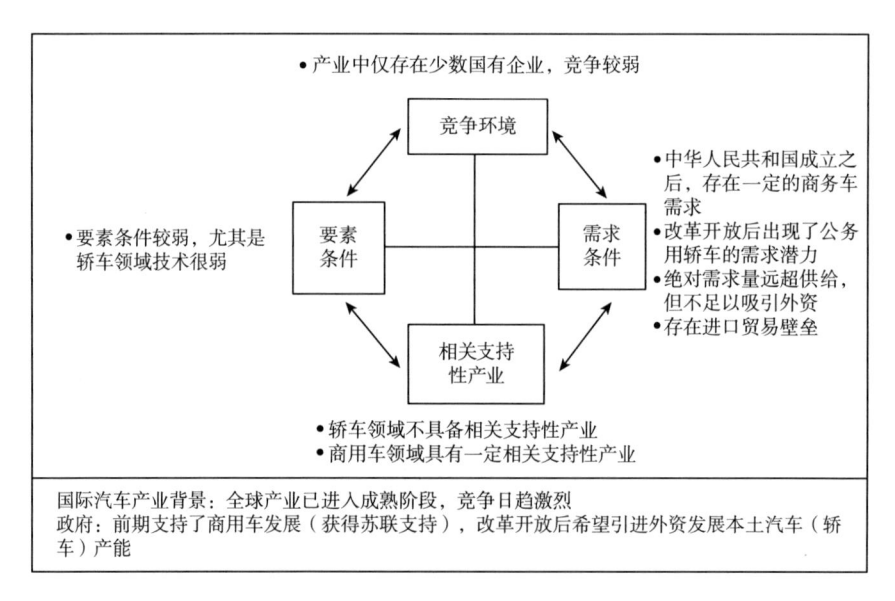

```
• 产业中仅存在少数国有企业，竞争较弱
                    ┌──────────┐
                    │ 竞争环境  │
                    └──────────┘
                         ↕
• 要素条件较弱，    ┌──────┐    ┌──────┐    • 中华人民共和国成立之
  尤其是轿车领域    │ 要素 │↔  │ 需求 │      后，存在一定的商务车
  技术很弱         │ 条件 │    │ 条件 │      需求
                   └──────┘    └──────┘    • 改革开放后出现了公务
                         ↕                   用轿车的需求潜力
                   ┌──────────┐             • 绝对需求量远超供给，
                   │ 相关支持 │               但不足以吸引外资
                   │ 性产业   │             • 存在进口贸易壁垒
                   └──────────┘
• 轿车领域不具备相关支持性产业
• 商用车领域具有一定相关支持性产业

国际汽车产业背景：全球产业已进入成熟阶段，竞争日趋激烈
政府：前期支持了商用车发展（获得苏联支持），改革开放后希望引进外资发展本土汽车（轿车）产能
```

图10.2 中国汽车产业初始条件

同时，中国汽车产业初期的产业环境相对封闭，发展主要依靠苏联的援助与反向工程。中国与苏联签订协议，向苏联贷款12亿卢布，由苏联

第 10 章
开放条件下中国汽车产业与典型企业对外投资能力的形成

协助中国建立一家大型汽车制造厂，即此后的中国第一汽车集团有限公司（以下简称一汽）。一汽的建设，从厂房设计、产品设计均由苏联方面负责。此后，在一汽的援助下，二汽等一批国内汽车制造企业相继建立，并得到一定的发展。然而，在轿车制造方面，当时的红旗牌轿车、上海牌轿车主要是通过拆解外国轿车的方式实现非批量化的生产。

中国汽车产业的初始条件与当时中国面临的外部环境密切相关。中国汽车产业建立之时正处于冷战时期，作为社会主义阵营的重要国家，中国在 20 世纪 70 年代之前与德国、美国、日本等当时全球汽车产业的主导国家均未建交。所以，在如此全球政治大环境下，中国发展汽车产业难以获得欧洲和美国等发达国家的支持，只能依靠苏联与中国薄弱的产业基础缓慢发展（陈涛涛等，2015）。

上述状况一直延续至改革开放之后，当时内部产业条件中，公务轿车市场的迅速发展促使中国政府通过引进外资发展汽车产业。随着国内经济的发展，中国对乘用车的需求快速增长。80 年代初，中国的汽车年进口量只有 1000 余辆；到 1985 年，中国的汽车年进口量已达 10 万余辆。这一时期中国国内乘用车年产量仅维持在 5000 辆上下。大量的汽车进口给中国的外汇储备带来巨大压力，1984 年，中国在汽车进口上消耗外汇 28 亿美元，造成了外汇储备的显著下降以及外汇市场的波动。面对巨大的外汇甚至走私压力，政府决定发展汽车产业（Chu，2011）。汽车产业被作为重要支柱型产业纳入"七五计划"。

在对外开放大前提下，面对当时成熟的外部产业条件与薄弱的国内产业条件，引进外部技术成为发展轿车产业的必要途径。从前面分析中可以看到，这一时期全球汽车产业已经进入了成熟时期。然而，经历了 30 年的封闭发展，中国的汽车产业基础薄弱，这一状况在轿车领域尤为突出。所以，在改革开放大环境下，通用董事长在访华期间提出中国可以通过合资发展轿车产业的建议。这一想法得到了中央认可，中国开始寻求通过建立合资企业的方式发展汽车产业。这也是北京吉普、上海大众与广州标致建立的时代背景。

为引进外资发展本国轿车产业，中国政府为外资提供的市场保护使得国内有限的乘用车市场需求对外资产生了吸引力。中国在改革开放之后经济快速发展，乘用车市场增长趋势十分显著，然而规模有限，加之政府对外资提出了持股比例、国产化条件等一系列合资要求，美国、日本的一流车企并不愿意进入中国市场。当时，为了吸引外资进入中国，并配合建立本土产业链，中国政府制定了完善的政策保护外资企业的市场利益。一方面，中国政府设定高额的汽车进口关税，控制整车进口。1986~1994年，中国3L排量以下轿车的整车进口关税率高达180%。另一方面，政府严格控制市场准入，确立了"三大（一汽、二汽、上汽）三小（北京吉普、广州标致、天津夏利）"的发展战略。政府对于市场准入的控制不仅局限于后期想进入中国市场的外资企业，而且控制本土整车企业的建立。因此，当时国内有限的市场需求对外资而言具有一定的吸引力。

在具有潜力且受政府保护的内部市场条件之外，汽车产业的全球竞争态势与中国外交关系的发展共同促成国际车企对中国投资。此时，全球汽车产业已经进入激烈竞争的阶段，国际大型车企开始争夺全球市场，进入早期未涉足的地区。以大众为例，作为全球主要汽车企业之一，它在亚太地区并没有太多涉足。出于企业的亚太战略，大众接受了中国政府的诸多要求，进入我国市场。当然，在这一过程中，两国的外交关系也发挥了重要作用（陈涛涛等，2015）。

相比与轿车从无到有的发展，商用车领域对外资的依赖并非如此迫切。一方面，当时国内的商用车市场已经形成一定的产能，且在商用车领域发展出具有一定品质的企业与产品。在20世纪70年代末，中国仅卡车的年产量就已超过10万辆。同时，由于一些特殊需求，二汽等企业也发展出性能相对良好的产品。另一方面，客观上商用车的生产技术比较简单，当时国内自身发展出一定的研发能力，一汽、二汽等主流企业的产品型号不断完善。这一基础也决定了当时在商用车领域主要采用了合作、进口零部件等方式实现开放。

2. 外资初始进入中国汽车产业的模式

如前面所述，中国汽车产业的初始条件决定中国首先在轿车领域引入外资。美国汽车公司、德国大众、法国标致于1984~1985年进入中国，与中国本土汽车企业分别成立三家合资公司，即北京吉普、上海大众和广州标致。虽然三家企业都实行中外合资，且外方占股不超过50%。但这三家

第 10 章
开放条件下中国汽车产业与典型企业对外投资能力的形成

企业却遵循着两条不同的发展模式。

北京吉普与广州标致的外方采取了"赚快钱"的模式。北京吉普在合资之前提出联合开发的发展思路，然而合资之后面对中方提出的新车型开发思路，美方几乎全盘否定，并最终在 1984 年以 CKD 组装取代联合开发。事实上，美方希望通过出口零部件的方式赚取"快钱"。但是，进口零部件的方式与当时中国收紧的汽车（包括零部件）进口政策相矛盾，并一度因为零部件进口许可证审批不足而引发了生产停滞的"北京吉普风波"。类似的，广州标致的法方经营思路也是希望通过出口零部件的方式赚取"快钱"，对政府提出的零部件国产化与进一步投资的要求并不理会。这导致了合资双方互信的破裂，最终法方撤资（Thun, 2006）。

与北京吉普和广州标致不同，上海大众在上海政府的坚持下坚定地实行本土化战略。在德国大众进入上海之前，大众方面并不希望建立产业链。其中原因主要有两个：其一，中国当时并没有汽车产业的基础，无法保证质量，而汽车质量至关重要；其二，成本太高，利用外部产业链有利于规模经济。事实上，当时全球汽车产业的发展非常重视规模经济。但当时上海政府坚持要求国产化，其中的主要原因包括：第一，政府意愿希望建立产业链，形成支柱产业和产业升级；第二，零部件企业也属于上汽集团，所以上汽集团也能从产业链中获得收益（Sun et al., 2010）。

面对分歧，政府通过多方位的措施激励上海大众进行本地化生产。第一，作为本土化的回报，上海政府在市场层面保护上海大众。第二，政府通过差别进口关税鼓励国产化的深入进行。

在政府的合理引导下，大众选择了积极嵌入的发展模式，顺应中国政府的产业发展战略，积极配合中国汽车产业供应链网络的建设，甚至将利润的大部分应用于再投资与技术升级。

面对前期的经验，此后外资进入更加注重与中方需求的嵌入。以一汽大众为例，一汽在与大众合作之前曾购买了克莱斯勒的 2.2L 发动机生产线，并计划引进克莱斯勒废弃的"道奇 600"生产线。但是，克莱斯勒认定一汽只能与其合作，并开出了 1760 万美元的入门费。面对这一局面，一汽不得不与大众谈判，而大众方面面对中方的需求采取了积极配合的态度，通过改装将克莱斯勒的 2.2L 发动机与奥迪轿车完美匹配，并最终与一汽顺利合资,实现了共赢。

10.2.2 外资进入对中国汽车产业的初始影响

由于改革开放初期外资主要进入了轿车领域,所以外资对中国汽车产业的初始影响也主要集中在轿车领域。在外资进入中国的初期,积极嵌入中国汽车产业发展需求的外资与本土产业条件的交互作用,对中国汽车产业的发展起到重要的积极影响,但也存在一定的消极作用。政府外资政策的引导进一步促成了外资与本土产业条件的良性互动。

从初期积极作用的角度看,外资进入后,在国内外产业环境的影响下,中国汽车产业条件中的要素条件和支持性产业条件得到显著提升。一方面,合资企业需要遵循中国的本地雇佣政策,同时中国客观上拥有相对良好的劳动力条件,所以外资协助中国培养了大量的包括技术与管理人员在内的劳动力要素。例如,早期中国企业员工甚至不会财务分析,在合资企业成立之后,通过外方指导,中方合资企业的员工很快学会财务分析,并迅速将财务分析技术扩散到其他企业(Thun,2006)。

另一方面,当时政府对国产化率提出了硬性要求,例如中国政府对上海大众提出的本土化率要求是三年内达到40%的本土化率。在硬性本土化率要求下,合资企业的外方主动为本土供应商提供技术、设备,提升产能,甚至协助聘请外方专家进行指导。在当时成熟的全球汽车产业条件下,外方对国内员工培训与零部件产业的支持也相对顺利。例如,由于合资企业引进的都是成熟技术,从而大众只需从德国雇佣退休工程师就能够在相对低成本条件下很好地指导本土零部件产业及其员工的发展。所以,当时国内的汽车产业的本地化生产能力得到快速的发展。

在上述背景下,合资企业对本土供应链的数量与质量都做出巨大贡献。以上海大众为例,1986年上海大众仅有2家本土供应商。到1995年,这一数字已经达200。据上汽集团内部质量审计显示,1990年,集团的A级供应商仅有1家,B级30家,C级34家;到1997年,A级供应商达27家,B级达203家(Thun,2006)。

然而,从初期消极作用的角度看,这一时期内资企业的缺乏与合资企业的垄断使得国内缺乏产业竞争，减弱产业发展动力。在合资模式发展初期，政府的市场保护政策使得产业内部缺乏竞争，产品供不应求，企业能轻松盈利。面对如此的产业发展局面，外资没有进一步引进新车型、技术的动机，加之合资企业的外方存在保护核心技术、延缓产品更替的动机，从而外方严格控制核心技术与研发能力的转移。合资企业的中方在难以获得研发创新实践机会的情况下，逐步接受依靠垄断获取无风险利润的发展模式，却丧失了自主研发的信心和动力。

可见，在汽车产业进入成熟阶段后，外资在中国政府的引导下有效提升中国轿车产业的要素条件和供应链，但在国内形成了相对垄断的竞争局面（见图10.3）。

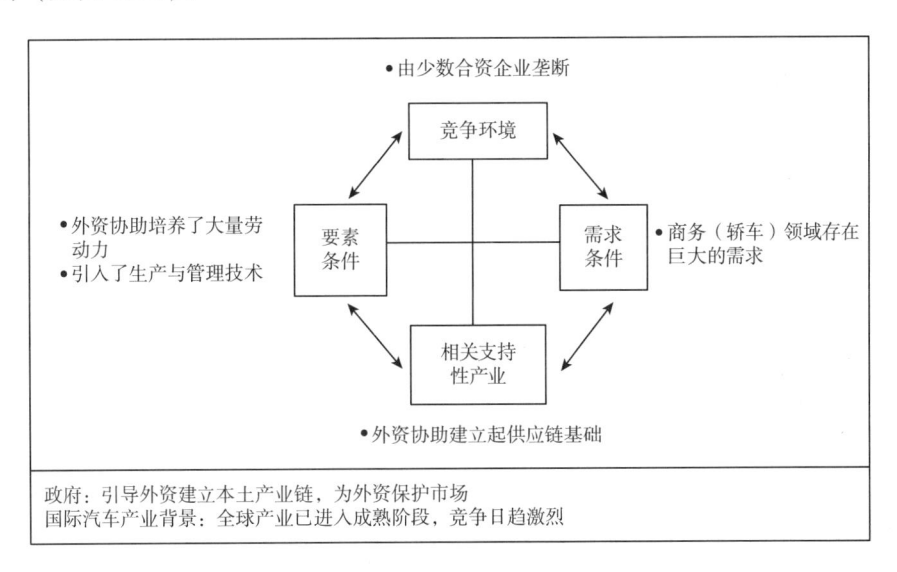

图 10.3　外资进入初期中国汽车产业环境

10.2.3　外资与本土产业条件的互动对中国汽车产业的影响

1. 政府引导下外资与本土产业条件的互动

面对轿车领域的不利局面，中国政府从 20 世纪末开始开放市场，进一步引进外资，从而增强了轿车领域的产业竞争。在中国政府的引导下，更多外资车企通过合资方式进入中国市场。例如，从 20 世纪 90 年代至 21

世纪初，一汽大众、上汽通用、天津一汽丰田等合资企业先后建立。2001年中国加入 WTO 之后，中国政府进一步放松对外资车企的市场准入，福特、现代、宝马等车企先后投资进入中国市场。同时，从 20 世纪 90 年代开始，整车进口关税不断下调，1986～1994 年，中国 3L 以下轿车的整车进口关税率为 180%，1994 年降为 110%，1997 年降为 80%。在加入 WTO 之后，整车进口关税进一步逐年下调至 25%。中国的轿车整车进口量从 2000 年的不足 2.2 万辆上升至 2006 年的超过 11 万辆。[①] 所以，随着新合资企业的建立以及进口关税的降低，中国汽车市场的竞争日趋激烈。

同时，在本土商用车需求逐步发展的背景下，寻求技术升级的商用车企业也开始与外资建立合资企业，其对外资的依赖相对较小。随着国内商用车领域的发展，发动机等关键技术成为制约部分企业发展的重要"瓶颈"。面对这一局面，商用车企业，如二汽、福田等，开始与国际知名的发动机生产商建立合资企业。然而，与轿车领域不同的是，在商用车企业与外资合资的过程中，中方坚持以我为主的发展理念，即使用合资企业的零部件，整车依然主打自主品牌。这一定程度上与同期中方企业在商用车领域的地位相关。由于商用车对于价格、使用条件更为敏感，中方企业在发展过程中充分把握优势。同时中国商用车领域的研发能力初步呈现，即使在不合资的情况下，中方依然有实力在关键零部件领域取得突破。以 1999 年一汽与奔驰的合资计划为例，在合资谈判中，奔驰坚持使用外方品牌，使得合资最终未能实现。但是，一汽凭借自身研发能力在 5 年之后成功研发出第五代重卡产品，其质量达到欧洲标准。

随着外资的进入，国内汽车产业体系得到进一步发展（见图 10.4）。首先，外资整车企业进入新建配套零部件企业，如天津一汽丰田建立配套新建了天津一汽丰田发动机有限公司。其次，部分新成立的合资企业对原零部件企业进行技术升级。如上海通用对原山东大宇发动机厂进行升级与重组从而建立上海通用动力总成制造厂。最后，部分外资通过合资的方式直接在国内成立零部件企业，东风康明斯发动机公司就是其中之一，轿车

[①] 陈涛涛，陈晓. 吸引外资对对外投资能力影响的机制研究——以中国汽车产业的发展为例[J]. 国际经济合作，2014（8）：9–16.

领域的典型案例是三菱在东北合资建立的沈航三菱与东安三菱。虽然外商投资的零部件网络往往采用的是相对落后的技术，但是在汽车产业完全成熟的大背景下，新进入外资完善的零部件体系也为此后中国自主品牌的发展提供了重要支持。

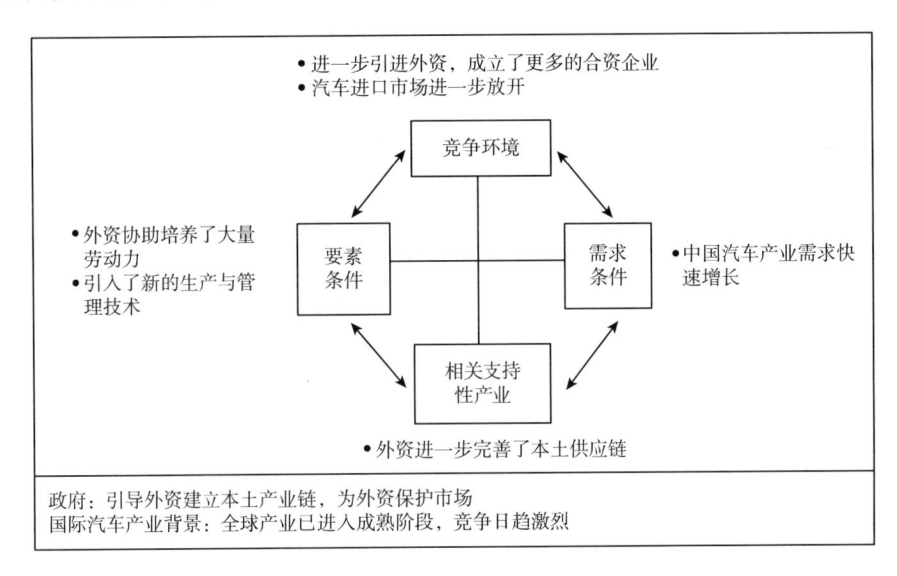

图10.4　外资与本土产业条件互动作用下的中国汽车产业环境

2. 20世纪末期国内产业条件对中国汽车产业的影响

20世纪末，在外资协助下不断完善的产业环境对中国汽车产业最重要的影响在于促成本土轿车品牌的建立。首先发生变化的是中国汽车市场涌现出大量价格敏感型需求。到20世纪90年代末期，随着改革开放之后国内经济的发展，人民的生活水平日益提升，普通居民对家庭乘用车消费产生大量需求。然而，居民收入水平普遍不高，所以这一消费市场对品牌没有过高要求，汽车价格却非常敏感（陈涛涛和陈晓，2014）。所以，有别于改革开放初期涌现的公务车市场，这一时期涌现的家庭乘用车市场具有典型的价格敏感型特征。

面对当时国内相对缓和的竞争环境，这一特殊细分市场在20世纪末并未受到合资企业的关注，却成为内资车企发展的重要支持因素。由于当时国内汽车市场竞争相对缓和，合资车企主要关注相对高端的汽车市场，而非价格敏感型的商务用车市场，国内快速涌现的价格敏感型消费市场并未得到外资车企的重视，使这一细分市场的供给相对空缺。面对这一机遇，奇瑞、吉利等一批内资车企相继建立，并依托具有一定质量保证的价格优势，在价格敏感型市场中快速发展起来，实现了初期的积累。

除国内价格敏感型需求外，中国内资自主车企的建立与发展既有效利用了当时外资在国内建立且不断完善的产业基础，同时也深受国际产业发展趋势的影响。从生产要素上看，前期合资企业的进入为自主品牌的建立培养了人力资本，人员流动效应为自主品牌提供了必要的技术与管理经验。

从支持性产业上看，前期合资企业在中国建立起相对完善的零部件体系。加之这一时期汽车产业的标准化趋势，中国自主品牌能够快速、有效地利用零部件体系，实现快速的起步与发展（赵增耀和王喜，2007）。由于本土车企应用到了合资体系中的剩余产能，从而能够在相对低价的前提下保证产品质量（陈涛涛和陈晓，2014）。

在自主品牌发展过程中，中国汽车市场进一步开放，更完善的国内产业发展环境进一步支持了自主品牌的发展。以自主品牌发展过程中最重要的发动机供应为例，天津一汽丰田在建立时由丰田与一汽合资建立了天津一汽丰田发动机公司，这家企业成为吉利豪情发动机供应商。同样在20世纪末新进入的三菱发动机合资企业更是成为此后很长一段时间内多家自主品牌，如奇瑞、长城、华晨、哈飞等的重要发动机供应商。

需要特别指出，这一时期本土汽车产业的建立取决于两方面因素的共同作用，即成熟的产业技术与国内相对低端的需求。例如，奇瑞、吉利、长城等自主品牌均是通过模仿国外成熟车型的反向工程起步，并打入国内市场。这一发展路径能够实现的重要原因在于当时全球汽车产业技术已相当成熟，平台化与模块化也使得本土企业能够利用外资生产体系。前面描述的这一时期国内需求特征也使得反向工程制造的汽车产品能够完全满足当时国内相对低层次市场的需求。

所以，从21世纪初开始，中国汽车产业中商用车和轿车的二元特征逐步消失，两者共同推动中国汽车产业的整体发展。一方面，内资轿车企业凭借外资体系快速发展，从而在国内形成内资商用车与轿车共同发展的产业体系。另一方面，作为汽车产业中的两个细分领域，其供应链在一定程度上是共享的，例如博世既为轿车领域提供零部件，也为商用车提供零部件。东风、江淮、福田等企业既是商行用车制造商又是轿车制造商。

3. 当前中国汽车产业条件与产业发展新方向

经历约30余年的发展，当前中国汽车产业的发展环境日趋成熟，产业环境的各个方面发展趋势良好，且相互作用共同组成了中国汽车产业的发展条件（见图10.5）。从供给层面看，在内外资企业的共同推动下，中国汽车产业在要素条件与相关支持性产业方面均得到显著提升。2007年中国汽车工业研发经费支出约为300亿元，经过近10年的逐年增长，近年来中国汽车工业的研发经费的年支出超过700亿元。同时，汽车工业的技术人员也由2007年的24万余人增长至近年来近50万人（尚蛟和何鹏，2016）。同时，在内外资的共同作用下，国内建立起完善的零部件体系。以上海通用的零部件供应为例，上海通用的零部件基本实现了本地供应。其中，发动机、中控显示、ABS、ESC系统等高端零部件主要有本地外资企业，如博世、德尔福、天合等供应；类似轮毂、天线等相对低端零部件则由内资供应商供应。同时，部分内资企业，如京西重工，也加入ABS、ESC系统等高端零部件的供应商队伍。

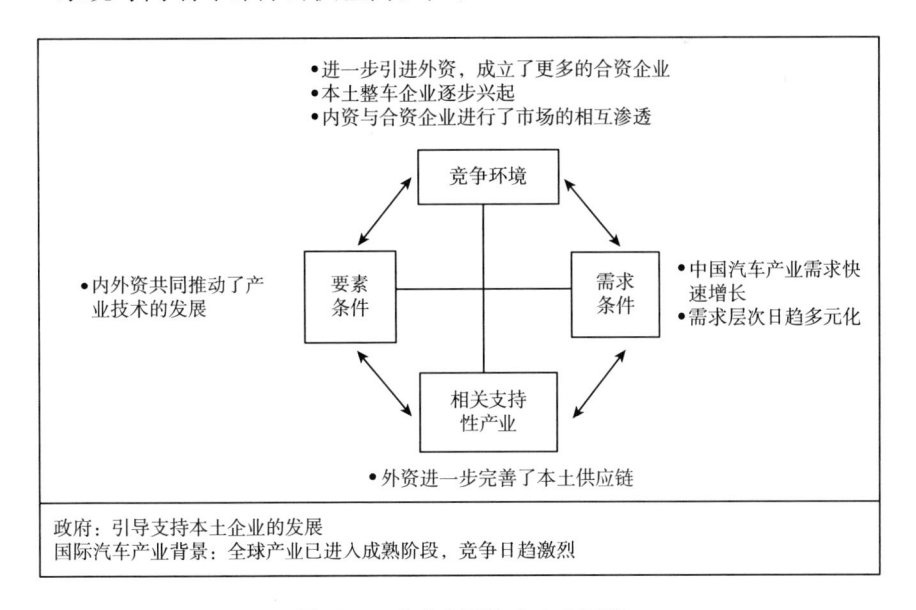

图10.5 当前中国汽车产业环境

从需求层面看，随着中国经济的发展，这一时期国内汽车需求呈现多元化快速发展的趋势。以乘用车领域为例，一方面，中国汽车销量逐年增长；另一方面，除低端车外，各档次车型均表现出稳定的增长趋势。在2013年之前，各档次车型基本保持逐年增长的趋势。2013年之后，2万~6万元的低档车销量出现了显著的下滑。与此同时，其余各档次车型销量整体呈现出稳定的增长。在整体销量中，10余万至20余万元的中档汽车成为主流车型。[1]

面对当前日趋多元化的市场格局，内外资企业在中国汽车市场展开激烈竞争，并不断推动产业进一步发展。一方面，随着政府加大对自主汽车品牌的支持，一批自主汽车品牌相继建立。这些自主品牌的市场定位着眼于相对低端的本土汽车市场，在中低端价格敏感型细分市场形成一定的竞争压力。另一方面，合资企业也在改变高端定位的战略，开始向中端车市场渗透，进一步增加本土乘用车市场的竞争压力。这些车型具有良好的品牌声誉、稳定的性能与适中的价格，成为国内中端车市场的重要竞争者，对本土自主品牌的中端车市场形成了巨大的压力。

近年来，汽车产业中的革命性技术，如电动车、无人驾驶的出现为中国汽车产业的发展迎来了新的发展机遇。一方面，部分在位企业依靠自身的前期经验迅速拓展优势，例如比亚迪基于前期电池与汽车的发展经历在电动汽车领域发展良好。另一方面，国内企业之间整合优势，强强联合，例如奇瑞与百度合作整合双方在汽车制造与地图定位方面的优势，进军无人驾驶领域。展望未来，在电动汽车、无人驾驶等新一代领动型产业技术起步发展的背景下，当前中国汽车产业获得与汽车产业发达国家同样的起步地位。如何利用前期积累与市场优势在新兴领域获得国际竞争力，是中国汽车产业未来发展的重要命题。

综上所述，在全球汽车产业技术成熟、竞争日趋激烈的大环境下，中国政府逐步引导外资与中国本土产业环境以及企业形成了良性互动，共同推动中国汽车产业的发展。随着早期外资的进入，在当时成熟的全球产业环境背景下，中国汽车产业的发展条件逐步建立并完善，尤其是在供应链

---

[1] 2010~2017年《中国汽车工业年鉴》。

本地化方面成效显著。虽然在外资引进的过程中，外资的市场垄断一定程度上对中国汽车产业的发展起到消极的影响，然而中国政府也适时地调整产业政策，在需求多元化与产业基础日趋完善的大背景下引导合资企业和内资企业在不同细分市场展开激烈的竞争，以提升本土自主产业的竞争力。面对新兴产业趋势，中国内资企业基于前期经验与国内大市场，在电动车与无人驾驶方面获得与国际汽车企业站在同一"起跑线"的资格。

10.2.4　中国汽车产业对外投资能力的形成

20 世纪末，随着国内产业条件的成熟，本土自主品牌汽车企业初步涌现，并在一定的内外部产业条件的影响下发展出特定的对外投资能力。

在成熟的内外部环境中，经过相对短期的积累，中国汽车产业就培养出对外投资能力。根据对外投资动机的差异，中国汽车产业的对外投资主要分为两种类型，类型不同需要的能力支持也不同。

首先，中国汽车产业的对外投资是一种能力延展型对外投资，这也是本书的分析重点。在经历国内的市场发展之后，国内汽车产业的市场竞争在内外资企业的共同作用下愈发激烈，部分整车企业通过在国外建立 KD 工厂的形式进行对外投资，开拓新的市场。此类投资具有两个主要特征：其一，此类投资是市场导向型的，往往在早期通过出口拓展了东道国市场，然而由于汽车产业具有显著的贸易壁垒以及整车产品运输成本较高，所以在销售量达到一定规模之后开始采取投资方式进一步拓展东道国市场。其二，此类投资的东道国多数为发展中国家，这些国家拥有与中国类似的汽车消费市场。

根据此类投资的特点，其要求的投资能力及来源也相对清晰。一方面，对于发展中国家市场的投资要求企业具有成本优势与质量保证。发展中国家收入水平低，对汽车产品的价格较为敏感。同时，发展中国家基础设施水平参差不齐，这要求汽车产品需要拥有更加稳定的质量。中国企业利用前期国内发展经验、要素成本优势以及外资建立的开放式的供应链体系，获得了质量稳定、价格低廉的零部件产品，通过此类产品的出口与组装能够获得成本与质量的相对优势。加之中国车企能够协同把控国内大市场，从而提升产品的规模经济，进一步降低成本。

另一方面，对于发展中国家的投资需要一定的本地化能力。发展中国家市场条件复杂，部分发展中国家（如拉美的哥伦比亚等）在中国车企进入之前就已被国际车企占据，并形成了复杂的销售环境，政府对汽车产业又具有一定的规划。这就使后来的中国企业面对严峻的本地化问题。作为国际市场的后来者，相比于拥有百年国际化历史的欧美发达国家，中国车产在这方面处于劣势。为克服这一缺陷，中国车企充分利用前期出口经销商的资源，与本土经销商合作在东道国进行投资。并在合资过程中合理分工，从而一定程度上借助本土经销商的能力，在合资企业层面具备了本土化能力（陈涛涛等，2017）。这一过程也与渐进国际化理论相一致。

其次，中国汽车产业的对外投资也具有能力获取型的特征。[①] 中国汽车产业作为全球汽车产业的后来者，与发展中国家多数产业类似，都存在通过对外投资实现跨越式发展的路径（Luo & Tung，2007）。在经历国内初期发展之后，部分中国车企希望快速获得技术、品牌等战略资源，跨国并购成为实现这一目标的重要手段。

对于中国汽车企业的跨国并购而言，中国汽车产业需要具备的能力也包括两个方面：其一，需要资本能力。汽车产业的对外并购往往需要大量资本的支持，所以对于汽车产业的对外投资，既需要投资企业本身具备一定的资金实力，又需要整个行业、国家在融资方面能力与支持。以吉利收购沃尔沃为例，吉利在收购沃尔沃之前就已经通过前期在国内发展成长为一家港股上市公司，从而具备了国际融资的能力。在约 80 亿元的收购资金中，约 50% 都来自企业的国外融资。在剩余约 40 亿元的并购资金中，约 50% 来源于吉利前期经营积累的自有资金，剩余 50% 来源于政府政策激励背景下商业银行、政策性银行以及地方政府的贷款与投资。其二，对外并购需要丰富的运营整合能力。对于中国汽车产业而言，利用国际品牌与国内产能是一个重要的整合优势，在国内发展多年的汽车企业一定程度上能够把握国内的生产体系。同时，通过前期多年的内向国际化，中国汽车

[①] 如前面所述，此类投资并非本书的分析重点。然而此类投资客观上是当前中国汽车产业的一个重要方向，故在此简要阐述。

产业也培养出了精通并购整合的国际化人才。同样以吉利并购沃尔沃为例，吉利拥有经验丰富的并购团队，其中，原华泰汽车总裁童志远主持过切诺基、三菱欧蓝德、奔驰豪华型轿车等多款车型的引进与国产化，拥有丰富的国际整合经验。

最后，中国汽车产业借助前期外资建立的产业基础，发展出了特定的对外投资优势与能力。在全球化背景下也积极利用自身在资金、国际化方面、经验方面的相对能力，通过并购获取战略资产。

10.3 开放条件下典型汽车企业的能力发展与对外投资——以奇瑞为例

10.3.1 奇瑞简介与发展历程

奇瑞成立于国内产业条件相对成熟的第三阶段，其发展经历了初期模仿阶段、自主研发阶段以及市场多元化阶段（见图10.6）。在这一过程中，奇瑞凭借企业自身资源以及内外部环境的优势不断积累能力并实现对外投资。

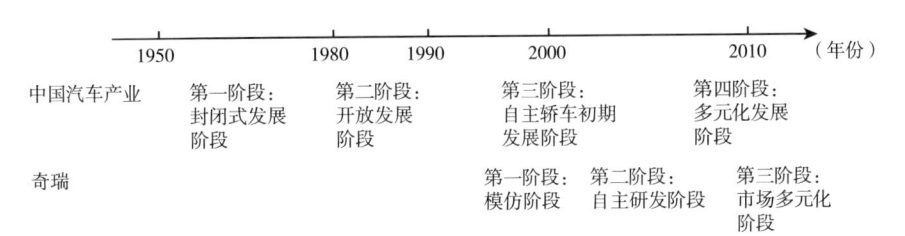

图 10.6 奇瑞发展阶段

1. 成立背景

奇瑞成立于1997年。在成立之前，奇瑞所在地芜湖已经具备了一定的汽车产业发展经历。在20世纪50年代末，安徽芜湖市已成功生产出三轮汽车。20世纪末，芜湖先后与军工单位5720厂、一汽合作发展汽车产业，虽然这些合作项目因技术落后等原因最终未能获得成功。正是在这一背景下，希望发展汽车产业的芜湖政府引入了一汽大众的车间主任——尹同跃，并通过当地 5 家政府下属单位共同投资成立了奇瑞的前身——"安徽汽车零部件有限公司"，并最终将其品牌命名为"奇瑞"。

奇瑞的成立条件较为艰苦。一方面，政府的资金相对有限。在尹同跃放弃一汽大众优越条件来到芜湖之初，政府拨付的资金仅为 30 万元。这一金额在当时仅能购买一辆中档轿车。此后政府的投资对于建立汽车企业而言也相对不足。另一方面，奇瑞在核心零部件，如发动机的生产方面也面临一定的技术壁垒。面对上述问题，奇瑞的初创团队积极应对挑战，建立起企业最初的生产能力。

2. 国内发展历程

1997~2001 年是奇瑞国内发展的第一个阶段。这一时期，通过购买与模仿相对过时的技术，奇瑞成功生产出第一款乘用轿车。成立初期，奇瑞生产条件薄弱，所以其生产的第一款轿车——风云主要是通过引进二手技术与模仿实现的。在发动机方面，奇瑞仅花费不足 2600 万美元就引进并自主组装了福特二手发动机生产线，建立起自身的发动机生产能力；在平台技术方面，奇瑞通过相对较低的成本引进了菲亚特 Toledo 在 20 世纪 90 年代初的平台技术；在底盘技术上，由于尹同跃在一汽大众负责捷达轿车的生产，所以风云轿车的底盘模仿捷达轿车。同时，因为 Toledo 与捷达同属一个平台，从而两者能够有效匹配。正是通过不同技术的"拼凑"，奇瑞的第一台轿车于 1999 年正式下线。在地方政府的支持下，至 2001 年，奇瑞通过汽车销售已实现 8 亿元的利润。

2001~2009 年是奇瑞国内发展的第二个阶段，即自主研发时期。这一阶段，奇瑞通过研发创新获得了发动机、汽车底盘、变速箱等重要技术以及整车与关键零部件的研发能力（贾康和刘军民，2008）。一方面，奇瑞积极开展国际合作研发。从 2001 年起，奇瑞开始与 AVL 等多家国际著名零部件供应商展开国际研发合作。2006 年之后，奇瑞又在其新车型中与三菱、莲花合作研究底盘技术，与博通、宾尼法瑞娜等企业合作研发汽车设计。在研发过程中，奇瑞自身团队积极参与，且占据主导地位。另一方面，奇瑞也在国内构建研发创新能力。2001 年，奇瑞引入东风雪铁龙的设计团队，负责汽车设计。2005 年，奇瑞自主建立了奇瑞汽车工程研究院。

此后，奇瑞又先后在北京、上海等地建立了研发机构，并充分利用国内资源，与清华大学、上海交通大学等国内学术研究机构进行合作创新。同时，奇瑞引入大量拥有丰富专业经验的国际人才，并主动派遣技术人员赴国外学习。

在自主研发过程中，奇瑞将其研发成果逐步应用于其产品，并取得了市场认可。2003年推出的QQ、东方之子、旗云三款车型上，奇瑞研发团队负责汽车设计，少数车型（如奇瑞QQ的部分车型）使用了奇瑞与AVL初期合作研制的发动机。然而，这一时期奇瑞并没有自主平台，多数发动机也主要依赖进口或采购自国内合资企业（如三菱）。2008年前后，在其A1、A3、A5等车型上，奇瑞的自主发动机ACTECO得到普遍的应用，车型上也开始采用与国际企业合作开发的设计。同时，奇瑞更是尝试在A3车型中采用自主开发的汽车平台。随着奇瑞自主研发能力的提升，其产品也愈发获得市场认可，奇瑞的年销售量也由早期不足3万辆上升至2010年的60万辆（见图10.7）。

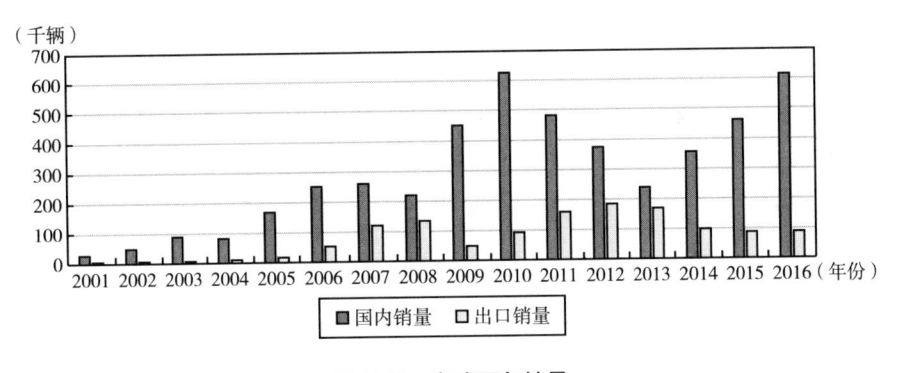

图10.7 奇瑞历年销量

资料来源：根据奇瑞历年销售公告整理。

2009年，奇瑞进入市场拓展与竞争能力提升的第三个阶段。伴随奇瑞技术能力、销量的提升与国内低端市场竞争的加剧，奇瑞逐步探索中高端细分市场。奇瑞调整品牌战略，推出了瑞麒、威麟等偏高端品牌，希望摆脱低端形象，拓展中高端市场。但由于销售策略等因素，这些品牌的推出并没有得到市场的认可，高额开支和同品牌之间的竞争反而影响了奇瑞的市场业绩。

所以在2012年后，奇瑞回归一个品牌的发展方向，并通过合资的方式探索中高端市场。2011年，奇瑞与以色列集团合资成立观致品牌，定位于中高端车型，同时建立了国际化管理团队。其团队成员来自全球二十余个国家，且多数拥有知名车企的工作经历。2012年，奇瑞进一步与捷豹路虎以50:50的持股比例成立合资公司，并在企业自身坚持与政府政策的保障下参与合资企业的研发与销售。

近年来，奇瑞进一步通过产品整合提升企业效率与竞争力。当前，奇瑞在平台技术上取得了重要进展，已发展出M1X、T1X和CC2X三大平台，且平台之间零部件的通用率高达70%。由于平台之间具有高度的兼容性，从而奇瑞能够利用自身平台高效、低成本地拓展多样化的产品。

3. 国际化发展

除国际合作主要针对研发领域或在国内展开合资经营，本质上是企业国内发展的一部分。奇瑞从2001年开始走出国门，通过出口与投资拓展国际市场。

从出口角度看，奇瑞的出口始于2001年，截至2019年，奇瑞已连续17年位居中国乘用车出口第一。2001年，在一次偶然的机会，一位叙利亚经销商将10台奇瑞轿车出口至叙利亚，这次小批量的出口在叙利亚市场得到了意外的成功。凭借在叙利亚的成功，奇瑞首先开始了在中东市场的迅速拓展，伊拉克、伊朗、埃及等国家都成为奇瑞出口的主要对象。2002年奇瑞出口整车1000多辆；2005年，奇瑞的全年整车出口已达17000多辆。至今为止，奇瑞的主要出口目的地为伊朗、伊拉克、乌克兰、委内瑞拉、俄罗斯和阿尔及利亚等发展中国家。

从对外投资角度看，奇瑞对外投资始于2004年，对外投资主要以面向发展中国家市场的组装模式为主。表10.1列举了奇瑞自2004~2014年主要对外投资建厂事件。从中不难发现，奇瑞从2004年通过在伊朗与马来西亚建立KD工厂的形式对外投资，此后分别在俄罗斯、乌克兰、埃及、巴西等多个国家建立了KD工厂。奇瑞投资建厂的东道国主要为发展中国家，投资主要采用与当地企业合作的方式建立散件组装工厂。

表 10.1　　　　　　　　　奇瑞海外投资路径

年份	东道国	运营模式	合作伙伴
2004	伊朗	CKD	MVM
2004	马来西亚	CKD	Alado
2004	俄罗斯	CKD	Autocom
2005	乌克兰	CKD	CMI
2005	埃及	CKD	Daewoo Motor Egypt
2006	俄罗斯	SKD	Autotor
2006	印度尼西亚	CKD	Indomobile
2006	乌克兰	SKD	ZAZ
2007	阿根廷	—	SOCMA
2007	伊朗	CKD	Iran Solitac & Canadian Solitac
2008	土耳其	CKD	Mermerler
2008	泰国	SKD	Rayron
2009	老挝	CKD	—
2009	智利	CKD	—
2014	巴西	CKD	Grupo Caoa

资料来源：根据部分访谈信息与奇瑞官网信息整理。

10.3.2　开放条件下奇瑞的能力发展

奇瑞的发展经历了初期模仿、自主研发以及市场多元化三个阶段。从中可以看到，奇瑞的对外投资能力积累是其自身优质特征与国内产业条件、国际产业机遇共同作用的结果。

1. 奇瑞初建阶段的能力发展

奇瑞的成立与生产能力的初步形成始于 20 世纪 90 年代末，这一时期中国初步具备了汽车产业发展基础，全球汽车产业也已进入了成熟期。在中国汽车产业的建立阶段及外资引进初期，产业条件并不足以支持奇瑞的建立。到 20 世纪 90 年代末，国内出现了价格敏感型的新型细分市场需求。与此同时，中国汽车产业经过前面 10 余年的发展，在外资的协助下，已经建立汽车零部件的供应商体系，同时也积累了一定的技术、管理人才。

同时，全球汽车产业技术的成熟也使得奇瑞能够相对低成本地模仿与购买外在成熟技术。上述产业内部和外部环境为奇瑞的初创提供了必要条件。

除上述内外部产业环境的有利条件外，奇瑞的建立及初期生产能力搭建有其自身特定背景与原因。首先，作为地方国有企业，奇瑞的建立及初期的能力形成得益于芜湖地方政府对于汽车产业发展的支持。此外，初创团队的企业家精神与振兴中国汽车产业的意愿也促成了奇瑞初期能力的形成。从地方政府作用角度看，事实上，奇瑞的建立是由具有产业发展视野的地方政府所主导的。在中国行政体制下，地方政府富有领导地方经济发展的职责，特别是在改革开放大背景下，地方政府对发展地方经济有着极高的热情。首先，组建奇瑞是芜湖地方政府的决策。虽然芜湖早期的汽车产业发展均未获得显著成效，然而芜湖也因此在一定程度上了解了汽车产业。改革开放后，尤其是进入20世纪90年代初以来，面对当地经济落后的局面，芜湖政府希望通过建立汽车产业振兴经济。其次，组建奇瑞的工作是芜湖市政府直接指导实施的。地方政府通过引进尹同跃等在合资企业中拥有丰富经验的员工组建起了人才团队，并且为奇瑞提供了初始建设资金，从而使奇瑞得以从国外购买发动机生产线与平台技术。[①] 最后，芜湖市政府还为奇瑞创造了初始市场，为其生产能力提供间接保障。在成立初期，中央政府对汽车整车企业的建立采取严格控制的措施，奇瑞当时并没有获得汽车生产许可证，从而无法合法地生产和销售。为克服这一问题，安徽政府将奇瑞的首款车型——风云列入芜湖客车目录，协助其在偏远地区销售，并指定为芜湖地方出租车专用车，从而为奇瑞创造了最初市场。

除政府支持外，奇瑞的初期能力还来源于以尹同跃为核心的怀有中国汽车梦想和富有企业家精神的初创团队。首先，奇瑞建立时的核心领导尹同跃及其初创团队怀揣振兴中国汽车行业的理想。正是在这种理想的驱使下，奇瑞早期的大量核心员工脱离合资企业的稳定但缺乏创造性的工作，加入奇瑞并致力于发展自主品牌。其次，尹同跃领导下的奇瑞创业团队，具备在艰苦条件下不懈奋斗的精神。如前面所述，在奇瑞成立之初，创业

[①] 陈晓. 吸引外资对东道国对外投资的影响——以中国和巴西为例 [D]. 清华大学博士学位论文, 2014.

条件极为艰苦。面对这一困境，团队克服种种艰难，租用废弃砖瓦厂与茅草屋作为办公场地，承受酷暑与严寒等恶劣条件。这种在恶劣条件下坚持不懈的"小草房"精神成为支持奇瑞发展的重要动力，成为企业文化。最后，奇瑞的初创团队既具备一定的研发能力，也具备承担风险的精神。以发动机技术为例，奇瑞在购买福特发动机生产线后面临着福特方面的技术封锁与外方员工拖延工期的困境。面对这一困难，奇瑞在不掌握组装核心技术的前提下，决定辞退外方工程师，独立完成发动机生产线的组装。①这一决策显然具有高度的风险性，一旦失败，很可能直接导致奇瑞汽车梦想的破灭。最终，奇瑞工程师通过一年多夜以继日的钻研，终于提前完成发动机生产线的组装。

2. 奇瑞的国内发展及能力的搭建

进入 21 世纪初，奇瑞开始摆脱早期依靠模仿的发展模式，通过相对独立的合作研发或自主研发的方式逐步发展了自身的研发与创新能力。前面的描述充分展示了奇瑞在零部件、汽车设计与平台技术等方面的发展历程。其中，关键零部件技术、汽车设计技术的研发与创新能力是汽车产业生产能力与质量的保证，平台技术的研发与创新能力则是生产效率和可持续发展的重要保障。

这一时期全球汽车产业链中企业的独立特征以及整车企业与零部件企业的不平等地位为奇瑞和合作研发提供了基础。国内的市场规模庞大、层次不断提升的特征为奇瑞的研发能力提供了实践的机会与发展方向。作为国内汽车产业中的典型企业，其自主研发与创新能力的发展也有其特定背景与动力。

奇瑞研发创新能力的积累是企业与市场、内部条件与外部环境的动态交互过程，并主要经历了三个阶段：一是 20 世纪末被动且相对低层次的研发；二是 21 世纪以来的主动大规模研发；三是应对市场变化的产品升级。

在 21 世纪初之前，奇瑞主要通过模仿与技术购买获得生产能力，被

---

① 奇瑞品牌历史回顾，https://www.autohome.com.cn/culture/201401/674417.html#pvareaid=103453。

动地掌握了一定的研发能力。事实上，虽然1999年推出的奇瑞风云轿车生产主要通过模仿和购买技术实现，但是一定程度上通过简单研发掌握了发动机的生产技术。在发展初期，奇瑞希望购买西班牙相对先进的发动机技术，但由于对方发展政策等原因，并未实现。事实表明，即使此后购买了福特淘汰的发动机生产线，对方对技术依然保护严格，且引进过程并不顺利。外部的局限增进了奇瑞自主研发的动力，客观条件也迫使奇瑞通过对相关图纸、资料的翻译、计算与试验最终完成了发动机生产线的组装，从而具备对发动机生产的初步认识。这一款汽车上市后良好的市场表现既增强了企业自主研发的信心与决心，也为后期研发的高额支出提供资金的保障。

21世纪初以来，奇瑞开始大规模的自主研发及整体能力提升的过程。这得益于技术出身的领导团队对于研发能力的重视。一方面，奇瑞积极发展自身研发能力。2001年，引入东风雪铁龙的设计团队，并为其成立了安徽佳景科技公司，负责汽车设计。2005年，自主建立奇瑞汽车工程研究院，其研发投入与销售收入的占比达到7%，远高于当时行业平均水平（贾康和刘军民，2008）。此后，奇瑞又先后在北京、上海、意大利、日本、澳大利亚等地建立了研发机构。同时，奇瑞引入大量拥有丰富专业经验的国际人才，并主动派遣技术人员赴国外学习。

另一方面，奇瑞积极主动地参与合作研发。从2002年，奇瑞开始与AVL等多家国际著名零部件供应商展开相对自主的国际研发合作。2006年之后，又在其新车型中与三菱、莲花合作研究底盘技术，与博通、宾尼法瑞娜等企业合作研发汽车设计。在合作过程中，奇瑞的团队主动要求参与研发与设计的过程，从而积极吸收技术，甚至在后期能够主导国际合作研发。

近年来，面对国内市场竞争的动态变化，奇瑞依托合资寻求产品的升级。随着中国汽车市场需求逐步升级，低端市场竞争愈发加剧。面对这一困境，奇瑞在自身开发高端品牌失利的情况下，决定与国际高端品牌的合资。通过合资条款不难发现，奇瑞的合资一定程度上是基于前期发展经历做出的具有明确目的的选择。例如在奇瑞与捷豹路虎的合资中，奇瑞坚持要求参与发动机的合作研发与合资品牌的销售。显然，发动机技术是奇瑞研发的重点项目，同时奇瑞也已具备一定的发动机研发能力。参与高端品牌的销售一定程度上是弥补奇瑞在中高端市场销售能力的不足。这也是奇瑞前期品牌战略失利的重要原因。

需要指出的是，在奇瑞研发过程中，政府也给予了充分的支持。2004年开始，中国政府重新制定了汽车产业发展战略，开始支持本土自主汽车企业的研发与品牌战略。此后，奇瑞的研发受到各级政府的大力支持。例如，在2007年，奇瑞获得政府补贴约2.85亿元，其中研发补贴将近2亿元。此后两年中，政府补贴金额不断提升，分别达到4.7亿元（研发补贴2.28亿元）与6.33亿元（研发补贴4.43亿元）。[①]

由此可见，奇瑞的发展过程同样得益于内外部产业环境的共同影响。同时，面临的客观条件与主观动机引致的自主研发信念与各级政府的支持也是奇瑞研发与技术能力搭建过程中重要的驱动力。

3. 奇瑞能力的国际化延展——RAT检验

从奇瑞国际化历程中不难发现，奇瑞的国际化本质是将在国内建立起的生产和技术方面的特定优势能力进行对外延展。所以，奇瑞的出口与投资具有一定的类似特征，投资相对于出口更符合东道国利益，也必将成为奇瑞深入国际化的重要手段。

从2001年开始，出口成为奇瑞重要的国际化形式。奇瑞的出口是一种能力延展型国际化，具有完全的可传递性，相对充分的相关性。但在一定程度上与东道国产业发展的需求相矛盾。首先，通过整车出口，奇瑞能够完全利用国内的生产能力以及在发展过程中积累起来的技术研发能力，将国内成本与质量的相对优势完全传递至东道国。事实上，奇瑞后期的A系列车型在中东市场取得良好的销量，该系列车型正是凝聚奇瑞自主研发技术的成果。

其次，这一时期出口的都是中东等发展中国家。这些国家的市场特征与当时中国汽车市场价格敏感型需求特征具有一定相似性，从而使得奇瑞的产品在这些国家具有一定的吸引力，产品的出口能够满足东道国的市场需求。

但是，汽车行业往往被作为经济发展的支柱行业，而整车的出口并不

---

① 红顶奇瑞再选择，http://news.163.com/11/0112/05/6Q64564F00014AED.html。

有利于东道国产业的发展。所以作为汽车生产商,奇瑞整车出口面临较高关税与非关税壁垒。

面临整车出口的限制,从 2004 年开始,奇瑞通过投资建厂的方式深入国际化。奇瑞的对外投资同样是一种能力延展型国际化,具有相对充分的可传递性、相关性,同时也一定程度上有利于东道国的产业发展。第一,奇瑞的海外投资主要采用了 KD 工厂的形式,通过散件的组装,奇瑞能够充分利用国内凝聚了自身研发技术的零部件产能,实现相对的质量与成本优势。加之奇瑞往往采取与东道国在位企业合作的方式进行投资,从而能够减少能力传递过程中面临的本地化阻碍。

第二,与出口类似,奇瑞的投资同样满足能力相关性的要求。奇瑞投资东道国主要为发展中国家,这一定程度上是由于奇瑞在国内积累的相关能力主要适用于发展中国家的市场,甚至与发达国家车企相比,奇瑞的产品在发展中国家市场更具有一定的价格优势。

第三,相比于出口,投资更符合东道国产业发展的需求。通过合资建立 KD 工厂,奇瑞能够带动当地就业,协助当地发展完善汽车产业供应链。但是,由于奇瑞客观上对当地产业形成了竞争,在奇瑞投资过程中,在俄罗斯等部分国家受到当地企业的抵制。

所以,开拓市场是奇瑞进行国际贸易与投资的主要动机。在出口与投资过程中,奇瑞能够在相对开放的市场中,借助当地合作伙伴拓展在本国积累的与东道国市场相符的能力,并在这一过程中一定程度上提升东道国汽车产业的发展水平,从而表现出相对良好的延展型对外投资能力。

10.4　开放条件下典型汽车企业的能力发展与对外投资——以北汽福田为例

10.4.1　福田简介与发展历程

北汽福田(以下简称福田)成立于 1996 年,是中国最大的商用车制造企业，连续 12 年位列中国商用车产量第一位，[①] 并曾连续两年位列全球商用车产量第一位。福田当前资产规模约 690 亿元，员工约 4 万人。其产品种类包括微型卡车、轻型卡车、大中型卡车、轻型客车、大中型客车等 11 款产品线。[②]

福田的发展经历了三个阶段（见图 10.8）。从企业建立到 21 世纪初期是福田发展的第一个阶段，即初期建立与快速起步阶段。从 21 世纪初开始，福田进入了通过内向国际化提升企业能力、多元化发展的第二个阶段。进入 21 世纪的第二个十年以来，福田开始重点发展品牌战略，提升品牌形象，并通过对外投资拓展国际市场。

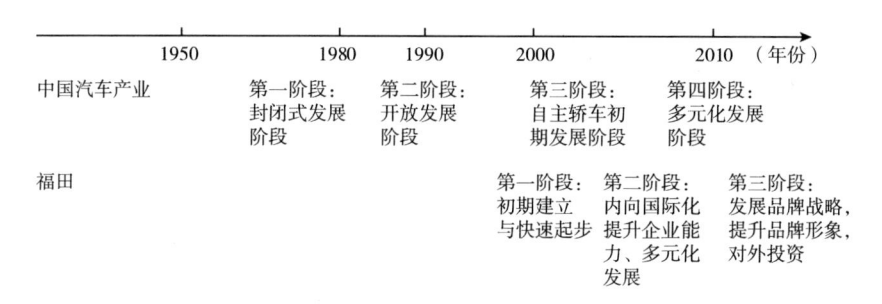

	1950	1980	1990	2000	2010 （年份）
中国汽车产业		第一阶段：封闭式发展阶段	第二阶段：开放发展阶段	第三阶段：自主轿车初期发展阶段	第四阶段：多元化发展阶段
福田				第一阶段：初期建立与快速起步	第二阶段：内向国际化提升企业能力、多元化发展	第三阶段：发展品牌战略，提升品牌形象，对外投资

图 10.8　福田发展历程

福田作为中国对外投资的重要企业一直以来都是笔者所在研究团队的重点考察对象。团队曾多次到访福田，并深入福田在哥伦比亚的投资现场进行实地调研。本书中大量事实资料来源于访谈调研。

1. 成立背景

福田的前身是山东诸城机动车辆厂，该厂从 1987 年开始生产四轮农用车。在改革开放之后农业快速发展的大背景下，诸城机动车辆厂的农用车很快就在其细分领域内取得了初步的发展。为进一步将企业做大做强，诸城机动车辆厂的领导希望以能够通过对外合作进行多元化发展。然而，无论是高校还是当时国内的顶级汽车企业（如一汽、二汽）都未能与诸城

[①] 福田汽车 2016 年年报。
[②] 北汽福田官网，http://www.foton.com.cn。

机动车辆厂达成合作。[①]

1993年，诸城机动车辆厂与北汽摩联系商讨合作事宜，希望将农用车和汽车技术相结合。为表达诚意和决心，诸城机动车辆厂决定采用资产重组的方式，将企业无偿合并入北汽摩。1996年8月，由北汽摩发起，常柴集团、武进柴油机厂等100家汽车制造与销售企业联合成立了北汽福田车辆股份有限公司。[②]

2. 国内发展历程

（1）1996~2000年是福田发展的起步阶段。由于福田前身是农用车制造企业，加之汽车生产需要获得国家许可，所以在福田成立之后，首先继续深耕四轮农用车市场，并取得了良好的业绩。

1998年对于福田而言具有重要的意义。首先，福田于1998年成功上市，其资本市场融资能力得到了实质性提升。其次，福田于1998年进入汽车生产目录。在综合考虑企业自身优势与市场环境的前提下，福田首先进入了当时市场竞争相对缓和、技术要求相对较低的轻型卡车领域。由于福田具有覆盖全国的销售渠道与相对完善的生产能力积累，福田在进入轻卡领域之后迅速成为该细分市场的领导者。在1999年与2000年，福田的轻卡销量分别达6.4万辆与10万辆[③]，成为中国轻卡的销售冠军，奠定了福田在轻卡领域的领导地位。

（2）进入21世纪之后的前10年是福田发展的第二阶段。此时，福田首先致力于拓宽产品线，进行多元化发展。经过前4年的发展，福田已然奠定在轻卡领域的领导地位。然而，轻卡领域技术相对简单，利润也相对较低，所以福田从21世纪初在轻卡领域开发相对高端的产品线，例如奥铃轻卡产品。同时，致力于拓展中重卡、客车领域。从图10.9中可以看到，在21世纪的前10年，福田自2002年进入中重卡领域以来，其中重卡车型的年销量基本保持上升的态势，其销售占比逐年上升至公司汽车销量

---

① 福田的前世：一段不得不说的历史，http://zqb.cyol.com/content/2009-09/24/content_2867181.htm。

② 福田汽车招股说明书，http://stock.jrj.com.cn/share,disc,1998-05-15,600166,00000000000000nuyr.shtml。

③ 福田汽车1999年和2000年年报。

的15%，并已经成为轻卡以外最重要的产品。除卡车以外，福田开始进军客车领域，其中轻型客车已成为福田汽车产量的重要组成部分。

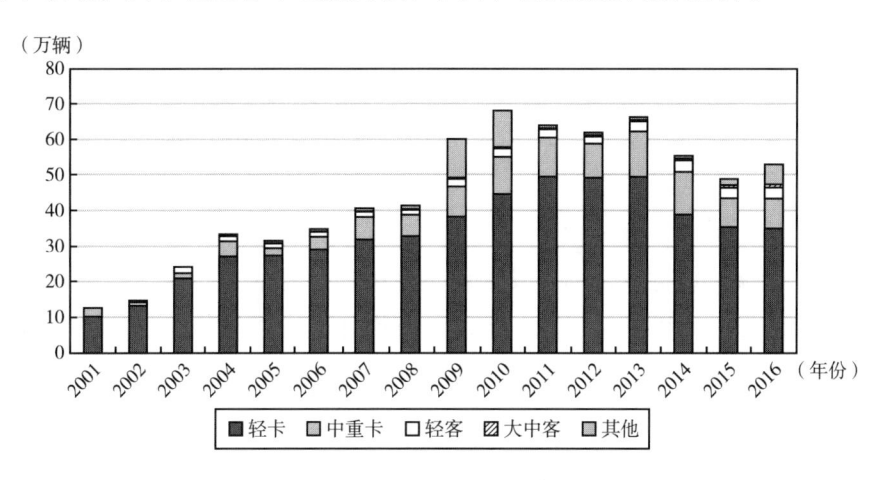

图10.9 福田各类型汽车销量

资料来源：福田汽车2001~2016年年报。

在多元化发展过程中，福田积极通过内向国际化提升技术与品牌能力。在2001年，福田引入日本长野JECO株式会社的高级管理人员协助福田推行精益生产模式，完善生产和供应程序，实现了生产标准化。同时，福田将这一模式推行至上下游企业，从而形成了整个供应链的精益生产，提升产品的价格优势和质量优势。此后，福田进一步开始了与国际一流汽车企业的合作。2006年，福田与国内的潍柴动力、德国的博世、奥地利的AVL成立"战略联盟"。这三家企业都是国内外一流的汽车零部件生产商，尤其在发动机领域具有重要地位。所以，这一国际化联盟的建立对发动机要求较高的福田中重卡发展具有重要意义。事实上，从福田历年的销量中也可以看到，2006年之后，福田在中重卡领域的销量出现显著的提升。在2008年与2009年，福田分别与康明斯成立了发动机合资企业，与戴姆勒成立了重卡生产企业，并授权使用戴姆勒发动机。显然，通过与欧美企业的合资，福田的生产标准也进一步与欧美市场更为融合。

（3）进入21世纪的第二个十年以来，福田推出了"2020战略"，其主要目标是提升品牌形象，跻身国际一流汽车企业。福田新战略的提出与当时中国汽车市场的发展大环境密切相关。进入21世纪之后，虽然福田经历了10年的快速发展,然而其面临的竞争也愈发激烈。早期轻卡领域门槛较低的机遇成为这一时期福田面临激烈竞争的不利因素。21世纪以来中国国内汽车市场,尤其是低端市场竞争非常激烈,福田的销售情况也进一步印证这一事实。在2009~2010年销量达到顶峰之后,福田的销售开始下滑,尤其是在轻卡领域更是如此,在五菱宏光等相对低端产品的竞争下,福田轻卡表现出了增长乏力,甚至衰退的趋势。

面对这一困境,福田选择了提升产品层次,并重点开拓国际市场。面对激烈的低端市场竞争,福田发掘出企业的新增长点。首先,新增长点来自中高端市场。所以,近年来,福田一方面在轻卡领域重点发展奥铃等高端产品,另一方面也重点发展技术要求相对较高的中重卡、客车、高端轿车以及新能源车系列。到2016年,福田商用车中,中高端产品比重已达64%。近年来,中重卡和客车成为福田发展的新增长点。在当前电动汽车发展大趋势下,福田又进军电动车领域。为配合企业品牌形象的转型,福田对于研发的投入日益增加(见图10.10)。当前,福田已拥有一支3300余人的研发团队,并在日本、德国等发达国家建立有研发机构。

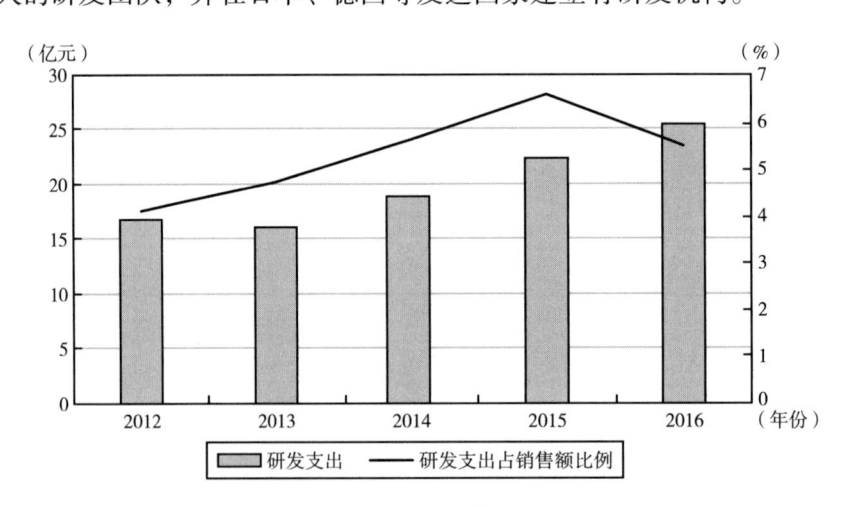

图10.10 福田研发支出

资料来源:福田汽车2012~2016年年报。

其次,福田认识到国际化是企业的新增长点。一方面,通过对外投资能够获得先进技术与研发能力。另一方面,国外市场,尤其是东南亚、拉美等发展中国家市场依然具有广阔的市场空间。福田的具体国际化发展将在下面进行详细分析。

3. 国际化发展

福田最主要的外向国际化形式体现为能力延展型活动。在能力延展型国际化进程中，福田首先从贸易起步，进而深入重点市场进行投资。从福田的对外贸易发展情况来看，福田从21世纪初开始向发展中国家出口商用汽车。在2008年之前，福田的出口销售量呈现出几何上升的趋势，如图10.11所示。虽然2008年金融危机之后福田的出口量一度下滑，然而凭借这一时期产品（尤其是发动机）的升级，以及企业有意识地开拓国际市场，福田的出口很快又呈现出快速上升的态势。

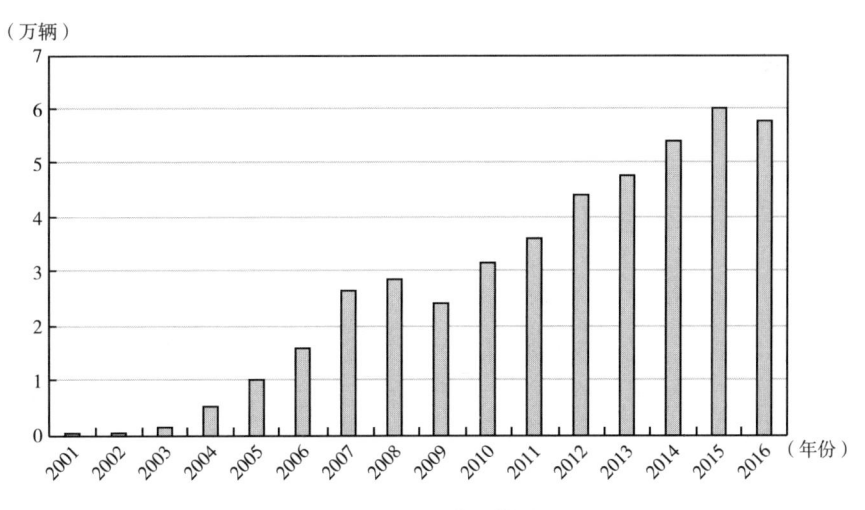

图 10.11 福田出口销售量

资料来源：福田汽车2001～2016年年报。

正是出口市场的快速发展与国内市场的激烈竞争让福田更为关注国际市场，而在出口贸易壁垒的压力下，福田开始选择通过投资深入开拓国际市场（见表10.2）。福田的对外投资始于2008年，其对外投资具有如下特征：首先，福田的对外投资东道国以发展中国家为主。由于福田的产品为商用车，发展中国家消费者对于商用车的价格更为敏感，从而福田能够更好地体现其价格优势。其次，福田的对外投资是跟随贸易而发展的。例如福田在2015年前后就进入东非、哥伦比亚等国家并取得了良好的销售业绩，为进一步开拓市场，规避关税壁垒从而选择投资进入东道国。最后，在部分市场条件复杂的国家，福田选择与当地经销商进行合作。例如，哥伦比亚市场开放较早，竞争条件复杂，所以福田在哥伦比亚的投资选择了与其经销商 CORBETA 进行合作，由经销商处理本地化要求较高的事务，从而发挥各自的比较优势。

表 10.2　　　　　　　　　　福田对外投资历程　　　　　　　　单位：万美元

年份	国家	投资金额
2008	俄罗斯	200
2009	墨西哥	—
2011	肯尼亚	220
2011	澳大利亚	200
2012	巴西	180
2014	印度	9800
2015	泰国	320
2015	哥伦比亚	200

资料来源：福田汽车 2008~2016 年年报。

同时，福田近年来也开始尝试能力获取型对外投资。在 2009 年与 2010 年，福田开始在汽车强国日本和德国成立两个研发中心，从事研发以及国际品牌的收购活动。例如，福田在日本的研发机构在内燃机研发方面具有优势，投资德国之后，福田研发团队扎根奔驰大本营，并引入了戴姆勒的管理标准，从而使产品质量达到欧洲标准。2014 年，德国子公司收购了德国早期的著名品牌——宝沃，从而助力福田打入乘用车市场。

10.4.2　开放条件下福田的能力发展

对于福田而言，作为商用汽车企业，其能力延展型对外投资的能力来源和发展历程与奇瑞非常相似，同样得益于全球汽车产业发展环境、国内产业环境以及企业自身的优质特征。其中的具体形成机制存在一定的差异性。

1. 福田初建阶段的能力发展

福田的初始生产与技术能力主要来自国内的内资汽车产业体系，外资体系发挥的作用相对较小。福田是由 100 家汽车制造与销售企业共同成立

第10章
开放条件下中国汽车产业与典型企业对外投资能力的形成

的,这些企业大多数是前期国内商用车领域的制造或销售企业。福田的前身诸城机动车辆厂是典型的农用车地方国有企业,北汽摩也是由军用车制造企业发展而来。其余的主要企业例如常柴集团、武进柴油机厂都是中华人民共和国成立之后,在内部需求条件下建立起来的内资商用车零部件企业。当然,在福田的零部件体系中也存在部分外资体系中的供应商,例如上海拖拉机内燃机有限公司属于上汽集团,也是上海大众的供应商之一。所以,福田初建时期的生产能力主要由当时国内在商用车领域的产业基础所支持,整合利用国内产业基础为福田创造了良好的成本条件。

从外部环境角度看,这一时期全球汽车产业的成熟化为其产能起步提供重要基础。与奇瑞类似,由于当时已经进入全球汽车产业的成熟时期,大量技术已经相当成熟。商用车,尤其是轻型商用车的制造技术远远低于乘用车,从而使得福田能够利用国内相对落后的产业基础实现早期的生产。

然而,更为重要的是,福田建立初期的能力发展主要受益于企业自身条件以及地方政府的支持。首先,企业前身在早期经营过程中积累了相关性较强的生产能力。在福田建立之前,其前身诸城机动车辆厂已经从事多年的农用车生产,而且诸城机动车辆厂在从事农用车生产时选择了较高的起点,即生产四轮农用车,而非生产当时主流的三轮农用车。同时,在多年经营中,诸城机动车辆厂在农用车生产领域已经积累相对成熟的技术与经验,在20世纪90年代初已经达到百万元的年利润。虽然四轮农用车与轻卡等商用车依然存在一定的差距,但是从四轮农业车与商用车在传动、转向系统、卸货系统等方面非常类似。从而福田在由农用车向轻卡转型时相对顺利,免除了大量固定资本的投资,从而降低企业的生产成本。

其次,企业早期的能力发展,尤其是从农用车生产能力发展到商用车生产能力,很大程度归功于企业领导人的远见。企业早期在农用车领域已经占据了一定的市场地位,然而农用车技术简单、门槛低,同时难以满足环保标准。虽然这些因素当时并未影响企业的发展,然而企业领导层居安思危,认为生产低品质农用车并不能保证长久发展。因此,企业开始寻求对外合作进行产品升级。在对外寻求合作的过程中,诸城机动车辆厂并未选择当时主流相对松散的"联营"合作模式,而是直接并入北汽摩。这一合作模式有利于企业的整合以及双方的互信,但代价是放弃了对企业的主导权,这需要企业领导层强大的魄力。从此后福田的发展来看,企业的这一决策显然是正确的。

最后,企业早期能够成功转型,也得益于地方政府的支持。诸城机动车辆厂早期是山东的地方性国有企业,虽然企业认准了合并的合作模式,然而其中涉及复杂的国有资产问题。为顺利推动合作的进行,解决北汽摩的后顾之忧,当地政府顶住了巨大的压力,毅然决定将诸城机动车辆厂无偿并入。当时诸城机动车辆厂净资产超过500万元,员工500人,将这一国有资产无偿合并入北汽摩需要地方政府极大的魄力和眼光。当然,事实证明,品牌、规模等整合效应迅速表现出来,仅在合并之后的两年,诸城机动车辆厂上交地方财政的金额就基本覆盖了无偿转让的净资产。[①]

2. 福田的国内发展及能力的搭建

在国内发展过程中,全球汽车产业的产业链特征为福田的国际合作与技术提升提供了重要的保障。与奇瑞类似,福田也面临全球汽车产业价值链特征以及全球竞争态势带来的机会。由于产业链中的利润特征,零部件厂商希望与整车厂进行合作,福田又是掌握中国市场的重要商用车企业,自然能够与莲花(底盘)、AVL(发动机)以及康明斯(发动机),戴姆勒(整车、发动机)等企业展开顺利的合资合作,从而提升福田商用车的技术性能、管理体系等。福田与戴姆勒、康明斯在国内建立的合资工厂能够充分利用中国廉价、优质的劳动力等资源,从而降低了企业的生产成本。

这一时期,国内市场条件的变化引导、促使了福田向品牌化和内向国际化发展。从国内汽车市场发展的趋势看,低端领域的激烈竞争,中高端领域的需求增长引导福田提升技术能力,发展品牌形象,并拓展国际市场。同时,国内外资体系为福田这一时期的发展提供了支持。

从企业角度看,福田在发展过程中技术与生产能力的发展与企业自身的战略密切相关。首先,企业生产领域的选择得益于企业对市场的洞察能

[①] 福田的前世:一段不得不说的历史,http://zqb.cyol.com/content/2009-09/24/content_2867181.htm。

力，这也与企业农用车的出身密切相关。在生产农用车时期，福田充分了解了中国农村家庭的需求和收入情况，从而清楚认识到，轻型卡车在中国农村市场的巨大潜力。同时，作为汽车生产企业，福田认识到该市场由于利润较低，当时仍然存在很大的供给缺口。所以，福田在进军商用车领域时首先进入了轻卡这一细分领域。事实证明，这一决策获得巨大的成功。在后期发展过程中，福田又敏锐地把握了中国商用车市场需求和市场竞争的变化，预先做出产品业务调整，并在前期基础上，先后进入中重卡、客车以及当前的电动汽车等领域。得益于敏锐的洞察力，福田能够不断提升自身品牌、技术，并在激烈的市场竞争中不断探索新的增长点。

其次，企业生产技术能力的发展取决于企业对于研发、可持续发展的坚持和远见。在企业发展过程中，为提升企业技术、品牌形象，必然涉及研发。前面分析指出，近年来福田的研发费用与销售额的占比始终高于4%，部分年份一度超过6%。这一比例已经达到福特、通用、丰田等一流乘用车企业的标准，可见企业对研发的支持力度。同时，在合资过程中，企业领导层坚持使用自主品牌。这种独立自主的发展模式体现了企业的发展决心，加速了福田研发能力的提升。

当然，福田的发展离不开政府的支持。从中国汽车产业发展历程中可以看到，2004年以来，中国政府提出新的汽车产业发展战略，开始支持本土企业的发展，尤其是对本土企业的研发提供大力度支持。尤其近年来，在国家支持电动汽车发展的大背景下，福田的电动汽车研发获得大量的政府补贴。从福田年报信息中可以看到，2015年政府补贴福田9亿元用于电动车研发，2017年1月至9月，福田获得的政府各类补贴达6000余万元。[①]

3. 福田能力的国际化延展——RAT检验

与奇瑞极为类似，福田的外向国际化也主要体现在起始于出口贸易，进而转向KD工厂投资的能力外展过程。福田利用在国内培养起来的成本与相对的技术能力拓展海外市场，无论是出口还是投资，福田的能力都具备可传递性，同时由于福田东道国市场的选择，福田的能力在当地也具有

---

① 2015~2017年福田公司年度财务报告。

充分的适用性。而相比于出口，投资对于东道国发展而言更为合适，也是福田对外投资能力可持续发展的必然要求。

首先，福田的对外投资模式采用的是出口先行，选择合适时机通过建立 KD 工厂的模式投资东道国。这样的国际化模式保证了福田能够将国内相对廉价的生产能力与一定的技术能力转移到国际市场。显然，在出口过程中，产品在国内生产，能够充分利用国内生产优势。当发掘出东道国需求潜力之后，福田通过建立 KD 工厂的形式进行投资。在前期国内生产基础与东道国贸易经历的支持下，福田的投资能够充分转移自身优势能力。

一方面，KD 工厂的投资模式能够大量进口国内零部件，降低生产和关税成本。以投资哥伦比亚为例，福田在哥伦比亚生产的皮卡只在哥伦比亚完成最后的组装环节，前期大量的散件生产和组装都是在国内完成。这种生产模式避免了当地生产的成本劣势，又能够大大降低产品的关税成本（约35%）和运输成本。

另一方面，在投资过程中，福田能够在前期国内生产和出口的基础上整合当地资源，增强自身的本土化能力。由于对外投资的东道国主要为发展中国家，这些国家市场环境复杂，对特定本土化能力的要求较高。这些能力正是中国企业的短板。然而，对于福田而言，其渐进式的国际化模式有效克服了这一问题，从而增强了企业的本土化能力。福田从 21 世纪初开始就在国内商用车领域具备了强大的生产能力，占据重要地位。这一优势往往能够促成福田与发展中国家当地经销商的合作。以哥伦比亚为例，哥伦比亚的 CORBETA 集团是当地的大型多元化集团，CORBETA 早期在服装领域与中国企业有着深入的合作，也对于中国制造业具有深刻的认识。在这一过程中，CORBETA 发现福田的生产能力与优势，主动与福田合作，作为福田的经销商开发哥伦比亚的商用车市场。在经历多年的合作之后，福田在哥伦比亚良好的市场前景促使双方进一步在投资领域展开合作。2015 年，福田和 CORBETA 合作投资哥伦比亚，由 CORBETA 负责寻找当地的合同制造商，并负责渠道以及客户反馈，而福田提供技术、设备、培训与零部件。这一模式有效发挥了双方的优势，提升了东道国子公司的本土化能力。

其次，由于福田的投资主要集中在发展中国家，对外投资对东道国市

第 10 章
开放条件下中国汽车产业与典型企业对外投资能力的形成

场具有适用性。与奇瑞案例类似，发展中国家市场对于产品的价格敏感型很高。这一特征在商用车领域中表现更为突出。客户购买商用车本身用于盈利目的，所以发展中国家市场对此类产品的价格更为敏感。福田能够比国际同类品牌的价格低 20%，早期的产品价格最低甚至能够比同类型产品低 50%。这就使福田能够很好地满足当地市场的需求。尤其是在当地合作伙伴的配合下，福田不断根据当地市场的需求优化产品性能。例如，拉美基础设施条件差，福田针对当地特点增强了车辆的避震性能。另外，当地司机加速力度过猛，从而福田为其改装了加速踏板，使其能够平缓加速。

最后，对于东道国，尤其是产业基础较差的发展中国家而言，投资模式更有利于其建立和完善本国的汽车制造业网络。对于部分产业基础差的发展中国家，尤其是哥伦比亚等希望发展汽车产业的东道国而言，吸引外资能够协助本国建立起零部件供应体系。以哥伦比亚为例，一方面，福田进入之后协助当地培训了汽车产业的工人。另一方面，虽然 KD 模式下主要部件都依靠进口，然而部分零部件依然会采取本地采购的模式。事实上，哥伦比亚对于本地销售汽车的本土化率要求很低，甚至对于本地不具备生产能力的零部件进口予以完全免税的优惠。其目的就是吸引外资进入，从而带动本土产业的发展。同时，哥伦比亚具有良好的出口条件，一旦满足 30% 的本土化率就能利用哥伦比亚的自贸协定出口拉美其他国家。这也促使福田进一步规划更加深入的本地制造模式。显然，这也正是哥伦比亚政府希望看到的结果。

第 11 章
开放条件下墨西哥汽车产业与典型企业对外投资能力的形成

11.1 墨西哥汽车产业的选择理由

墨西哥是一个典型的发展中国家，其经历了典型的"被殖民—独立—战争—进口替代—出口导向"的发展历程。

在墨西哥发展过程中，墨西哥政府基本维持了"对外开放"这一基本战略。墨西哥对外资开放的历程可以追溯到独立初期。1823 年，在外部负债与国内战乱的背景下，墨西哥政府开始允许外资在其国内开发矿产（韩琦，2009）。

外资的大规模进入始于迪亚斯时期（1876~1910 年）。这一时期墨西哥的专制统治客观上为外资营造了一定的良好经营环境，而迪亚斯政府与墨西哥的"科学家派"信奉本国的发展应该依靠西方发达国家以及来自这些国家的外资与技术。所以，这一时期虽然迪亚斯政府在领土问题上与美国对立，然而在经济层面却欢迎来自包括美国在内的西方国家的投资（孙若彦，2004）。这一时期正值第二次工业革命爆发，发达国家大规模向外输出产能以及寻找原料产地。美国是第二次工业革命的重要领导国，而墨西哥作为美国的邻国自然成为美国资本的重要东道国。事实上，到 20 世纪初期，美国已经成为墨西哥最重要的外资来源国。虽

第 11 章
开放条件下墨西哥汽车产业与典型企业对外投资能力的形成

然墨西哥开放较早,然而这一时期进入墨西哥的外资主要投向了矿业和铁路(韩琦,2009)。此后,在民族主义运动的大背景下,墨西哥在1917年宪法规定了矿产属于国家所有,从而使墨西哥矿业对外资封闭了近一个世纪。

在国内革命战争结束之后,墨西哥开始通过持续性的外资促进政策鼓励外资发展本国制造业(见表11.1)。在1940~1982年,在"中心—外围"理论的影响下,墨西哥主要实行进口替代战略。在这过程中,由于本国工业基础薄弱,以及良好的外部关系,墨西哥很大程度上依靠外商投资建立起国内产能,从而替代进口。所以,这一时期墨西哥对外商的投资采取相对开放政策。尤其是在耐用消费品进口替代时期,技术及资本密集型产业的发展很大程度上需要依靠西方发达国家的外资企业。在20世纪40年代初,马卡乔政府就解决了前期遗留的国有化赔付问题,树立了外部形象。即使部分总统在上任初期对外资采取了不友好的民族主义态度,然而在经济发展停滞、私人投资下滑的背景下又很快恢复了对外资相对开放的政策。

表 11.1   墨西哥历届政府的主要外资相关政策

时间	总统	与外资相关政策
1940~1946年	阿维拉·马卡乔	签署美墨协定,解决了前期国有化资产与土地的赔付问题
1946~1952年	米格尔·阿莱曼	强调进口替代工业化战略,欢迎外资进入
1952~1958年	鲁伊斯·科蒂内斯	前期对外资不友好,后期实施耐用品(包括汽车)进口替代战略,吸引了技术和资本密集型外资的进入,鼓励合资
1958~1964年	洛佩斯·马特奥斯	初期民族主义,后期鼓励边境地区制造业发展(边境工业计划),增强外资信心
1964~1970年	迪亚斯·奥尔达斯	鼓励外资进入,但对股权比例进行限制,限制外资在硫磺开采领域的发展
1970~1976年	埃切维里亚·阿尔瓦雷斯	民族主义,出台《促进墨西哥投资和外国投资管理法》,限制外资,但效果有限
1976~1982年	洛佩斯·波蒂略	放宽外资持股比例限制
1982~1988年	米格尔·德拉马德里	初期限制外资,在危机持续的情况下改变政策,对贸易和外资实行开放政策,即Apertura政策。加入关贸总协定

续表

时间	总统	与外资相关政策
1988~1994年	卡洛斯·萨利纳斯	进一步开放，减少政府对经济的干预，推动了区域一体化发展，建立北美自贸区；1990年出台新的技术转移法案，放弃了政府在外资技术转移方面的干预；出台新版《促进墨西哥投资和外国投资管理法》，减少对外资的干预，75%的行业对外资完全开放
1994~2000年	埃内斯托·塞迪略	在墨西哥金融危机背景下寻求美国等国际社会的援助
2000~2006年	比森特·福克斯·克萨达	签署多个双边贸易协定，推动美洲自贸区的建立
2006~2012年	费利佩·卡尔德龙	优化外资环境，如对机械设备、原料等用于出口的中间产品实行免税
2012~2018年	恩里克·培尼亚·涅托	推动能源领域的改革，对外资开放能源领域

资料来源：Brid & Carlos（1996）；Gallagher & Zarsky（2004）；韩琦（2009）；陈涛涛等（2014）.

在1982年债务危机之后，墨西哥开始实行开放出口导向战略。不断放宽对外资的管制，提升本国区位优势，尤其是借助与美国地理临近的特点，通过自贸协定的签署增强作为出口平台对外资产生的吸引力。事实上，在过去的30年中，除了恩里克·培尼亚·涅托以外，其余总统都拥有美国精英学校的求学经历。自由开放的新古典主义思想成为墨西哥经济发展的主流思想。在上述背景下，从20世纪90年代中期，墨西哥国内制造业优势部门发展出一波强劲的出口浪潮。与此同时，国内大型集团开始大规模对外投资，投资目的地主要是美国与中美洲国家（Kunhardt & Haces，2013）。

整体不难发现，墨西哥对外资保持持续性的相对开放态度，尤其是在制造业领域。同时，由于深受西方文化的影响，加之本国产业基础薄弱，墨西哥的发展也依赖于外资以及其他形式的外部世界的支持。在这一过程中，美国无论从出口市场角度，还是从资本来源角度看，都起到关键作用。

具体到汽车产业而言，汽车产业是墨西哥经济的重要支柱产业。在墨西哥经济发展与开放的过程中，其汽车产业不断壮大。从20世纪60年代开始，墨西哥通过进口替代政策发展汽车产业。到80年代后期，汽车产业占据墨西哥固定资产的9%，提供了全国5%的就业和12%的GDP（Brid & Carlos，1996）。90年代以来，汽车产业一直是墨西哥除石油以外的最大工业部门。当前，在墨西哥从事整车制造的国际汽车企业超过10家，雇佣员工超过6万；零部件企业超过500家，其中约有350家为一级供应商，其雇佣员工超过50万（Perez，2015）。这些企业在墨西哥北部边境与中部形成产业集聚，汽车产业毫无疑问成为当前墨西哥的支柱产业。

综上所述，墨西哥既是典型的汽车大国，也是一个典型的实施开放战略的发展中国家。墨西哥与中国在开放与汽车产业发展、对外投资等特征方面存在着诸多异同之处。系统性分析墨西哥汽车产业在开放过程中对外投资能力的形式与来源，并与中国汽车产业进行对比，有助于厘清开放与对外投资能力之间的具体作用机制，同时也能够更为准确地考察不同因素在其中的影响。

11.2 墨西哥汽车产业的阶段性特征

参考布里德和卡洛斯（Brid & Carlos，1996），韩琦（2009）及佩雷斯（Perez，2015），并结合墨西哥经济发展政策，本书认为，墨西哥的汽车产业发展经历了4个阶段（见图11.1）。

图 11.1 墨西哥汽车产业发展历程

墨西哥汽车产业发展的第一个阶段为20世纪初到20世纪60年代初，这一个阶段属于墨西哥汽车产业的简单装配阶段。与大多数发展中国家相比，墨西哥汽车产业起步相对较早，在全球汽车产业进入量产化的初期，墨西哥就依靠外资涉足汽车产业。早在1910年，戴姆勒与雷诺在墨西哥政府的要求下进入墨西哥,并建立了小规模的汽车组装工厂,以满足政府需求。但由于当时正处于国内革命战争阶段,这两家企业毁于战火。此后,在20世纪二三十年代,福特、通用、克莱斯勒等企业纷纷进入墨西哥进行简单的整车组装业务。在这一过程中,墨西哥也通过外资许可等方式建立了本土的汽车企业(韩琦,2009)。整体而言,与墨西哥整体开放进程一致,这一阶段墨西哥政府对于汽车产业中外资干预较少,汽车产业发展主要依靠零部件进口与组装,产业主要掌控在外资企业手中。

墨西哥汽车产业发展的第二个阶段为20世纪60年代至70年代初。与这一时期墨西哥整体进口替代产业政策一致,这一阶段的墨西哥汽车产业也进入了进口替代阶段。随着中心—外围理论在拉美兴起以及本国面临巨大的国际收支逆差压力,墨西哥汽车产业从1962年开始实行进口替代政策。由于汽车产业的产业链较长,发展汽车产业能够带动大量关联产业的发展,所以汽车产业成为墨西哥实行进口替代的重点产业。在进口替代时期,墨西哥对汽车产业的本土化率提出了严格的要求,外资整车企业也不得不实行本土生产与采购。从而墨西哥本土零部件产业在这一时期快速兴起(韩琦,2009;Hoshino,2015)。

墨西哥汽车产业发展的第三个阶段为20世纪70年代初至80年代末,这一阶段是墨西哥汽车产业的出口推动阶段。墨西哥的进口替代政策并未对其贸易收支起到预期效果。所以,在70年代初,墨西哥政府开始通过在汽车产业实行出口推动政策,以实现进出口平衡。在这一过程中,墨西哥政府一方面通过优惠政策鼓励汽车企业出口,从而促进了国内汽车产业的发展;另一方面通过规定整车企业零部件外包比例等措施促进内资零部件产业的发展(Perez,2015)。

墨西哥汽车产业发展的第四阶段始于20世纪80年代末。在这一阶段中,墨西哥汽车产业开始逐步的自由化过程。尤其在北美自贸协定签署之后,墨西哥的汽车产业迎来了出口平台时期。随着墨西哥汽车出口平台的凸显,大量国际汽车企业开始投资墨西哥,并在墨西哥北部、中部等地形成了产业集聚。在这一时期汽车产业生产方式的影响下,墨西哥汽车产业的集聚进一步带动了本土零部件产业的发展。部分本土零部件企业在经历了数十年的国内成长后发展出了一定的技术和管理能力,并与进入墨西哥的外资形成了良好的配合关系。所以,从20世纪初期开始,墨西哥本土零部件企业开始在整车企业的带动下进行对外投资。

综上所述,墨西哥汽车产业的发展经历了原始的"简单装配""进口替代""出口推动"以及"自由化"4个阶段。在将近一个世纪的发展过程中墨西哥汽车产业在外资的协助下不断发展,其中政府的引导起到了重要作用。其汽车法令执行措施如表11.2所示。

表11.2　墨西哥汽车法令执行时间、目的与措施

法令发布时间	目的	主要措施
1962年之前	引进外资整车厂进行生产	本土化率低于20%,允许外资100%拥有企业
1962年	发展本土产业,提升本土产能	整车60%的国产化率;零部件企业40%的外资持股上限;限制整车企业的垂直一体化;设置进口壁垒
1972年	维持国际收支平衡,促进出口	降低出口产品本土化率;企业的出口金额需要到达其进口额的30%(1973年)和60%(1976年);限制垂直一体化,整车的40%必须由外部零部件企业完成
1977年	维持国际收支平衡,促进出口,提升本土零部件产业	进一步提升本土化率至80%,外资企业实现外汇自给自足;出口零配件收入占比要达到50%
1983年	促进出口	降低了出口产品的本土化率;突出了边境出口工业中心的重要性
1989年	产业自由化	整车与零部件产业全面自由化;允许一定的整车进口,降低了本土化率与零部件进口关税与限制
1994年	满足NAFTA要求	降低关税,降低企业出口义务

资料来源:Brid & Carlos (1996);韩琦(2009);Contreras et al. (2012);Hoshino (2015);Perez (2015)。

11.3　墨西哥汽车产业的发展与对外投资

作为典型的发展中国家,外资跨国公司在墨西哥的汽车产业发展的过程中起到了至关重要的作用。在全球汽车产业发展的大背景下,墨西哥政府在不同时期通过对外资汽车企业的引导实现了外资企业、本土产业环境

与本土企业的互动作用。

11.3.1 墨西哥汽车产业的初始条件与外资的进入

墨西哥汽车产业的发展始于 20 世纪初期。这一时期墨西哥发展汽车产业的基础条件非常薄弱（见图 11.2）。墨西哥在独立之后经历了连年的战争，1910 年爆发了国内革命，所以这一时期国内宏观环境相对动荡。在动荡的宏观环境下，加之汽车产业当时仍属于新兴产业，汽车产业的相关技术属于当时的先进技术，墨西哥并不具备足够的技术型或熟练型劳动力。国内与汽车产业紧密相关的支持性产业也处于完全空白阶段，仅有非常少数的企业拥有能够为汽车生产提供最基础支持的潜力。例如，当时墨西哥的 Vitro 集团在后期能够为整车厂生产车用玻璃（Barragán & Usher，2009），制造业集团 ALFA 集团在后期能够为整车企业生产发动机。

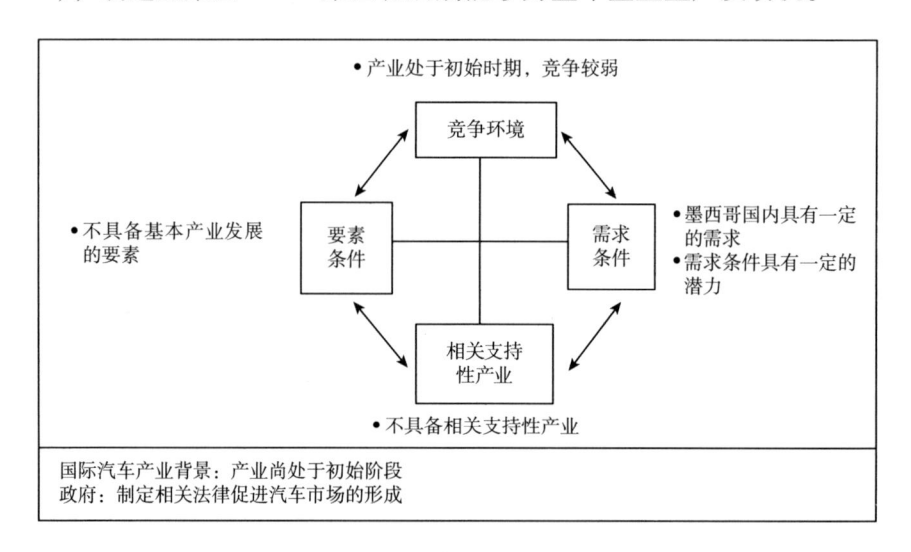

图 11.2　墨西哥汽车产业的初始产业环境

唯一具有相对优势的产业环境是墨西哥具有一定的汽车市场需求以及政府的市场维护政策（见图 11.2）。事实上，虽然墨西哥属于发展中国家，然而其汽车市场需求条件相对良好。墨西哥在 1903 年进口第一辆汽车，当年，墨西哥的汽车进口量就达到 136 台；1906 年，这一数量达到 800 台。考虑到当时汽车尚未进入量产化阶段，这一需求对于外部整

第 11 章
开放条件下墨西哥汽车产业与典型企业对外投资能力的形成

车企业而言客观上具有相当的吸引力。同时，在这一时期墨西哥政府也出台了《墨西哥高速法案》允许汽车在公路上的相对高速运行，同时免除了汽车购置税。[①] 可见，政府对于墨西哥市场需求起到了一定的促进作用。

在上述产业环境下，当全球汽车产业进入量产化阶段后，汽车产业的领导型跨国公司为获得墨西哥市场开始通过组装工厂的形式投资墨西哥。从全球汽车产业的发展中不难发现，在 20 世纪初全球汽车产业实现量产化之后，美国、欧洲的企业在第二次工业革命的大背景下开始了产能输出的过程。凭借与美国地理的邻近，在 20 世纪 20 年代开始，雪佛兰、福特、克莱斯勒、道奇等美国汽车企业开始对墨西哥进行投资（见表 11.3）。由于汽车整车体积大、运输不便，零部件的运输相对容易，所以通过建立组装工厂能够降低出口造成的运输成本。

表 11.3　　　　　　　　主要汽车企业进入墨西哥年份

整车外资企业	进入墨西哥年份	外资母国
雪佛兰	1923	美国
福特	1925	美国
道奇	1928	美国
克莱斯勒	1929	美国
别克	早于 1930	美国
菲亚特	1952（进口替代时期撤出）	意大利
大众	1954	德国
标致	1958	法国
雷诺	1963	法国
奔驰	1984	德国
日产	1984	日本
本田	1995	日本
奥迪	1997	德国

[①] 墨西哥汽车产业，https://en.wikipedia.org/wiki/Automotive_industry_in_Mexico。

续表

整车外资企业	进入墨西哥年份	外资母国
宝马	1997	德国
丰田	2002	日本
三菱	2003	德国
菲亚特	2005	意大利
马自达	2005	日本
一汽	2008	中国
现代	2014	韩国
起亚	2015	韩国

资料来源：墨西哥汽车产业，https：//en.wikipedia.org/wiki/Automotive_industry_in_Mexico。

这一时期，美国汽车企业对墨西哥的投资主要通过简单装配实现。从全球汽车产业的发展趋势来看，这一时期的生产特征表现出显著的垂直一体化，整车厂在美国建立零部件生产工厂，为获得生产的规模经济。同时考虑到东道国薄弱的生产条件，早期进入墨西哥的美国企业在当地建立的均是整车组装厂，而零部件绝大多数依靠进口（Brid & Carlos，1996）。

不可否认，这一时期外资的进入形式也与当时墨西哥政府的汽车产业政策密切相关。在20世纪60年代之前，在早期开放的条件下，墨西哥并没有对汽车产业中的外资进行目的明确的引导。这一时期墨西哥对汽车本地化率要求仅为20%（Barragán & Usher，2009；Perez，2015）。20%的本地化比率能够通过本地组装与少量的本地零部件采购完成。所以，在这一要求下，外资企业缺乏在当地建立产业链的动力。

11.3.2　外资进入对墨西哥汽车产业的初始影响

初期墨西哥汽车产业中外资的简单装配业务对墨西哥汽车产业的整体发展客观上起到了一定的积极作用（见图11.3）。

从要素条件看，外资在汽车产业中建立了一定的劳动力和技术基础。以福特早期的整车装配厂为例，虽然企业所有权属于外资，但是企业雇用的员工多数为墨西哥人。1925年，福特在墨西哥生产T型车的工厂雇用了

第 11 章
开放条件下墨西哥汽车产业与典型企业对外投资能力的形成

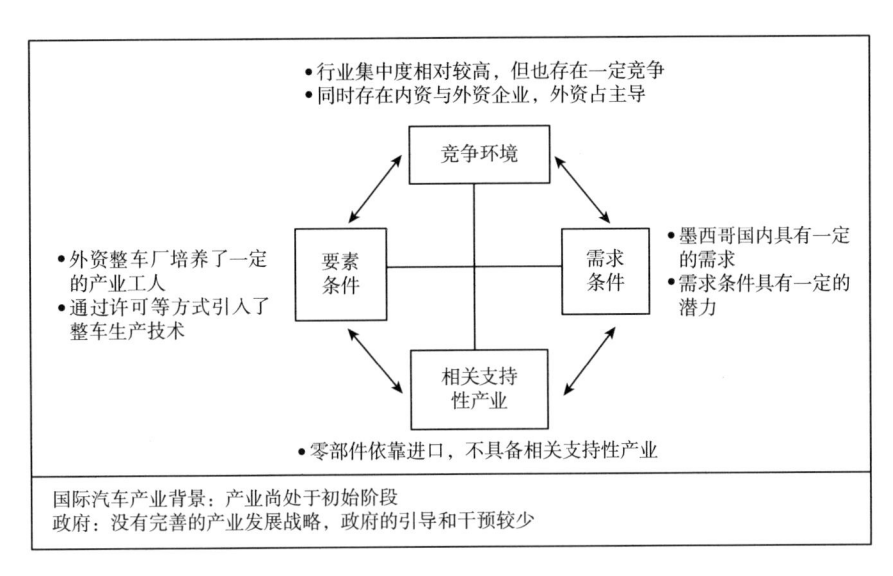

```
•行业集中度相对较高，但也存在一定竞争
•同时存在内资与外资企业，外资占主导
                    ┌──────┐
                    │竞争环境│
                    └──────┘
                       ↕
•外资整车厂培养了一定  ┌──────┐    ┌──────┐  •墨西哥国内具有一定
 的产业工人          │要素 │←→│需求 │   的需求
•通过许可等方式引入了  │条件 │    │条件 │  •需求条件具有一定的
 整车生产技术        └──────┘    └──────┘   潜力
                       ↕
                   ┌──────┐
                   │相关支持│
                   │性产业 │
                   └──────┘
•零部件依靠进口，不具备相关支持性产业

国际汽车产业背景：产业尚处于初始阶段
政府：没有完善的产业发展战略，政府的引导和干预较少
```

图 11.3　外资对墨西哥汽车产业的初始影响

250 名本地员工（Carrillo，1993）。同时，部分外资，如凯迪拉克、威利斯—奥夫兰多、菲亚特等企业也通过合同制造、许可授权等方式与本地企业共同建立起产能。在这一过程中，涉及大量汽车产业劳动力培养以及技术转移。例如，当时墨西哥最大的本土企业"墨西哥汽车制造"就是通过克莱斯勒的许可授权进行生产（韩琦，2009）。

从相关支持性产业看，墨西哥到 20 世纪 60 年代之前并未发展出零部件产业。从全球汽车产业的发展来看，在 20 世纪前期，福特等主流汽车企业采用垂直一体化的生产方式。这既是当时生产技术的需要，也有利于实现规模经济。前面分析也表明，这一时期墨西哥汽车产业主要依靠零部件的进口。这种零配件组装模式无法带动墨西哥汽车零部件产业的发展。所以在初期发展过程中，墨西哥几乎没有发展出零部件产业（Perez，2015）。

从需求条件看，虽然经历了一定时期的发展，但此时墨西哥汽车产业的市场需求仍是相对不足的。与前一阶段墨西哥的需求环境类似，在这一阶段，墨西哥汽车市场虽具备一定的需求规模，但其需求条件依然主要体现在需求潜力方面，即墨西哥凭借其广袤的国土与人口基数存在汽车市场的需求潜力。

从竞争环境看，这一时期的墨西哥汽车产业集中度较高，且外资起到了决定性作用。在 20 世纪 60 年代之前，多家国际汽车制造商已经进入墨西哥。同时，墨西哥除外资汽车装配厂之外也建立起了本土整车企业，其中最为重要的内资企业是"墨西哥汽车制造"。从市场份额上看，美国三大汽车制造商占据墨西哥市场的 50%，"墨西哥汽车制造"占据 25%，其余汽车企业平分墨西哥汽车市场 25% 的份额。这些汽车厂商在墨西哥汽车市场上总共提供了 44 个品牌 117 款车型（韩琦，2009）。从企业数量与车型数量角度不难发现，虽然这一时期墨西哥汽车产业的市场集中度较高，但墨西哥汽车产业依然存在一定的市场竞争力。

需要说明的是，这一时期由于缺乏政府引导，墨西哥的汽车产业主要由外资控制。首先，外资在墨西哥汽车销售市场中占据了主导地位；其次，即使墨西哥存在本土整车企业，这些企业往往与外资存在合资、合作，并依赖于外资的技术；最后，当时墨西哥并没有完整的零部件体系，除少量简单零部件之外，绝大多数零部件依靠进口。

11.3.3　外资与本土产业条件的互动对墨西哥汽车产业的影响

在外资进入墨西哥之后，墨西哥国内汽车产业经历了两个主要发展阶段，即进口替代阶段与出口导向阶段。在出口导向阶段，外资也经历了政府管制下的出口推动与产业自由化两个时期。

1. 进口替代政策下外资与本土产业条件的互动

在墨西哥发展出一定汽车产业的基础上，外资与墨西哥汽车产业环境的进一步互动始于 1962 年的汽车工业法令。在当时墨西哥国内进口替代政策的大背景下，1962 年的汽车工业法令主要采取了如下措施：首先，设置进口壁垒，阻碍汽车进口；其次，规定整车本土化率需达到 60%；再次，零部件领域外资持股不得超过 40%；最后，限制整车厂的垂直一体化。

1962 年，汽车工业法令对本土零部件产业的发展具有重要意义。一方面，政府通过整车本土化比率与整车厂的垂直一体化限制为本土零部件企业的发展预留了足够的发展空间。外资在零部件领域的持股限制决定了本

第 11 章
开放条件下墨西哥汽车产业与典型企业对外投资能力的形成

土企业在零部件领域的领导地位。另一方面，墨西哥政府最终并未对整车领域的所有权做出限制，同时限制了整车的进口。这一定程度上保护了在位外资整车企业的市场利益，也成为墨西哥政府与整车跨国公司进行利益交换的重要措施。

所以，在20世纪60年代之后，墨西哥汽车产业有了快速的发展，其产业环境如图11.4所示。在1962年汽车工业法令出台之后，菲亚特、别克、标致等企业选择撤出墨西哥市场。福特等企业为占据墨西哥市场选择了配合政府的进口替代政策。为满足自身发展需要，留存的外资整车企业作为中间人，协调外资零部件企业与本土企业合资、合作，并建立起一批大型汽车零部件供应商，如普罗埃萨，古欧集团和萨尔蒂约产业集团等本土产业集团就是在这一时期进入汽车零部件领域（Hoshino, 2015）。1962~1972年，墨西哥零部件产业的销售值由1700万美元增长至3.2亿美元（韩琦，2009）。然而，这一时期墨西哥的汽车产能主要满足国内需求，导致在产品技术方面相对比较落后。由于政府法规的限制，这些企业由墨西哥方控股。因此，在进口替代时期，墨西哥本土的汽车零部件产业主要由本土企业控制。

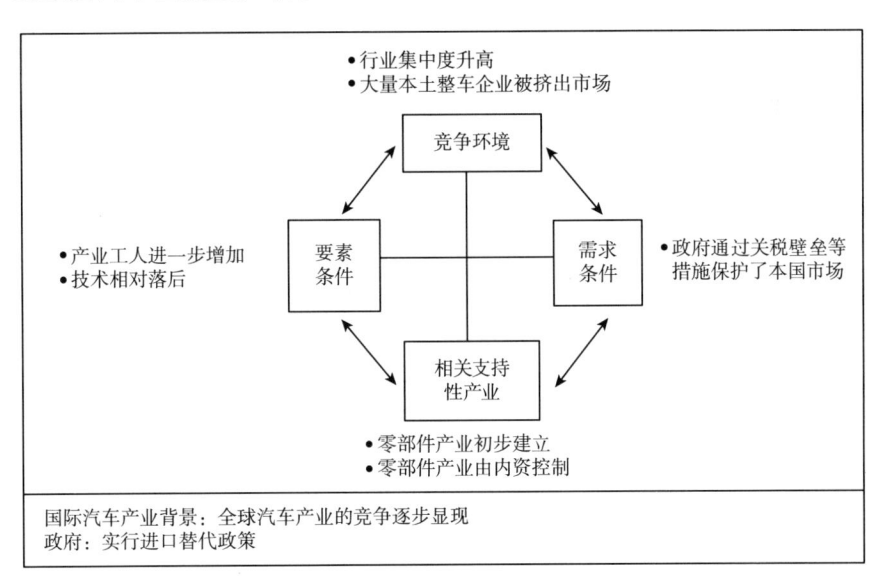

图 11.4 进口替代时期墨西哥汽车产业的产业环境

在劳动力要素方面，这一时期墨西哥的汽车产业工人数量也急剧上升。由于本土化率的要求，整车和零部件企业必须增加在墨西哥的投入。这就使汽车产业必须雇佣更多的产业工人。1962~1972年，墨西哥汽车产业的员工数从8000人上升至30000人（韩琦，2009）。

然而，政府在支持零部件产业国产化的同时却忽视了对整车行业的保护，从而导致出现墨西哥整车领域中本土企业被挤出的现象。从墨西哥汽车产业的发展中可以看到，整车企业，尤其是福特、通用等大型汽车跨国集团在墨西哥具有举足轻重的地位，是墨西哥汽车产业发展的重要支柱。所以，在进口替代时期，墨西哥政府并未在整车领域过多干预。随着墨西哥国内生产成本的上升，部分合作外资撤出，多数民族整车企业在缺乏政府保护的情况下退出了市场。在1962年，墨西哥整车领域约有10家民族企业。到20世纪70年代初，墨西哥民族整车企业仅剩2家，且民族品牌在整车领域的市场份额缩小到不足20%（韩琦，2009）。

综上所述，进口替代时期墨西哥汽车产业的分析表明，这一阶段墨西哥汽车产业的发展是在全球汽车产业发展背景下，外资整车企业通过政府引导而与本土市场需求互动的结果。到20世纪60年代之后，国际汽车市场的竞争日益加剧，而墨西哥汽车消费市场在发展中国家中占据重要地位。正是在这一背景下，福特等企业做出了顺应墨西哥政府的决策。事实上，在1960年，墨西哥的汽车销售量就达5万辆，而5年之后，这一数字几乎扩大了一倍（韩琦，2009）。由于政府的市场保护，墨西哥的国内市场完全由国内产业供给，也正是在墨西哥本土需求的带动下，整车企业才能够协助本土零部件企业实现快速发展。

2. 出口导向时期外资与本土产业的互动

从20世纪70年代初开始，墨西哥汽车产业进口替代发展模式的问题逐步显现。一方面，在进口替代政策下，本国汽车产业的生产效率低下。另一方面，墨西哥汽车产业的发展消耗了大量外汇。在60年代，每生产1辆汽车需要耗费1000美元的进口产品（江时学，1989）。面对这一问题，墨西哥开始推动汽车产业的出口。

墨西哥主要通过规定本国企业的出口义务、提供良好出口环境等措施

第 11 章
开放条件下墨西哥汽车产业与典型企业对外投资能力的形成

刺激出口。在 20 世纪 70 年代到 80 年代初，墨西哥政府将企业的进口金额与出口金额挂钩，同时规定了零部件出口销售的占比，从而迫使企业增加出口。从 80 年代开始，墨西哥开始通过放松管制、营造良好的出口条件，从而推动汽车企业对外出口。这一时期的出口推动政策对于墨西哥汽车产业发展起到了重要的作用。

首先，这一时期跨国公司对墨西哥投资了大量的先进零部件工厂。为了应对墨西哥政府 1977 年汽车工业法令对于零部件出口的需求，这一时期美国整车企业开始在墨西哥北部边界等地投资零部件企业。而在 1977 年汽车法令实施的 5 年内，墨西哥国内 300 余家的零部件企业中有 1/3 年销售值超过了 100 万美元（Gallagher & Zarsky，2004）。尤其是在墨西哥债务危机之后，比索出现大幅贬值，从而使得墨西哥的出口优势进一步体现。同时，在出口产品的质量要求下，外资在墨西哥成立的零部件工厂具有相对先进的生产工艺与技术。由于当时墨西哥政府对合资零部件企业中外方的持股比例依然存在限制，所以这一时期的新建零部件企业依然由内资控股。

其次，从要素条件来看，这一时期外资也在出口政策的引导下培养了大量优质劳动力，同时引入了新的技术。由于目标市场对于产品的要求较高，整车企业需要将相对更加先进的技术以及生产模式（如零缺陷管理）引入墨西哥（Gallagher & Zarsky，2004）。这些现代化的工厂雇用了一批年轻的、素质更高的员工，并培训他们胜任更复杂的生产任务（Brid & Carlos，1996）。

20 世纪 80 年代末之后，墨西哥汽车产业进入了全面自由化时期，尤其是加入北美自由贸易区之后，其出口平台优势更为突出。

北美自贸区的实际作用体现在两个方面：其一，汽车出口美国的关税进一步降低，尤其是轻型卡车的出口关税由 25% 降低至 10%。其二，在北美自贸区框架下，墨西哥进口的汽车能够与美国汽车适用相同的"公司平均燃油经济性"指标。墨西哥也是当前全球唯一一个能够通过贸易成功开拓北美、南美以及欧洲汽车市场的国家（Perez，2015）。

面对自由化政策与良好的出口条件，大量外资整车企业进入墨西哥。在北美自贸协定签署之前，在墨西哥从事整车生产的汽车企业主要有 4 家，即福特、大众、日产和克莱斯勒。在北美自贸协定签署之后，大量汽车企业，尤其是日本汽车企业开始大举进入墨西哥，并不断扩大生产规模。

大量外资企业在墨西哥的经营产生显著的溢出效应。表现在两个方面。第一，从人才要素角度看，外资整车企业直接或间接为墨西哥汽车产业积累了大量优质的人力资本。以墨西哥西北部城市埃莫西约的福特生产网络为例，福特在前期基础上培训了大量优秀员工。部分工程师在离职之后创建了相关企业，并加入了福特的零部件网络之中。同时，福特在当地运营过程中，福特的员工和当地企业的员工之间形成了知识、经验传递的网络（Contreras et al.，2012）。

第二，外资在墨西哥也对现有本土产业链产生了积极的后项溢出效应。一方面，外资通过带入零部件企业，逐步协助建立起本地供应体系。这一方面是因为当地没有适于合作的优质零部件供应商，同时本土化率也仅对工厂所在地存在限制，而对工厂所有权没有限制。在这一过程中，大众通过产业集群的建立，依靠带入供应商带动了本土零部件企业的发展。另一方面，部分外资企业通过直接与本地供应商的互动对其起到了促进作用。1998年，墨西哥最大的整车生产商 Mexicana de Autobuses SA de CV（MASA）被沃尔沃收购。在收购之后，出于精益生产与成本的考虑，沃尔沃使用了将近100家本土供应商。以2010年的沃尔沃技术支持情况看，所有的本土零部件企业均获得了沃尔沃的评价反馈，78%的企业还获得了产品技术的支持（杨喆，2014）。

最后，从需求条件与竞争环境来看，墨西哥生产的汽车主要出口海外市场，本土市场则通过进口满足。这一定程度上使本土整车产业的发展失去了重要机会。如前面所述，墨西哥具有非常优越的出口平台特征，引致大量国际汽车企业在墨西哥生产高端汽车，并出口广阔的海外市场，并不在墨西哥形成激烈竞争。从墨西哥国内汽车市场需求角度看，随着经济发展，墨西哥发展出一定的国内需求，然而这些需求层次相对较低。加之墨西哥放开了汽车进口政策，从而使外资汽车企业在规模经济的驱使下依靠低端整车的进口，包括从美国进口二手车满足国内市场需求。在外部供给的冲击下，本土汽车产业失去发展空间。

可见，由于自由化过程中政府放弃了对所有权的保护，墨西哥汽车产

第 11 章
开放条件下墨西哥汽车产业与典型企业对外投资能力的形成

业进一步被外资占据。首先,墨西哥的整车领域几乎完全被外资企业占领,本土整车企业难以获得发展空间。其次,自由化之后本土零部件供应企业难以迅速适应脱离政府保护的竞争环境,从而被外资大量挤出或收购。根据星野(Hoshino,2015)统计,1986~2010 年,墨西哥汽车零部件企业约有 70% 被挤出市场,剩余的 30% 中,约有 1/3 的企业由内资控股转为外资控股。即使仅存的内资企业中,部分企业也由原来的原始设备供应商转变为备件供应商。

显然,这一时期全球汽车产业的激烈竞争,尤其日本汽车产业崛起,以及汽车产业全球价值链的兴起为墨西哥的出口战略提供了重要的保障。1970 年之后,在石油危机的压力下,美国汽车产业出现对燃油经济型汽车的需求,而美国本土汽车企业主要生产高油耗车型,这为主打低油耗且极具生产效率的日本汽车企业提供市场渗入的机会。面对日益加剧的竞争,美国企业也有动机将墨西哥纳入其生产体系,从而提升产业竞争力。所以在 20 世纪 80 年代开始,美国汽车产业开始将新型的小型车、发动机以及部分劳动力密集型零部件的生产转移至墨西哥进行,并在墨西哥北部边境形成了汽车产业集群(Gallagher & Zarsky,2004;Hoshino,2015)。在完善的产业集群、廉价劳动力以及有利的地理区位条件下,墨西哥成为汽车产业全球价值链的重要组成部分。

综上所述,在出口导向时期,政府引导外资与本土劳动力、出口需求以及供应链的充分互动推动了这一时期墨西哥汽车产业环境的快速发展(见图 11.5)。在进口替代时期,外资已协助墨西哥建立了基本的汽车产业发展基础,到 20 世纪 70 年代之后,借助全球汽车产业竞争日趋激烈的机遇,政府进一步引导企业从事出口活动。企业出口也对劳动力以及供应链产生显著的外溢效应。到 20 世纪末,政府进一步开放汽车市场,并利用有利的贸易条件与地理位置,引进了大量外资整车企业。这些企业通过产业集群、劳动力流动等因素进一步提升墨西哥汽车产业的发展环境。由于政府的自由化政策,墨西哥的汽车产业在这一时期迅速被外资占领。但在这一过程中,部分存活下来的优质的本土零部件企业获得了长足发展。

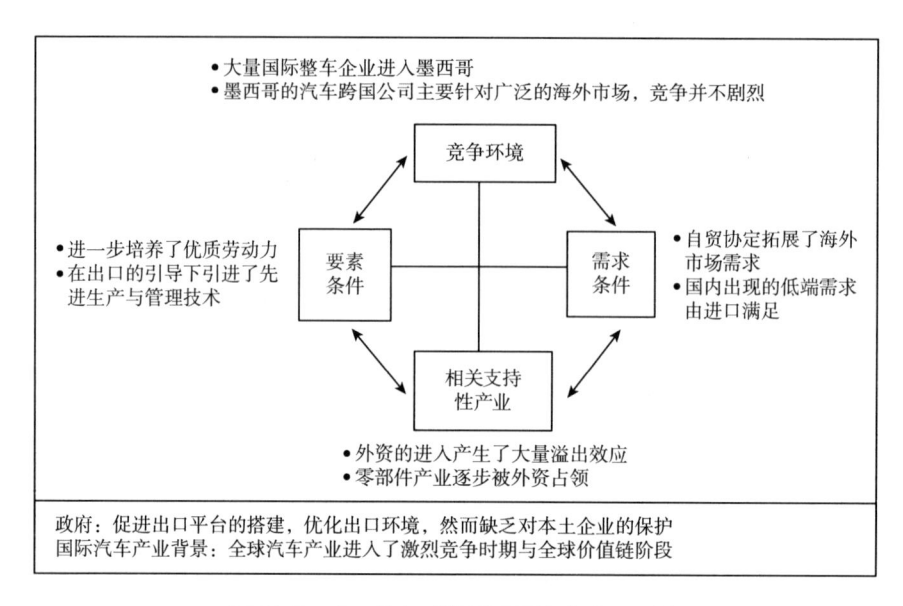

```
┌─────────────────────────────────────────────────────────────┐
│                    • 大量国际整车企业进入墨西哥                │
│                    • 墨西哥的汽车跨国公司主要针对广泛的海外     │
│                      市场，竞争并不剧烈                        │
│                         ┌──────┐                             │
│                         │竞争环境│                            │
│                         └──────┘                             │
│                            ↕                                 │
│  • 进一步培养了优质劳动力  ┌──┐ ┌──┐   • 自贸协定拓展了海外    │
│  • 在出口的引导下引进了先  │要素│←→│需求│     市场需求          │
│    进生产与管理技术        │条件│  │条件│  • 国内出现的低端需求 │
│                          └──┘ └──┘      由进口满足           │
│                            ↕                                 │
│                         ┌──────┐                             │
│                         │相关支持│                            │
│                         │ 性产业 │                            │
│                         └──────┘                             │
│                    • 外资的进入产生了大量溢出效应              │
│                    • 零部件产业逐步被外资占领                  │
│                                                              │
│  政府：促进出口平台的搭建，优化出口环境，然而缺乏对本土企业的保护 │
│  国际汽车产业背景：全球汽车产业进入了激烈竞争时期与全球价值链阶段  │
└─────────────────────────────────────────────────────────────┘
```

图 11.5　出口导向时期墨西哥汽车产业环境

11.3.4　开放条件下墨西哥汽车产业对外投资能力的形成

经历了将近一个世纪的发展，墨西哥汽车产业逐步成熟，成为墨西哥的支柱产业。同时，墨西哥的汽车产业在全球汽车产业中的地位愈发重要。在这一过程中，墨西哥汽车产业发展出一定的对外投资能力。墨西哥汽车产业的对外投资主要有以下三个特点：

第一，墨西哥汽车产业的对外投资源自少数零部件企业。从前面分析中不难发现，墨西哥在汽车产业发展过程中，由于政府政策的偏向，整车领域几乎全被外资占据，墨西哥的整车企业在进口替代时期之后几乎没有生存空间。所以，墨西哥并未发展出整车领域的对外投资。在零部件领域，在外资整车企业和本土产业环境的共同影响下，部分企业不断发展，最终实现对外投资。然而，前面分析也表明，墨西哥虽然拥有发达的汽车零部件产业，然而多数企业属于外资。事实上，从墨西哥对外投资企业名录看，在墨西哥最大的 19 家对外投资企业（集团）中，仅有 San Luis Corp. 一家企业完全从事汽车零部件制造业，其对外投资也仅在两个东道

第 11 章
开放条件下墨西哥汽车产业与典型企业对外投资能力的形成

国建立了 3 个工厂。除此以外，Alfa 集团与 Xignux 集团存在汽车零部件的对外投资项目。

第二，墨西哥汽车产业的对外投资始于 21 世纪初期。发展中国家对外投资浪潮始于 20 世纪 70 年代，然而这一时期属于墨西哥汽车产业发展的初始时期。本国的主要零部件企业正处于初期发展阶段，并没有对外投资的能力。直至 21 世纪初，经历了进口替代时期的政府保护与出口导向时期外资支持下的成长，少数在墨西哥市场存活下来的零部件企业开始了对外投资的进程。

第三，墨西哥汽车零部件企业的对外投资主要是跟随整车企业的市场获取型投资。根据全球汽车产业的发展趋势，零部件企业围绕整车企业进行生产是精益生产模式的重要途径。在这一大背景下，部分墨西哥企业通过在国内与外资整车企业的合作发展出良好的关系，从而跟随整车企业前往其他发展中国家甚至发达国家建厂投资。

结合墨西哥汽车产业的发展历程与汽车零部件产业的对外投资特征不难发现，墨西哥零部件产业对外投资的能力来源于全球产业发展趋势下，政府引导外资与本土产业环境进行的良性互动。

首先，这些企业的成立与初期发展依赖于政府引导下墨西哥国内的产业基础与外资的互动。这些企业往往都是在 20 世纪六七十年代建立。显然，这一时期这些汽车零部件企业的建立是基于墨西哥政府的产业保护或引导政策，部分企业的建立本身就是与外资合作的结果。这些企业在之前本身就具有相关的行业基础，例如发动机铝制汽缸盖生产商 Nemak 的母公司的核心业务是钢铁，汽车线束生产商 Arnecom 的母公司从事电缆、变压器的生产。在这些企业建立之后，基于被政府保护的国内市场以及此后有利的国际市场，它们成为进入墨西哥的外资整车企业的零部件供应商。在这一过程中，部分优质企业自身的技术与管理能力得到了充分发展，并在市场需求的驱动下投资进入其他国家。

其次，这些企业的发展过程，尤其是与外资企业的联系，依赖于国内开放条件下外资的进入。在初期发展之后，墨西哥的汽车零部件产业已然具备了一定的产业基础。到 20 世纪 70 年代之后，出口导向政策促使整车企业协助零部件企业进一步提升技术与管理水平。而到 90 年代之后，墨西哥成为重要的汽车出口平台。这一需求条件进一步吸引了大量全球汽车产业中的领导型整车企业的投资。在汽车产业就近供应的全球趋势下，它们也与本地汽车零部件供应商形成了网络关系，进而带动了少数优质的本土零部件供应商跟随其投资到了别国（Kunhardt & Haces, 2013）。以前面提及的沃尔沃为例，沃尔沃的后项溢出效应提高了零部件企业的管理与生产水平，使其而与世界接轨，进而使得部分本土零部件供应商加入沃尔沃的全球供应链之中（杨喆，2014）。

最后，在一个零部件产业培养出对外投资能力的过程中，国际汽车产业发展趋势产生重要的作用。正是20世纪中后期汽车产业全球价值链的兴起与激烈的市场竞争，为墨西哥融入发达国家的汽车产业链提供了重要机会，进而促成了部分本土零部件企业技术能力与网络关系的融合。这些优势最终成为墨西哥汽车零部件产业对外投资的重要能力。

11.4 开放条件下典型汽车企业的能力发展与对外投资——以尼玛克为例

从墨西哥汽车产业的对外投资特征中可以看到，墨西哥汽车产业在发展过程中整车企业几乎都被挤出市场。墨西哥汽车产业的对外投资由其零部件产业代表。所以，在典型企业能力发展与对外投资的案例分析中，本书选择了墨西哥著名的一级零部件供应商尼玛克作为研究与分析的对象。

11.4.1 尼玛克的简介与发展历程

尼玛克是墨西哥汽车零部件产业中的一级供应商。其主要产品为汽车铝制气缸盖与发动机机体。尼玛克成立于1979年，由墨西哥大型多元化集团Alfa集团与福特合资建立，总部位于墨西哥蒙特雷。

1. 尼玛克的成立背景

尼玛克成立是墨西哥出口推动政策的产物。墨西哥1977年法令对整车企业的零部件出口提出严格的要求。为应对政府的出口创汇要求，墨西哥的所有汽车整车企业均在1978~1983年建立了新零部件工厂。同时，外资在零部件领域的持股比例依然存在限制。正是在这一背景下，尼玛克成立于1979年，由Alfa集团与福特分别出资75%和25%共同建立。在20世纪80年代之后墨西哥出口导向的背景下，尼玛克的建立主要针对出口市场，尤其是美国市场。

2. 尼玛克的整体发展历程

在国内发展初期，尼玛克主要通过技术引进进行生产。在尼玛克从事的汽车气缸盖与发动机机体生产领域中，"铸造"是技术和工艺的关键。虽然尼玛克的母公司Alfa集团拥有一定的铸造能力，但是对于汽车发动机等关键零部件的铸造缺乏经验。在成立初期，尼玛克引进意大利泰克西公司（Teksid S. p. A）的技术。泰克西是菲亚特的零部件公司，其主营业务就是发动机缸盖与缸体。1989年，泰克西进一步入股尼玛克，持股20%。这进一步增强了尼玛克在发动机领域的技术地位。

在企业成立初期，外部技术的引进帮助尼玛克快速形成了产能。1984~1987年，尼玛克的年产量在70万~90万件。到1988年，尼玛克的产量增长至150万件，其中绝大多数产品出口海外，40%的产品直接出口至福特的加拿大工厂。其产品同时供应通用、克莱斯勒等企业（Hoshino，2015）。

20世纪90年代开始，尼玛克也开始自主研发的历程。从1991年开始，尼玛克开始在蒙特雷投资研发、建立技术中心，到2006年，尼玛克的技术研发中心已经有200名专业技术人员（Kunhardt & Haces，2013）。在这一过程中，尼玛克也雇用了大量的高素质劳动力（Dussel，2012）

在初期生产能力与自主研发能力的保障下，尼玛克成为一家高增长型企业。1992~2006年，公司的年增长率高达26%；2005~2010年，尼玛克的年均销售和雇用增长也均超过20%。到2010年，尼玛克已成为墨西哥第51大企业，年销售29亿美元，雇员超过18000人。2016年，尼玛克的总销售收入已达42.6亿美元（Dussel，2012）。

3. 尼玛克的国际化发展

尼玛克从建立之初就是一家国际化的企业。它的建立就是为了向美国市场出口发动机零部件。但是，在21世纪初之前，尼玛克的国际化主要限制于合资、出口以及技术引进。

尼玛克对外投资的发展始于 21 世纪初期，绿地投资和并购都是其对外投资的重要手段（见表 11.4）。2000 年，尼玛克收购了其合作方福特在加拿大的铸铝工厂。从 2005 年之后，尼玛克开始大力投资欧洲以及亚太市场。从尼玛克的对外投资过程中不难发现，尼玛克的对外投资主要分为绿地投资和对外并购两种类型。结合投资东道国与并购企业可以看到，尼玛克并购的对象主要是发达国家市场的优质企业（如 2005 年并购的德国 Rautenbach，意大利的 TK Aluminum），通过对这些企业的并购进入相应市场。例如德国 Rautenbach 是奥迪、大众、斯柯达、保时捷、宝马等企业在欧洲的气缸盖一级供应商。通过对 Rautenbach 的并购能够增强尼玛克在欧洲的市场地位。同时，尼玛克也通过绿地投资的方式进入中国、印度、俄罗斯等具有市场潜力的发展中国家。到 2011 年，尼玛克约 50% 的雇员来自墨西哥本土，约 25% 来自欧洲，6% 来自美国（Dussel，2012）。

表 11.4　　　　　　　　　尼玛克国际化历程

年份	东道国	方式	对方企业	战略目的
2000	加拿大	并购	福特	进入北美市场
2003	捷克	绿地	—	进入东欧市场
2005	德国	参股 10%	Rautenbach	进入欧盟市场
2006	挪威、瑞典、奥地利、匈牙利、德国	并购	Norsk Hydro	提升在欧洲市场地位，形成规模经济以及获得技术
2007	中国	绿地	—	把握潜在需求
2007	阿根廷、美国、巴西、波兰、中国	并购	TK Aluminum	并购竞争者、获得相关市场、巩固行业地位
2011	印度	绿地	—	进入印度市场
2012	美国、西班牙、中国	并购	J. L. French	扩展新产品、降低市场风险
2013	俄罗斯	绿地	—	跟随前期客户
2016	土耳其	并购	Cevher Döküm Sanayii A. Ş.	增强当地市场竞争力

资料来源：尼玛克年报（2016）；Velez-Ocampo 等（2017）。

第 11 章
开放条件下墨西哥汽车产业与典型企业对外投资能力的形成

11.4.2 开放条件下尼玛克的能力发展

在 20 世纪 80 年代中期之前，在当时全球汽车产业发展大背景下，尼玛克依靠墨西哥政府与跨国公司的协助实现了初期的能力发展。到 90 年代之后，尼玛克开始自主研发，并基于前期基础逐步发展出对外投资能力。

1. 尼玛克初建阶段的能力发展

尼玛克初建阶段的能力主要包括通过合资形成了初期产能，通过福特的渠道获得美国汽车产业的相关细分市场。这两方面的能力一定程度上源于尼玛克母公司的前期积累，同时显然都与福特紧密相关。

尼玛克初期能力的发展主要依赖于国内汽车产业的政策环境以及前期进入的外资产业体系。前面分析表明，尼玛克能够建立的最重要的条件是当时墨西哥国内汽车产业的发展政策，正是在墨西哥政府的引导之下，福特才与 Alfa 集团合资成立该公司。显然，在 20 世纪 70 年代之前，外资企业的进入以及当时墨西哥国内汽车市场的巨大吸引力，也是福特愿意与 Alfa 集团建立合资零部件企业的必要条件。所以，国内产业条件与环境是尼玛克建立的必要条件。

这一时期国际汽车产业的竞争趋势与低能耗汽车发展趋势，也为尼玛克的初期能力发展提供了重要的机遇。此时已进入了全球汽车产业的竞争时期。同时，20 世纪 70 年代之后，在石油危机影响下，美国汽车市场出现了大量燃油经济型汽车的需求，然而美国本土企业并未快速转变供给。这给主打经济型轿车的日本汽车企业巨大的市场发展机遇。在 80 年代之前，日本汽车大量出口美国。到 80 年代之后，在出口限制背景下，日本汽车企业开始投资美国。这给美国汽车产业造成了巨大的压力。面对日本汽车产业的竞争，美国汽车产业开始将墨西哥纳入其汽车产业链之中，以此提升生产效率。尼玛克供应的铝制零部件能够降低车身重量、降低油耗。上述国际环境使得福特有意愿与 Alfa 集团进行合资建立零部件企业。

从企业自身角度看，尼玛克初期的能力发展得益于母公司在墨西哥的产业地位。尼玛克的母公司是墨西哥 Alfa 集团。该集团正式成立于 1974 年，其历史最早可追溯到 1890 年。在 20 世纪中期之前，Alfa 集团已在墨西哥的制造业领域占据重要地位，钢铁是其核心业务（Velez-Ocampo et al.，2017）。其中，Alfa 集团下属的 Hylsa 是当时墨西哥国内最大的私人轧钢企业，拥有从矿产开采到金属制成品生产的整个垂直一体化生产网络。尤其是在第二次世界大战时期，美国由于战争需求切断了对墨西哥的钢铁出口。这进一步促进了 Alfa 集团在墨西哥钢铁领域的发展。可见，尼玛克的母公司 Alfa 集团在与福特合资之前已经历了半个多世纪的发展，钢铁业务又是其重要的核心板块。在当时特殊的发展条件下，Alfa 集团本身在金属铸造领域具有一定的产业经验。

同时，母公司的实力也是福特选择与其进行合资的重要原因。Alfa 集团当时是墨西哥国内最大的家族式产业集团之一。在长期发展过程中，Alfa 集团在制造业领域内拥有相对丰富的技术，同时具备一定的融资能力，甚至拥有一定的合资经验（Hoshino，2015）。

正是在上述内外部产业环境以及母公司自身能力的背景下，尼玛克在 20 世纪 70 年代末成立，并获得了初步的生产能力。

2. 尼玛克的国内发展及能力搭建

在尼玛克国内发展阶段，其管理与技术水平得到进一步提升。同时，尼玛克与外资整车企业的关系日益密切，逐步发展为细分领域的全球领导型企业。

从全球汽车产业发展角度看，这一时期全球汽车产业中的供应链特征为尼玛克的能力发展提供了重要保障。这一时期汽车产业进入了全球产业链时期，在这一背景下，尼玛克融入北美汽车产业链之中。正如前面所述，由于北美汽车产业具有相对高端的属性，对于零部件要求质量较高，从而迫使尼玛克在发展过程中不断提升技术与工艺。这为其成为气缸盖与发动机机体领域的领导企业打下了重要的基础。

同时，精益模式的发展与汽车产业外包的兴起也增进了尼玛克与国际汽车企业之间的联系。在产业外包与精益生产模式之下，尼玛克作为一级供应商需要与整车企业紧密配合，这迫使尼玛克提升自身的管理与技术，从而与下游整车厂接轨。同时，整车企业也日益增强对尼玛克的依赖性。

第 11 章
开放条件下墨西哥汽车产业与典型企业对外投资能力的形成

从国内产业环境来看，在 20 世纪 90 年代之后，墨西哥国内逐步完善的汽车产业技术机构为尼玛克的研发能力提供了重要的支持。经历了初期技术引进的发展模式之后，尼玛克从 20 世纪末期开始进行自主研发。在自主研发的过程中，尼玛克有效利用了国内汽车产业的研究资源。在经历了半个多世纪的发展之后，墨西哥汽车产业中建立了大量的研究机构，尼玛克在蒙特雷的研发中心与当地的高校等研究机构通过合作与资助等方式有着紧密的联系（Dussel，2012）。这些研究机构产生的外溢效应，包括为尼玛克提供高素质人才供给，进一步促进尼玛克研发能力的提升，研发能力也保障了企业能够有自己的设计。

在国内发展阶段，尼玛克的能力发展也得益于企业自身，包括其母公司的管理理念。尼玛克母公司的初期领导人伯纳多加尔扎·萨达（Bernardo Garza Sada）具有良好的教育背景，曾在美国麻省理工学院接受高等教育，对于企业长期规划与发展起到了重要的作用。虽然 Alfa 集团为家族式企业，然而在领导人选举方面也有着严格的要求，只有具有管理能力的家庭成员才能够成为集团领导人（Velez-Ocampo et al.，2017）。正是在这样的领导层背景下，20 世纪 80 年代政府解除对零部件领域外资限制之后，尼玛克并未像多数零部件企业一样被挤出市场，而是进一步通过巩固市场地位，培养自身研发能力，从而取得了更大的能力提升空间。

同时，与福特的合资也是尼玛克获得能力提升的重要因素。由于尼玛克是福特与 Alfa 集团的合资企业，福特为尼玛克提供了重要的出口市场。所以，在发展过程中，福特本身也推动尼玛克进行技术升级与流程优化，促使尼玛克引入质量控制体系，实行精益生产模式并雇佣高素质劳动力（Hoshino，2015）。

3. 尼玛克能力的延展——RAT 检验

尼玛克从 21 世纪初期开始大规模对外投资，对外投资能力主要包括前期积累的生产与技术能力以及与外资整车企业的联系。

从尼玛克的绿地投资角度看，这种投资属于能力延展型投资。根据这一时期全球汽车产业发展趋势来看，作为一级供应商，尼玛克需要跟随整车厂商的脚步拓展新市场。因此，尼玛克进入了中国等新兴市场。以尼玛克投资中国为例，尼玛克投资中国的原因主要在于把握市场。中国本土拥有巨大的汽车生产能力与潜力。所以，在汽车产业就近生产的产业发展趋势下，作为一级供应商的尼玛克必须进入中国市场。同时，中国在制造业生产方面依然具有成本优势，尼玛克进入中国能够整合自身在零部件领域的技术优势与中国的成本优势。

同样，尼玛克的绿地投资也需要特定的能力。一方面，基于前期发展，尼玛克发展出了充分的技术与生产能力。另一方面，汽车产业链的特殊性决定了尼玛克的绿地投资也需要依赖与整车厂的关系。正是由于前期发展中与整车企业培养出了紧密的联系，尼玛克才能够跟随整车企业进行对外投资。例如，尼玛克在主要下游客户，例如福特、通用、宝马、现代等企业的引领下投资进入了中国。

显然，尼玛克的绿地投资具备有效的延展能力。首先，尼玛克在东道国的绿地投资是配合长期合作的整车厂商进行的，从而具备充分的相关性。其次，通过绿地投资以及与当地整车伙伴的合作，尼玛克能够有效地将生产能力转移至东道国。最后，零部件企业的建立能够提升东道国汽车产业供应链能力，有助于提升东道国汽车产业的整体实力，一般而言是符合东道国产业发展需求的。

在绿地投资之外，尼玛克的对外并购属于一种能力获取型对外投资。从前面分析不难发现，尼玛克在拓展巩固北美市场、渗入欧洲市场时主要采用了对外并购的方式，其获取的是被并购方的市场能力，包括品牌、渠道、供应链网络等。进入 21 世纪之后，汽车产业的全球价值链网络已经发展成熟，不同地区的产业链网络及其中的企业相对固化，后来企业难以融入现有的区域性产业链之中。这一特点在发达国家尤为突出。在这一背景下，尼玛克通过并购福特的加拿大铸铝厂以及 Rautenbach、泰克西等企业增强了其在欧美市场的地位。

然而，能力获取型对外投资并不意味着不需要能力，企业自身的生产能力、与国际企业的关系是对外并购的重要能力。从尼玛克对外并购案例中不难发现，尼玛克的第一次对外并购对象是其合资伙伴福特，此后又并购了原技术合作伙伴泰克西。显然，前期的合作是此类并购的重要能力来源。一方面，在前期的合作过程中，双方的技术、产品具有较高的匹配性；另一方面，也是更为重要的是，在长期的合作过程中，双方相互了

第 11 章
开放条件下墨西哥汽车产业与典型企业对外投资能力的形成

解，建立了充分的信任关系，更有利于后期的整合过程。

显然，这种能力获取型投资是符合企业需求的。首先，对方市场能力能够与尼玛克的生产能力形成互补；其次，由于产业的特殊性，这种市场能力直接有效地作用于当地市场；最后，由于并购后依然服务于当地市场，并未对生产产生实质的影响，从而对于当地下游企业而言也是合适的。

另外，需要说明的是，尼玛克的各类对外投资都与企业（母公司）自身的文化密切相关。从其母公司建立初期开始，其领导人 Garza Sada 就致力于多元化和市场地位的巩固，其良好的教育背景也对企业的国际化发展起到了重要地推动作用。在母公司发展过程中，企业招募了大量商学院毕业的学生，同时明确了公司治理政策。这些因素使得企业逐步厘清了发展战略，即通过上市谋求更广阔的发展空间，并通过国际化进一步巩固市场地位。

第12章
开放条件下美国汽车产业及典型汽车企业对外投资能力的形成与发展

12.1 美国汽车产业的选择理由

分析美国汽车产业及其典型汽车企业能够与中国、墨西哥的案例形成互补型对比。本书旨在分析中国对外投资能力的形成路径与机制,前面关于中国与墨西哥汽车产业的分析与对比一定程度上能够印证和凸显部分因素的作用机制。然而,中国汽车产业的对外投资能力是否具有特殊性,这种特定的对外投资能力又是否来源于特定产业条件下的特定开放形式?对于这一问题的有力回答需要进一步引入一个对外投资能力与发展环境均与中国汽车产业有较大差异的案例进行对比。更进一步看,前面所探讨的机制是发展中国家特有的还是适用于所有国家?这一机制的形成是否由发展中国家区别于发达国家的某些特征所决定,从而体现出本书分析框架对于分析发展中国家对外投资的必要性?然而,上述问题的答案无法直接仅从对发展中国家的案例所研究中获得。只有通过与国内产业条件、面临的外部产业环境都不同的国家进行对比才能得出系统性结论。

具体而言,选择美国汽车产业的原因在于以下三点。首先,美国是典型的工业与科技强国,美国汽车产业发展的内部条件与发展中国家全然不同。18世纪末,面对英国强势的制造业地位,美国开始逐步推行工业化政策。汉密尔顿的《关于制造业的报告》中明确提出了通过政府支持、贸易壁垒等措施保护国内幼稚工业，促使美国成为制造业大国。在19世纪前期，美国多次通过提升关税促进了国内钢铁等制造业的发展。

1865年，美国南北战争以北方工业资产阶级胜利告终。这进一步决定了美国此后的发展道路。在战后，美国北方的工业迅速发展，工业化成为美国经济发展的一个主流趋势。同时，南方农业经济时代的结束也为制造业部门输送了大量劳动力。正是在上述国内环境的影响下，美国把握住了第二次工业革命的发展浪潮，在19世纪80年代成为全球最发达的工业化国家。

所以，在美国汽车产业起步之前，美国已经具备了当时全世界最发达的工业实力。这与中国、墨西哥的汽车产业发展初期薄弱的产业环境形成了鲜明的反差。

其次，从前面全球汽车产业的发展历程中可以发现，美国是典型的汽车产业先行国与创始国。以内燃机为基础的全球汽车产业创始于19世纪80年代中期，而美国的汽车企业几乎成立于同一时期，且从20世纪初开始，美国的汽车产业就开始通过流水线模式量产汽车，从而引领了全球汽车产业的发展。美国在汽车产业中的领导地位一直持续至第二次世界大战之后。所以，毫无疑问，美国在全球汽车产业发展的起点就已进入且处于领导地位。这也将决定其面临的初始环境、产业地位与发展中国家是截然不同的。

最后，美国汽车产业的发展同样受到内外部条件的深刻影响，能够为本书分析框架的进一步完善提供重要支撑。美国汽车产业的发展也有着曲折的发展历程，同样深受内外部产业环境的影响，然而其中的机制与发展中国家不同。所以，对于发达国家汽车产业的研究也有助于今后对本书分析框架的进一步完善。

12.2 美国汽车产业的阶段性发展特征

美国汽车产业的发展路径在技术、市场竞争等方面具有典型的阶段性特征，本书认为，美国汽车产业的发展整体上可以划分为4个阶段

（见图12.1）。美国汽车产业起步于19世纪末期，到第二次世界大战之前，美国汽车产业经历了半个世纪的蓬勃发展。在这一时期，生产技术的变革，即流水线技术的出现，是美国汽车产业发展的重要驱动力。在流水线模式推行之后，加之零部件技术的成熟，美国汽车产业迅速进入了量产化阶段，美国成为全球最大的汽车生产国。前面对于全球汽车产业的分析也显示，美国的汽车产量在这一时期处于绝对领导地位。第二次世界大战之后至20世纪80年代，随着欧洲、日本汽车产业的发展，美国汽车产业逐步失去全球垄断地位，甚至被日本汽车产业赶超。20世纪90年代之后，美国汽车产业吸取日本汽车产业的发展经验，开始了流程再造。21世纪以来，在金融危机等外部冲击的影响下，美国传统汽车产业陷入衰退，然而产业内革命性技术的出现又为美国汽车产业的发展提供了新的机遇。

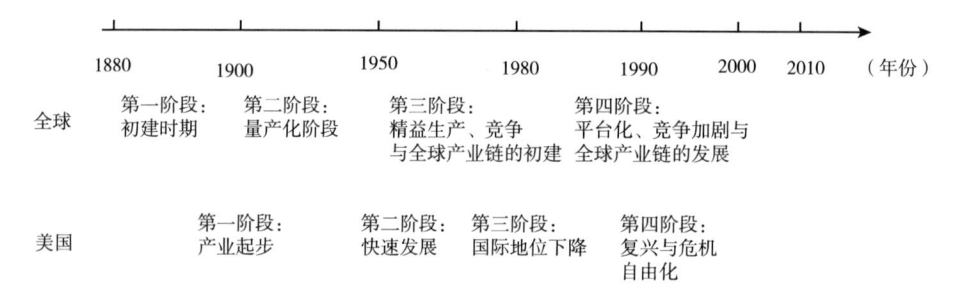

图12.1 美国汽车产业发展阶段

12.3 美国汽车产业的发展与对外投资

12.3.1 美国汽车产业的初始内外部条件

美国汽车产业创建于19世纪末期，在这一时期美国已经拥有了成熟的汽车产业发展条件（见图12.2）。从要素条件看，美国在这一时期已经拥有了产业工人、机械技术等充分的工业基础。在第一次工业革命之后，火车、轮船制造业在美国快速发展，甚至在地理位置关键的底特律等地形成了工业集聚。前面分析也表明，美国经济结构的转型也为美国的工业提

第12章
开放条件下美国汽车产业及典型汽车企业对外投资能力的形成与发展

供了充足的劳动力供给,而经历十年的工业化培养,美国产业工人的素质已相对较高。

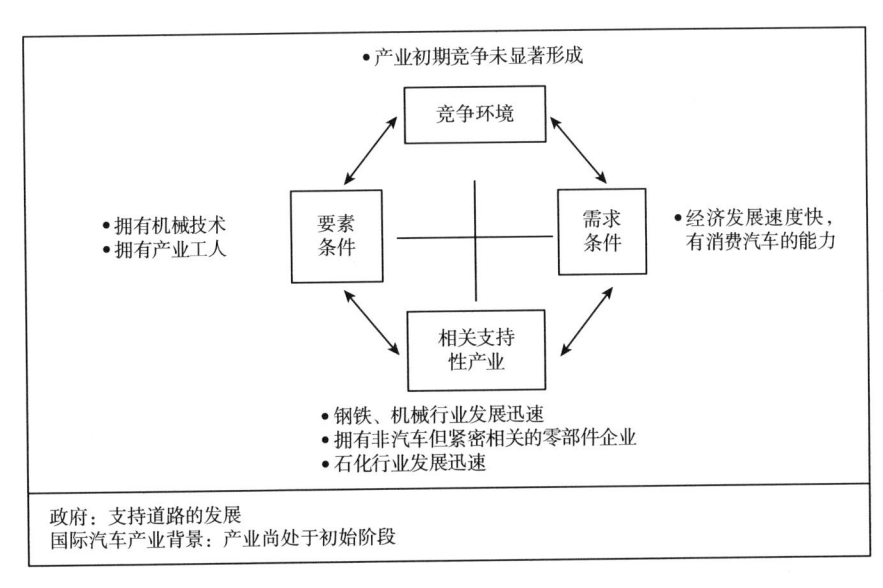

```
•产业初期竞争未显著形成
                    竞争环境
•拥有机械技术    要素         需求     •经济发展速度快,
•拥有产业工人    条件         条件      有消费汽车的能力
                    相关支持
                    性产业
                •钢铁、机械行业发展迅速
                •拥有非汽车但紧密相关的零部件企业
                •石化行业发展迅速
政府:支持道路的发展
国际汽车产业背景:产业尚处于初始阶段
```

图 12.2 美国汽车产业初始产业环境

从相关支持性产业看,初期支持美国汽车行业发展的重要产业主要包括美国的机械制造业、钢铁行业和石化行业。机械制造业方面,在前期工业化发展过程中,美国的机械工业得到显著的发展。例如,美国在19世纪最先制造了卧式铣床和万能铣床,铣床的运用对此后汽车零部件的加工起到至关重要的作用。机械行业的发展同样为流水线的引用提供重要保障。

从竞争环境看,在19世纪中后期开始,美国经历了快速的现代化进程,美国的钢铁行业发展迅速,有效支持了汽车行业的发展。在19世纪中后期,美国的钢铁业年均增长率达40%,19世纪后期到20世纪初的增长率也达10%(李拥军等,2008)。快速发展的钢铁行业为汽车制造提供源源不断的技术先进、质量优良、品种齐全的钢铁,保障了汽车行业的发展。同时,美国当时已经有了一定的自行车、蒸汽机车产业,这些产业中的零部件企业也加入了汽车产业之中(Langlois et al., 1989)。另外,美国的石化工业也为汽车大规模销售提供保证。石油的裂解技术是由美国标准石油公司的两名工程师在20世纪初研制成功的。这项技术大大提高了汽油的冶炼效率，使得汽油的出油率达 40%，从而为汽车的普及做出巨大的贡献。

从需求条件看，美国对汽车行业的需求主要来自国内的消费能力。作为昂贵耐用消费品，汽车消费需求与本国的经济实力高度相关。美国在南北战争后，经济迅速发展，1860~1894 年工业生产总值增长了 4 倍，位居世界第一（张警丹，1996）。经济的高速增长赋予了美国民众较高的汽车消费能力。

反观同一时期全球汽车产业的发展不难发现，全球汽车产业仍处于萌芽阶段。这赋予美国相对独立、宽松、充满机遇的发展环境。从全球汽车产业的发展来看，这一时期全球的主要汽车企业都处于初创阶段，产量很低，且远未达到国际销售的水平。所以，这一时期各国的汽车主要都在本国市场中销售。作为大洋彼岸的美国汽车产业自然能够在初期完全把握本国市场。同时，这一时期汽车产业的技术也远未成熟，这也为技术实力强大的美国提供了广阔的发展机遇。

12.3.2 基于内部基础的产业起步

正是基于上述有利的内外部环境，美国汽车产业在 20 世纪初开始起步。这一时期美国汽车产业的发展是由内部因素驱动的，即流水线生产技术的应用促成美国汽车产业的批量化生产。

美国汽车产业的起步始于流水线模式在汽车产业内的运用。1901 年，美国奥茨莫比尔汽车公司首次在汽车生产领域引入流水线（装配线）生产模式，并成功批量化生产出 Curved Dash Oldsmobile 车型。这也成为全球汽车产业中首款批量化生产的汽车。此后，福特在 1913 年改进汽车产业的流水线技术，引入运输皮带，从而成为第一个使用移动流水线的汽车生产商。

从技术要素角度看，美国汽车产业在这一时期的起步与当时美国机械、电气行业的发展密切相关。一方面，流水线模式的应用取决于当时美国国内的产业基础。在汽车产业实现流水线生产模式之前，由于机械与电气行业的发展，美国的部分其他行业存在初始的自动化生产模式。以福特

第 12 章
开放条件下美国汽车产业及典型汽车企业对外投资能力的形成与发展

为例,福特引入流水线是受当时美国屠宰业的自动化程序所启发;皮带传送等生产线也依赖于电动机等设备。另一方面,机械、钢铁等行业的发展为美国汽车产业的起步提供了基本的保障。

将流水线模式引入汽车产业极大提升美国汽车产业的生产效率,降低生产成本。福特通过在 T 型车中引入流水线生产模式,将 3000 个零部件分解至 84 个组装步骤,从而使得福特能够将生产一辆车的时间从 12 小时缩短至 90 分钟。所以,在福特引入流水线的当年,T 型车的年产量达到 17 万辆,是前一年的将近 3 倍。到 1927 年,福特 T 型车的总产量超过了 1400 万辆。[①] 随着生产效率的极大提升,福特的生产成本与售价也大幅降低。福特 T 型车早期售价为 850 美元,而到 20 世纪 20 年代初期,T 型车价格一度降至 300 美元以下。

在流水线模式引入汽车产业后,美国的汽车产量出现飞跃式增长。图 12.3 展示了 20 世纪初美国历年前八大汽车公司的汽车总产量。图中可以清楚看到,美国汽车产量在 1908 年和 1918 年先后出现了两次快速的上升趋势,这与美国汽车产业的技术变革、政府的联邦道路援助法案等事件相契合。在 1929~1933 年的金融危机中,由于宏观经济的冲击,美国汽车产量出现了严重的下滑,然而危机过后美国汽车产量又得到迅速恢复。从前面全球汽车产业的分析中可以看到,在技术驱动与政府支持下,美国汽车产业的产量在全球遥遥领先。

随着汽车产业发展方向的确定,美国汽车产业的竞争格局日益显现。在 20 世纪初期,汽车产业是美国的新兴产业,大量前期存在一定交通运输经历的企业(如马车企业、蒸汽汽车企业)加入汽车生产领域,其生产的产品包括蒸汽机车、电动机车以及汽油机车。所以,在流水线技术出现前后,美国汽车产业中整车企业数量达 272 家,仅 1907 年一年美国汽车产业中新成立的企业就达到 82 家(见图 12.4)。这一时期美国汽车产业内的大量企业为美国汽车市场提供了各类车型,市场集中度相对分散,企业之间竞争力差距并不大。

---

① http://en.wikipedia.org/wiki/Ford_Motor_Company.

图 12.3　20 世纪初美国汽车产量

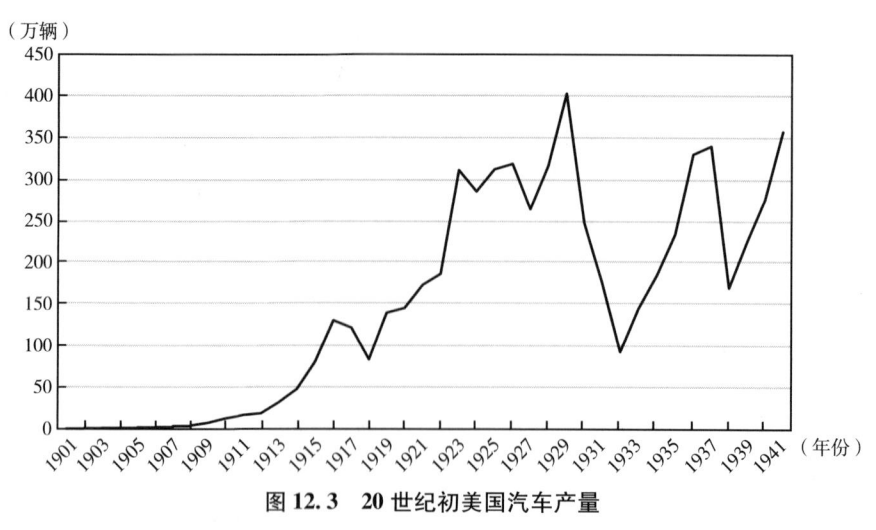

资料来源：美国汽车产量，https：//en. wikipedia. org/wiki/U. S. _Automobile_Production_Figures。

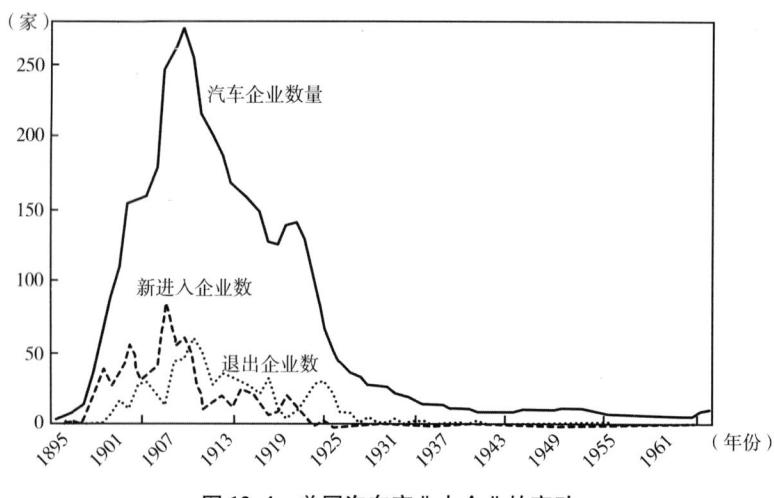

图 12.4　美国汽车产业中企业的变动

资料来源：Klepper S. The capabilities of new firms and the evolution of the US automobile industry ［J］. Industrial & Corporate Change，2002，11（4）：645-666.

然而，在 1908 年福特流水线生产模式诞生之后，产业内竞争态势发生了剧烈的变化，市场集中度快速提升。如前面所述，在流水线模式出现之后，福特 T 型车凭借优异的质量、低廉的价格迅速扩大产能，占据市场。汽油机与流水线成为汽车生产的主要模式。所以，从这一时期开始，大量汽车企业被并购或挤出市场，同时进入行业的门槛越来越高。从而使美国汽车产业中退出企业的数量开始高于新进入企业的数量，行业内企业的数量开始大幅下降，如图 12.4 所示。

从更微观的角度来看，美国汽车产业在这一时期经历了大规模的兼并浪潮，并最终形成了三大汽车巨头。在 20 世纪初期，福特流水线模式的应用使其迅速成为美国最大的汽车制造商。然而福特为市场提供的产品相对单一，这让追求多元化的通用捕捉到了发展契机。所以，杜兰特以奥兹汽车和别克为基础成立了通用，并在此后 20 年中兼并了雪佛兰、奥克兰汽车公司和凯迪拉克等汽车公司，一举成为美国最大的汽车生产商。类似的，面对激烈竞争，福特、克莱斯勒通过并购整合市场份额，最终在 20 世纪 30 年代形成美国汽车市场寡头垄断的竞争局面。

所以，有利的生产能力、产业内部的竞争加之同时期美国经济发展带来的需求条件，美国汽车产业在 20 世纪初期开始快速发展。在 20 世纪 30 年代，美国汽车产业已成为全球汽车产业的主导力量。

12.3.3　产业的快速发展以及内、外部条件的互动

在完成了量产化革命，形成国内汽车产业垄断竞争格局之后，美国汽车产业在 20 世纪 30 年代至 70 年代经历了快速发展阶段（见图 12.5）。这一时期美国汽车产业的快速发展是产业技术与需求共同作用的结果。而在这一过程中，美国政府的基础设施建设、外部战争需求的促进与美国汽车产业环境产生积极的互动作用。

从要素条件与相关支持性产业看，在流水线生产模式发展的同时，美国的科技能力支持美国汽车产业中相关技术的快速发展。汽车重要零部件技术始发于欧洲，然而在巨大的汽车市场需求引导与技术支持下，美国汽车产业在这一时期将大量技术进行重要改进，并率先应用于批量化生产的汽车。例如，V 型发动机由法国工程师设计发明，然而第一款批量应用 V8 发动机的是美国的凯迪拉克；变速箱最早由法国工程师发明，却由美国通用汽车公司率先将自动变速箱应用于本公司量产化生产的汽车之中。类似的，助力转向、自动变速、液压制动、汽车照明、车载空调系统均是在美国汽车产业中得到首次批量应用。

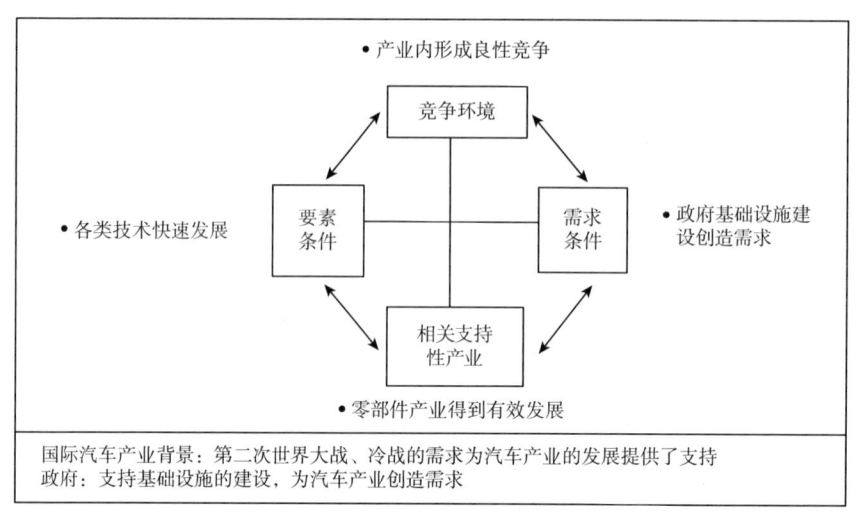

```
┌─────────────────────────────────────────────────────────────┐
│                    •产业内形成良性竞争                        │
│                         ┌────────┐                          │
│                         │ 竞争环境 │                         │
│                         └────────┘                          │
│                          ↑    ↑                             │
│              ┌────────┐      ┌────────┐                     │
│ •各类技术快速发展  │要素条件│──────│需求条件│ •政府基础设施建 │
│              └────────┘      └────────┘  设创造需求         │
│                          ↓    ↓                             │
│                        ┌──────────┐                         │
│                        │ 相关支持  │                         │
│                        │  性产业  │                         │
│                        └──────────┘                         │
│                    •零部件产业得到有效发展                    │
└─────────────────────────────────────────────────────────────┘
```

国际汽车产业背景：第二次世界大战、冷战的需求为汽车产业的发展提供了支持
政府：支持基础设施的建设，为汽车产业创造需求

图 12.5　20 世纪 30 年代至 70 年代美国汽车产业环境

从竞争环境看，美国汽车产业的技术发展是本国科技水平、产业竞争与外部需求共同作用的结果。首先，如前面所述，美国拥有先进的机械与电气技术。这是美国能够在汽车产业进行研发与技术创新的基础。其次，寡头竞争模式促进了资源的集中，也促使企业通过技术创新提升竞争力。一方面，林肯、凯迪拉克、道奇这类优质汽车企业的合并提升了汽车企业的技术研发以及市场销售能力，也有利于企业形成规模经济，提升其竞争能力；另一方面，克莱斯勒、福特和通用三家汽车企业的市场争夺战也促使三家企业不断加强技术的研发，不断完善汽车性能。例如，克莱斯勒改良汽车点火装置，率先使用了流线型车身、四速半自动变速器。福特率先在林肯 V12 型轿车中使用了车载空调，设计生产了 V8 船型轿车。通用也在此时期完成了助力转向、独立前轮悬挂单体结构和整体钢顶棚等创新。最后，第二次世界大战的需求也一定程度上为美国汽车产业的技术发展提供了支持。由于战争需求，在第二次世界大战时期美国汽车产业为盟国提供了大量的军事运输设备，如重型卡车、装甲车等。由于用途的差异，军事运输装备存在一些特殊需求，例如对自动变速、助力转向等技术存在较高需求。也正是在特殊需求下，美国汽车产业在上述技术方面取得了发展；在经历了战争的检验后，这些技术也更为成熟，并被量产化应用于民用汽车产业。

从需求条件看，美国这一时期对于汽车的需求很大程度上归功于政府

第 12 章
开放条件下美国汽车产业及典型汽车企业对外投资能力的形成与发展

在基础设施领域的贡献。汽车产业的发展依赖于道路交通基础设施。而在 20 世纪初期汽车产业出现之时，美国道路状况较差，阻碍了美国汽车产业的发展。为促进国内交通运输的发展，美国在 1916 年实施了《联邦道路援助法案》，出资 7500 万美元，通过联邦政府与州政府的共同出资修缮州际公路。1921 年，美国政府再次通过了新的联邦道路援助法案，[①] 仅 1921 年就向州政府提供 7500 万美元的资金。而到第二次世界大战之后，艾森豪威尔政府在 1956 年实施了《联邦援助高速公路法案》，进一步修建和完善州际公路网络系统。这一方面受到了美国汽车巨头的推动，另一方面也是在冷战背景下提升美国战时物流效率的需要。可见，从 20 世纪 20 年代之后，政府的大规模投资支持了交通基础设施的修缮，为汽车产业的需求提供了有力保障。

综上所述，美国汽车产业的发展是一个内、外部条件互动的过程。一方面，在汽车产业的发展过程中，随着技术的成熟行业内形成了激烈的竞争，部分企业为增强自身竞争力开始了大规模的并购，并最终形成了三大巨头的竞争格局。另一方面，也正是随着垄断企业的形成，大企业有动机也有能力进行大规模研发，并推动美国汽车产业技术的发展。毫无疑问，在这一过程中，美国汽车产业的产业环境、政府对交通基础设施的完善以及外部国际环境都起到了重要的支持性作用。正是上述因素的共同作用，推动美国汽车产业整体上的巨大发展，并在这一时期成为全球汽车产业的领导者。

12.3.4 美国汽车产业国际地位的下降

20 世纪 70 年代之后，美国的汽车产业开始受到来自日本和欧洲的冲击。这一时期美国汽车产业的发展同样受到了内、外部产业条件的共同作用。而与前期主要受国内产业条件影响不同，这一时期美国汽车产业更大程度上受到了国际产业发展趋势的影响。

从国际产业条件方面看，战后欧洲与日本的崛起逐步对美国汽车产业形成了竞争。正如前面所述，第二次世界大战过后，欧洲与日本的汽车产

---

① 联邦道路援助法案，https://en.wikipedia.org/wiki/Federal_Aid_Highway_Act_of_1921。

业快速复苏，尤其是日本汽车产业在精益生产模式下，生产效率、产量均快速提升。所以，到 20 世纪 60 年代末，日本和欧洲的汽车已经开始进入美国市场。1969 年，大众出口美国的汽车数量超过 54 万辆，其次是丰田，其出口量也超过 12 万辆。而当年美国国内汽车产量约为 1000 万辆。[①]

在这一过程中，美国国内产业竞争却未能对美国汽车产业的发展起到积极作用，而工会压力进一步刺激了恶性竞争。在 20 世纪 70 年代，美国汽车产业进入了竞争激烈的阶段，工会势力的崛起以及高额的医疗保险进一步加重了企业的负担。面对激烈的竞争，美国三大汽车巨头并未在生产效率与产品类型上做出改进，反而通过降低产品质量、夸大产品性能等方式陷入了恶性竞争。这造成了一系列的安全漏洞与质量问题，通用、福特、克莱斯勒的品牌形象也因此受到损害。

在上述条件下，这一时期全球宏观经济中石油危机的爆发加剧了美国汽车产业的危机。20 世纪 70 年代，全球共爆发两次大规模石油危机。油价大幅提升，这使美国汽车消费者对高耗能汽车的偏好大幅下降，而对经济型轿车的需求大幅上升。这对主要销售高能耗车型的美国三大汽车集团无疑是一个巨大冲击，却为日本汽车产业打入美国市场提供了宝贵的机会。

所以，到 20 世纪 70 年代末，主打经济型轿车、采取精益生产模式的日本汽车产业迅速占据美国市场。在 1973 年，日本对美国的汽车出口约为 74 万辆，到 1977 年，这一出口数量达到约 140 万辆，1980 年日本对美汽车出口数量进一步增长到了 191 万辆，占当年美国汽车销量的 21.3%。日本对美国的大量汽车出口对美国汽车产业造成了巨大的冲击。1980 年，在美国汽车产业中，仅整车领域的失业人数达 30 万人，其支持性产业的失业人数更是达 50 万人（SATAKE，1999）。

为保护美国汽车产业，美国政府通过对日本施压，限制日本汽车对美国出口，却促使日本企业通过投资的方式开拓美国市场。面对日本汽车产业的冲击，美国汽车工会与美国政府对日本施压，一方面希望日本降低关税与非关税壁垒，对美国汽车产业开放日本市场；另一方面希望日本汽车企业对美国投资以降低出口。1981 年，日本在美国的压力下进一步单方面

---

① 美国汽车产业，https://en.wikipedia.org/wiki/Automotive_industry_in_the_United_States。

实行"自愿出口限制",规定对美出口配额。1981年,日本汽车企业对美国出口限制在168万辆以内,此后逐步放宽(姚俊梅和张炳清,1996;SATAKE,1999)。面对上述限制,日本企业开始对美国投资,20世纪80年代,丰田、日产、马自达、三菱以及富士重工分别通过独资和合资的方式投资进入美国。20世纪80年代初期,上述工厂的年产量基本都在20万辆以上,丰田在俄亥俄州的工厂年产量达51万辆(丁强,2014)。图12.6也显示出,在80年代中期到90年代中期,日本汽车在美国的年销量依然保持在350万辆左右,其中本地生产的比例不断攀升,出口的比例却不断下降。

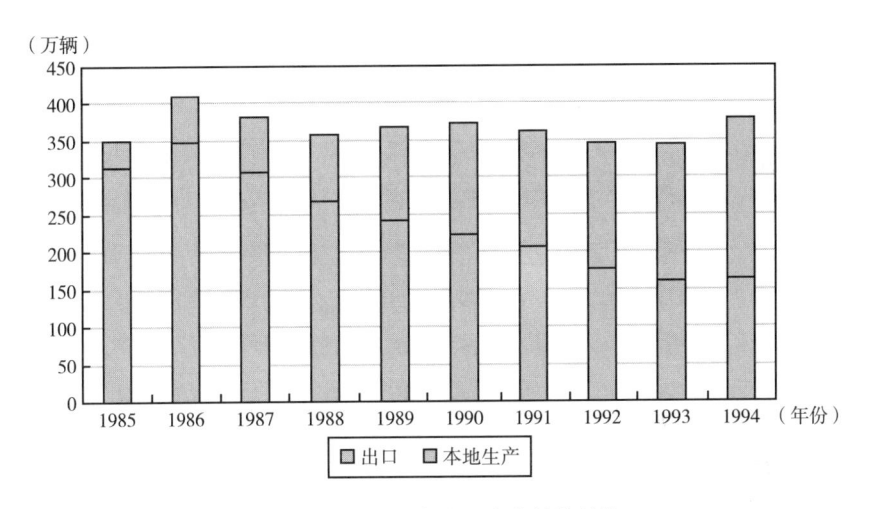

图12.6　日本汽车企业在美销售结构

资料来源:丁强.论20世纪80年代的美日汽车贸易摩擦——以日本对美汽车出口自主限制为视角[J].长春师范大学学报,2014,33(9):31-34.

12.3.5　内外部环境下美国汽车产业的复兴与危机

面对危机,美国汽车产业在国内产业环境的引导下开始改革,其中政府与学术界做出了巨大的贡献。一方面,在石油危机之后,美国政府开始实行公司平均燃油经济性标准(CAFE)。该标准在20世纪70年代末规定了企业平均燃油经济性需达到百公里油耗在13升以内;1985年这一标准进一步下降至8.55升。这一规定促使美国企业不断提升燃油经济性。从图12.7中不难发现,20世纪70年代末开始,美国国内生产汽车的燃油经济性不断提升并在21世纪初前后与国际进口汽车达到同等水平。原因之一是日本企业在美国投资拉低了国产车的油耗水平，原因之二是本土企业在政府规定下提升了新车型的燃油效率。

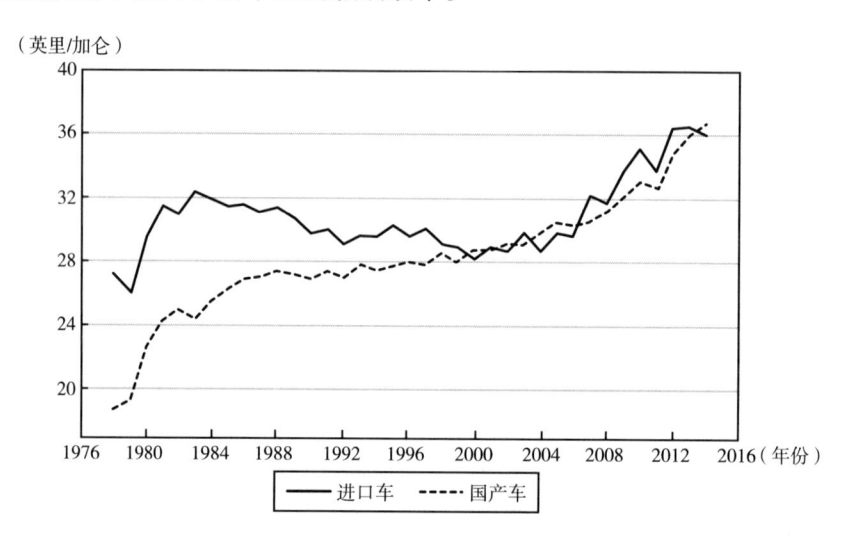

图12.7　美国乘用车平均燃油经济性

资料来源：美国国家公路交通安全管理局。

另一方面，美国拥有丰富的科研资源，美国学术界对日本汽车产业的研究助力美国汽车产业实行流程再造，大大提升美国汽车企业的生产效率。在20世纪80年代中期，美国麻省理工学院组织学者对日本汽车产业的生产模式进行深入研究。美国学者发现，美国汽车企业仅仅在其原有生产流程中应用信息技术，而非基于信息技术改造生产流程。这严重阻碍了企业的生产效率。为此，美国学者协助企业共同推进汽车产业的流程再造，从而大大优化美国汽车产业的生产效率。以最典型的福特应付账款部门为例，福特通过流程再造将原有从事应付账款业务的500名员工压缩了75%（Hammer，1990）。

同时，从20世纪80年代开始，美国汽车产业通过对外投资寻求产品的转型与效率的提升。将劳动力密集型产业链段投资墨西哥成为美国汽车产业提升效率的重要手段。这一事实已在本书进行了详细阐述，在后面美国汽车产业对外投资的分析中也将进一步探讨，在此不再赘述。

近年来，金融危机以及福利主义对美国传统汽车行业产生巨大冲击，三大汽车企业中两家进行破产重组。然而，当前全球汽车产业迎来革命性的发展机遇，即取代传统汽车的电动车与无人驾驶技术迅速发展。作为技术与研发前沿的美国在上述领域均占有先机，也为美国汽车产业未来的转型与发展提供了重要保障。

12.3.6 美国汽车产业对外投资及其能力的形成与发展

美国是全球汽车产业的领导国，对外投资涵盖全球汽车产业国际化发展的整个过程。具体来看，美国汽车产业的能力延展型对外投资主要包含两个方面：其一是市场获取型的对外投资；其二是效率提升型的对外投资。这两种类型的对外投资对跨国公司的竞争力要求各不相同。

市场获取型对外投资贯穿美国汽车产业发展整个过程，该类型的投资要求企业拥有垄断优势。从20世纪初期，美国汽车产业中的领导型企业，如福特、通用，开始通过海外建厂拓展自身产能，占据国际市场。这一类型的对外投资事实上正是海默的垄断优势理论所描述的情形：企业通过自身技术、设备等垄断优势克服外资劣势进入东道国并获得持续发展。

显然，美国汽车产业从21世纪初开始就具备绝对的垄断优势。从前面分析不难发现，21世纪初开始，美国通过流水线模式的引入实现量产化，汽车产业的关键技术也在内外部条件下快速发展。这些技术优势成为美国汽车产业对外投资最重要的垄断优势。虽然此后日本汽车产业快速发展并对美国汽车产业形成冲击，然而美国汽车产业在全球汽车市场的大排量汽车领域仍然存在品牌、技术等优势。正是在垄断优势的保障下，美国汽车产业的领导型企业，如福特、通用，从1910年之后开始通过投资进入欧洲、南美洲甚至日本市场。到20世纪90年代之后，美国汽车产业进一步加大了对东欧（如波兰）、亚洲（如泰国、印度尼西亚、中国）等地区的投资（Humphrey & Memedovic，2003）。

美国汽车产业效率提升型对外投资的兴起始于20世纪60年代之后，该类型的对外投资主要是通过产业链的布局降低生产成本。效率提升型对外投资需要美国汽车产业拥有将产业链准确细分的能力以及对东道国生产条件的识别能力。事实上，从流水线生产模式发展开始，美国汽车产业就已经将汽车生产流程逐步标准化、模块化，这为美国汽车产业在 60 年代之后在全球范围内布局产业链提供重要基础。另外，效率提升型对外投资的东道国往往是发展中国家，发展中国家虽然拥有廉价的生产要素，但其生产条件相对薄弱，当地企业的生产能力也存在较大的差异。因此，利用当地生产能力需要企业对东道国有充分的了解。美国汽车产业从 20 世纪初期开始对外投资，这一过程中不乏对发展中国家的投资，例如墨西哥。所以，在前期投资过程中，美国汽车产业能够充分认识当地生产条件，并寻找合适的当地伙伴进行合作。

在效率提升型投资方面，美国汽车产业投资墨西哥是最为典型的案例。墨西哥与美国相邻，运输条件相对便利。通过前期投资，美国汽车产业在墨西哥建立起一定的产业基础，并对墨西哥产业条件有所认识，甚至存在一定的政治影响力（韩琦，2009）。所以，在 20 世纪 80 年代之后，尤其是北美自贸区建立之后，美国汽车产业将墨西哥纳入其产业链之中，并将部分新型号汽车的组装、关键零部件的生产布局在墨西哥北部边境。由于美国汽车产业在墨西哥的长期存在，美国汽车产业往往能够寻找到当地合格的合作伙伴。

从美国汽车产业对外投资的分析中不难发现，美国汽车产业的国际化发展与全球汽车产业的发展趋势是一致的。这一方面是由于美国本身就是全球汽车产业的领导国；另一方面，第二次世界大战之后，美国汽车产业的发展深刻受到全球汽车产业的影响。例如，其效率提升型对外投资、大规模国际并购均是由全球汽车产业的激烈竞争所引致。

12.4 美国典型汽车企业及其对外投资能力的形成与发展——以福特为例

12.4.1 福特的简介与发展历程

1. 福特的成立背景

福特汽车公司的成立背景可以追溯到其创始人亨利·福特的早年生

第 12 章
开放条件下美国汽车产业及典型汽车企业对外投资能力的形成与发展

活经历。这些经历与当时美国的产业发展背景密切相关。在企业建立之前，亨利·福特积累了大量的机械专业知识与创业经验。从专业知识角度看，亨利·福特出生于条件宽裕的家庭，他从小对机械制造有着浓厚的兴趣。在 1878 年，15 岁的福特亲手制造了第一台内燃机，当时离内燃机理论的提出不足半个世纪，离活塞式内燃机问世不足 20 年。一年之后，亨利·福特来到底特律。19 世纪中期，在美国第二次工业革命的大浪潮下，底特律凭借其在美国五大湖地区的有利地理区位发展出了机械、造船等制造业。在随后的 20 年中，亨利·福特凭借自身的专业素质先后就职于福拉瓦机械厂、底特律造船厂（引擎车间）、美国西屋电气公司，并在 30 岁那年成为爱迪生照明公司的总工程师。此后，亨利·福特成功制造出了两辆内燃机汽油车。福特制造出的第一辆"四轮汽车"的时间为 1896 年，此时离奔驰第一辆"三轮车"问世仅相隔 10 年。

从创业经验角度看，在成功制造出汽车之后，亨利·福特经历了两次失败的汽车创业经历。第一次创业之后不久企业就宣告破产，创业失败的原因是福特过度专注汽车技术的研发，而忽视销售市场。之后，亨利·福特开始第二次创业，他的公司制造出当时性能非常优越的汽车。然而汽车质量的优势并未给福特的汽车企业带来高额利润，反而因为汽车高昂的造价使得福特最终被迫离开公司。1903 年，亨利·福特与 12 位投资者以 2.8 万美元的资金共同创办了美国福特汽车公司。①

2. 福特的发展历程

福特是典型的家族式企业，发展历程与企业领导人的风格密切相关。所以，福特领导人的更迭很大程度上影响了福特的发展历程。

福特发展的第一个阶段为亨利·福特时代。1903 年，亨利·福特建立福特汽车公司之后，企业凭借技术优势经历了约 20 年的快速发展时期。在公司成立当年，福特通过优化汽车发动机，推出了其第一款车型——A 型车。由于 A 型车采用结构简洁、技术稳定、价格低廉的设计理念，一经推出就受到市场的良好反馈。在秉承 A 型车设计理念的基础上，福特在

---

① 资料来源：福特官网。

1908年推出了T型车，并在5年之后将流水线生产模式引入T型车的生产。此时的T型车具有两大特征：一是，T型车实现了流水线生产，极大提升了生产效率；二是，T型车的零部件实现了标准化生产，降低了试装和维护成本。T型车的上述优势为福特打开了大众消费市场。在20世纪20年代初期之前，T型车的产量快速上升（见图12.8），到1927年停产，T型车总共销售了约1500万辆。

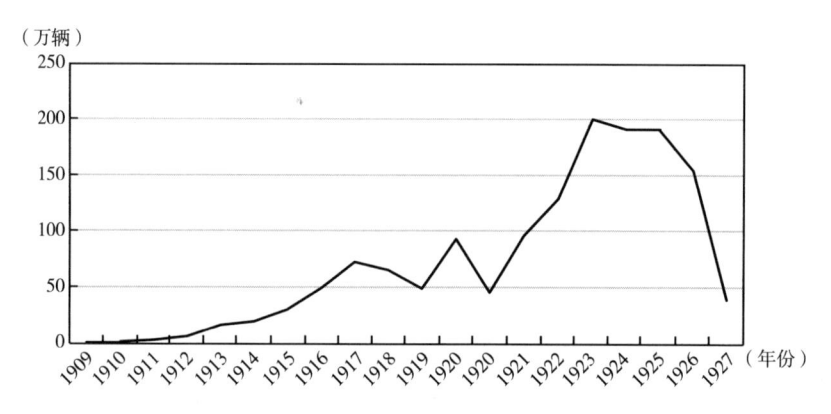

图12.8　20世纪初福特产量

注：1920年之前是按财务年统计，1920年之后按自然年统计。
资料来源：美国汽车产量，https：//en.wikipedia.org/wiki/U.S._Automobile_Production_Figures。

但是，T型车的革命性意义并未给福田带来持续的辉煌。20世纪20年代后期，由于亨利·福特独断专行的管理模式，福特坚持销售单一产品。通用通过多元化的市场供给迅速超越了福特，福特失去了全球最大生产商的地位。1929年，福特在美国汽车市场的销售占比约为30%，10年之后，这一数字下降至不足20%。由于落后的管理加之错误的用人，到20世纪40年代初，福特的年亏损已达到数千万美元。

面对企业的衰败，在美国政府支持下，亨利·福特的孙子——小亨利·福特于1945年接管福特，开启福特发展的第二个阶段。小亨利·福特接管福特之后首先对福特内部的人事进行改革，开除拥有黑社会背景的班尼特及其手下1000余人，并雇用原通用副总裁欧内斯特·布里奇以及一批在战时为军队组建信息管理系统的退役军官（巴克，2007）。

小亨利·福特的改革对福特发展起到两方面的重要作用。第一，福特

第 12 章
开放条件下美国汽车产业及典型汽车企业对外投资能力的形成与发展

开始转变产品发展模式，学习通用推出多样化的产品，并在20世纪五六十年代推出了经典的"雷鸟"和"野马"等车型。第二，小亨利·福特建立成本核算系统，控制生产成本。上述努力也迅速帮助福特起死回生，1946年，福特实现微弱的盈利，到20世纪50年代初，福特的年利润已高达数亿美元（巴克，2007）。

然而，在20世纪60年代之后，福特的良好发展趋势让小亨利·福特骄傲自满，并担心曾对企业发展做出重要贡献的员工对自己的权势产生威胁。所以，艾柯卡、布里奇等一批福特高级经理人被辞退。这不仅造成福特的人才流失，而且，大量被解雇的福特工程师和经理人加入了克莱斯勒，协助克莱斯勒对福特的发展造成巨大竞争。所以，20世纪70年代后期福特的市场占有率不断下滑，到80年代初福特再次陷入巨额亏损。

在20世纪80年代之后，随着亨利二世的退休，福特开始由外部职业经理人掌管。在亨利二世之后，福特意识到家族式管理模式对于福特的局限性，从而开始引入家族外部的职业经理人经营企业。在亨利二世之后至2017年的8位福特CEO中，只有威廉·福特为福特家族成员。从表12.1中不难发现，这些职业经理人均具有较高的学历背景、丰富的财务管理和国际化经验。这为福特20世纪80年代之后的发展，尤其是危机中的生存提供了重要保障。

表 12.1　　　　　　　　　　福特领导人简介

姓名	任期	学历背景	前期经历	主要业绩
菲利普·考德威尔（Philip Caldwell）	1979~1985年	哈佛商学院的工商管理硕士	前期在福特国际业务部门任职	新车型设计Ford Taurus和Mercury Sable
唐纳德·彼得森（Donald Petersen）	1985~1990年	斯坦福大学商学院工商管理硕士	参与第二次世界大战	实现福特管理模式的转型
哈罗德·波林（Harold Poling）	1990~1993年	印第安纳大学工商管理硕士	前期在空军及福特欧洲任职，成本分析师	成本控制
亚历山大·特罗特曼（Alexander Trotman）	1993~1998年	密歇根州立大学硕士	早年任职于英国皇家空军	成本控制

续表

姓名	任期	学历背景	前期经历	主要业绩
雅克·纳赛尔（Jacques Nasser）	1999~2001年	墨尔本皇家墨尔本理工学院	早期任职于澳大利亚总部，亚太、拉美业务部，财务分析师	成本控制，全球产业链布局
威廉·福特（William Ford）	2001~2006年	麻省理工学院理学硕士	早期任职福特瑞士公司董事长兼执行总监	提高燃油效率，推行油电混动
阿兰·穆拉利（Alan Mulally）	2006~2014年	麻省理工学院管理硕士	早期任职于波音	金融危机期间稳定了福特的财务
马克·菲尔兹（Mark Fields）	2014~2017年	哈佛大学工商管理硕士	曾任职马自达汽车公司总裁兼首席执行官	精简福特的北美业务

福特从80年代之后实现管理模式的转变，加速国际布局，并控制成本。从20世纪末期开始，福特实行改革与流程再造，合并、简化业务，控制生产和管理成本。同时，福特开始加速全球产业布局，尤其在北美自贸区建立之后，福特进一步将墨西哥纳入自身的生产体系。一系列措施之后，福特在90年代一度超越了通用。也正是在福特有效的管理模式下，福特度过了金融危机的难关，成为美国三大汽车巨头中唯一一个未破产的企业。

3. 福特的国际化发展

福特是全球最早进行国际化发展的汽车企业之一，从建立之初就通过出口和投资拓展海外市场。与传统的渐进式国际投资理论类似，福特的国际化也遵循了出口、建立销售公司、建立KD工厂、建立一体化工厂这一模式。1929年之前，美国汽车生产商对外出口面对的东道国税率较低（Noguez，2013），所以福特从建立之初就通过出口拓展欧洲市场与南美洲市场。随着对东道国市场认知程度的加深，福特在主要的汽车消费国进行投资。例如，1904年，在加拿大建立第一个国外生产工厂；1909年，在英国成立销售公司，并于两年后在曼彻斯特建立北美地区以外的第一家工厂；1913年，投资进入法国。在福特流引入水线技术之后，福特凭借技术优势进一步加速对外扩张的步伐，先后进入欧洲的爱尔兰（1917）、丹麦（1923）、德国（1925）、奥地利（1925），拉美的

第 12 章
开放条件下美国汽车产业及典型汽车企业对外投资能力的形成与发展

墨西哥（1925）、阿根廷（1925），亚洲的日本（1925），非洲的南非（1924）和大洋洲的澳大利亚（1925）。[①] 到 20 世纪 60 年代，福特在海外总共拥有 14 家子公司（包括整车厂）、8 家销售公司和 8 个一体化生产基地（Noguez，2013）。此后，随着 90 年代之后发展中国家汽车市场的崛起与汽车产业的贸易壁垒，福特进一步通过投资进入中国、泰国、印度等发展中国家。

除市场开拓性对外投资之外，福特从 20 世纪 70 年代之后加速全球产业链的布局。随着美国本土劳动力价格的提升以及全球汽车产业竞争的加剧，福特从 70 年代在欧洲的西班牙局部整车组装工厂，辐射整个欧洲地区（Humphrey & Memedovic，2003）。福特在南美布局产业链主要在 80 年代之后。80 年代初，墨西哥债务危机使得墨西哥货币大幅贬值，墨西哥的出口竞争力大幅提升。尤其是在 90 年代之后，随着墨西哥外资政策的开放以及加入北美自贸协定，福特借助前期在墨西哥的投资基础加速在墨西哥的产业布局，尤其是在墨西哥北部边境的 Hermosillo、Chihuahua 等地区局部建立数家整车组装厂与发动机厂。

除市场获取型对外投资与全球产业链布局之外，福特从 20 世纪 90 年代之后通过国际并购拓展产品线。福特并购了阿斯顿马丁、路虎、沃尔沃等高端轿车品牌。由于自身品牌主要侧重中端市场，福特希望能够通过引入高端品牌整合渠道、技术、设计等资源，从而在当时激烈的全球竞争环境中占得先机。以收购沃尔沃为例，沃尔沃是瑞典著名的汽车企业，在环保、安全性能方面表现突出。这正是福特希望获得的重要资源。沃尔沃轿车本身市场份额很小，所需投资巨大，企业主要侧重于商用车的生产和销售，所以能够被福特收购也符合沃尔沃轿车以及沃尔沃集团的发展需求。但由于金融危机的冲击，上述品牌在未能实现有效整合的阶段就被迫出售。目前，福特又回归到"一个福特"发展战略。

---

① 福特汽车，https://en.wikipedia.org/wiki/History_of_Ford_Motor_Company#General_corporate_timeline。

12.4.2 内外部环境作用下福特的能力发展

1. 初建阶段福特的能力发展

从福特的成立背景与初期发展经历中不难发现，福特初建阶段生产能力与低成本量产化能力的发展很大程度上得益于国内产业环境的影响。如前面所述，当时美国已经拥有相对完善的工业体系与机械技术，同时企业外部存在一定的零部件供应体系，虽然这些外部供应商本身并非直接针对汽车生产，然而客观上为福特早期的外部采购和生产的起步提供了重要的支持。更为重要的是，福特流水线模式的应用也得益于本国的产业环境。一方面，前期美国汽车企业中已经有流水线分工模式的应用。这为福特学习和模仿提供了基础。另一方面，当时美国的机械技术发展使得移动式流水线应用于其他行业（如对福特产生重要启示的屠宰业）。这也为福特改进汽车生产流水线做出了巨大贡献。

同时，全球汽车产业技术的革命性突破事实上也为福特的早期生产能力以及资本能力的发展提供重要基础。福特早期的发展过程也正是全球汽车产业的起步过程，外部环境的影响相对较小。客观上，福特早期汽车技术的应用得益于当时全球汽车产业中相关技术的出现，例如发动机技术的出现是福特发动机生产的基础。而这一时期全球汽车产业未实现量产化的特征也使福特引入流水线后一跃成为全球最大汽车生产商，并积累大量资本的基础。相对于前面发展中国家企业以及福特后期的发展，由于福特初始时期也正处于全球汽车产业的初始时期，早期能力积累受到全球汽车产业的影响相对较少。

对于和全球汽车行业同时起步的福特而言，福特早期的能力发展更多得益于企业自身的特征，尤其是创始人与企业文化。首先，创始人的技术背景是福特技术能力的重要保障。从亨利·福特早年背景不难看出，福特的创始人——亨利·福特是一位技术型人才。他对汽车技术本身具有浓厚的兴趣和非常专业的技术背景，甚至在青年时期就自制了汽车发动机。这为福特早期优异、稳定的生产技术提供了重要的保障。

其次，福特创始人前期的创业经历也成就了福特早期的发展理念，为其流水线生产模式的出现打下基础。亨利·福特除了拥有技术经验以外，在创建福特公司之前有过两次创业经历，这两次失败的重要原因都是因为福特一味追求产品性能，而未能考虑消费市场的需求特征。也正是面对两次失败的教训，亨利·福特在创建福特公司之后极力推动汽车量产化的实现，将汽车向普通大众销售，寻求各种降低成本的方式。也正是在这一背景下，福特改进、发展出了移动流水线生产模式，实行零配件标准化以及生产标准化。最终，福特将3000个零部件的复杂装配活动分解至标准、简单的84个组装步骤，从而以非熟练劳动力替代熟练劳动力，降低了劳动力成本。上述生产方式的研发极大提升福特的生产能力与生产成本控制能力。

然而，福特的家族史管理模式特征与创始人性格也为福特在20世纪30年代之后的相对衰弱，尤其是为产品创新、财务成本控制能力的欠缺埋下了隐患。在创办福特公司之后，亨利·福特完全掌控了公司发展，然而由于亨利·福特本身并未受过完善的教育，从而忽视了管理层的教育水平，在亨利·福特执掌福特公司的后期，其高级管理人员中没有一位接受过高等教育，反之具有黑社会背景的员工却在福特公司内大行其道。这使得这一时期福特公司的财务状况极为混乱，财务成本居高不下。同时，亨利·福特技术出身的背景使其专注于汽车的生产技术，却完全忽视了用户的多样化需求。这为通用的崛起并超越福特提供了机会。所以，福特的独断专行与用人模式的失误削弱了福特的产品创新、财务成本控制等能力。

2. 福特在发展过程中能力的积累

在福特发展过程中，全球汽车产业的发展逐步开始加深对福特能力发展的影响。随着汽车产业与其他企业的发展，福特在全球汽车产业中的领导地位逐步减弱，全球汽车产业的整体发展趋势开始影响福特的发展与能力的积累。一方面，日益激烈的竞争促使福特开始发展多元化产品，提升平台化研发能力。在第二次世界大战之后，福特推出了福特"雷鸟"、福特"野马"等多款经典车型，并为福特赢得了国内外市场。在这一过程中，福特也在20世纪80年代之后开始研发和推行平台化发展战略，提升企业的产品整合能力。另一方面，日益加剧的全球汽车产业竞争也促使福特提升成本控制能力。在70年代之后，随着日本汽车产业的崛起，福特在全球乃至在本国的发展都面临巨大的冲击。为应对日本企业高效率、低成本的竞争力，福特开始反思自身在财务和管理方面低效的原因，并进行了初步整改，从而一定程度上提升了成本控制能力（Hammer，1990）。

从美国国内汽车产业发展条件看，政府与学界的支持为福特资本实力的积累以及产品国际竞争力的发展提供了重要的基础。正如前面所述，首先，美国政府在第二次世界大战前后都致力于发展国内的州际公路系统，这为福特在国内发展提供了重要的消费需求。其次，在面对石油危机的冲击时，美国政府推行了"公司平均燃油经济性标准"，促使福特进行改革。这有利于福特之后产品国际竞争力的提升。最后，在美国汽车产业面临日本精益生产模式冲击时，美国学界开始研究流程再造，福特就是流程再造最早的受益者之一。

在全球汽车产业发展趋势的引导与国内有利条件的支持下，福特通过企业自身的先行优势以及在成本、人力资源管理等方面的优化进一步提升了企业在资本、产品研发、成本控制等方面的能力。

首先，福特在第二次世界大战之后的发展占据了市场、技术方面的先行优势。福特在 20 世纪 20 年代成为全球最大的汽车生产商。前面的分析也表明，其生产与销售网络遍布美国乃至全球。虽然此后福特的发展模式出现失误，也被通用超越，然而福特依然是全球第二大的汽车生产商，且相比于欧洲与日本企业，福特并未受到战火袭扰。所以，福特在第二次世界大战之后依然拥有丰富的市场资源并传承了前期的技术积累。这为福特后期的车型研发、零部件技术、安全系统技术等方面的发展提供了重要基础。

其次，福特在这一时期的内部管理层调整也是福特能力发展的重要优势。在亨利·福特之后，其孙子小亨利·福特接管了福特公司。小亨利·福特一方面拥有良好的教育背景，对人事管理有深入研究（巴克，2007）。同时，小亨利·福特在掌管福特公司之前曾在美国军队服役，具有一定的军方背景。在其上任之后，小亨利·福特雇用了大量退役军官以及优秀的经济管理人才，其中就包括此后出任美国国防部长与世界银行行长的罗伯特·麦克纳马拉。同时，小亨利以强硬的手段开除了原公司内部具有黑社会背景的员工。这一人事调整让企业拥有精明的管理层，从而不断在把握

第 12 章
开放条件下美国汽车产业及典型汽车企业对外投资能力的形成与发展

市场需求和降低生产成本方面优化企业的产品,恢复了福特产品的竞争力。

最后,在20世纪80年代之后,福特由家族式管理转变为对外部职业经理人充分放权的治理模式。这对福特在这一时期成本控制能力与国际化能力的提升起到了重要作用。从表12.1中可以看到,在80年代之后,一方面福特家族依然拥有福特的绝对控制权;另一方面福特家族充分授权外部职业经理人,让其领导企业的发展。其中,多位CEO具有财务分析、成本管理和国际化背景,早期的领导人甚至具有参军经历。这些领导人对福特的企业管理,尤其是业务精简、整合、成本控制等方面起到重要作用。也正是由于福特家族式荣誉感与充分放权使得福特在金融危机中能够灵活调整发展思路,实行精简的"一个福特"战略,最终成为美国三大汽车企业中唯一未破产的企业。

3. 福特的国际化能力分析

福特的对外投资能力相对于发展中国家的企业更为直观,其对外投资能力起始于技术带来的绝对垄断优势,并借此建立了在国际市场中的先行优势。到第二次世界大战之后,福特一方面继续通过技术能力与先行优势的互动以投资的形式拓展海外市场;另一方面凭借先行优势与管理能力通过投资布局全球产业链。

在第二次世界大战之前,福特的对外投资都是凭借自身技术优势而进行的能力延展型对外投资。在福特成立之初,福特公司就凭借创始人的技术背景在汽车制造方面拥有了相对先进的生产技术。尤其是1913年之后,随着流水线技术的应用,福特在汽车生产领域拥有了绝对的垄断优势。从前面福特的国际化历程中也可以明确看到,正是凭借流水线技术的应用,福特加速了对欧洲、拉美乃至日本的投资。

从这一时期福特对外投资能力的延展条件来看,福特初期的能力能够完全满足对外投资的要求。首先,福特这一时期的垄断优势具有完全的相关性。汽车产业的技术特征决定了福特的生产技术和模式在任何国家都能够极大提升生产效率,保障产品质量。其次,福特的能力具有可转移性。福特这一时期的垄断优势事实上并不在于设备本身,而在于其无形资产,即生产方式和技术。这些能力能够容易地转移至东道国。最后,福特的能力对于东道国而言也是相对合适的。一方面，福特的进入能够为当地市场提供大量优质、廉价的汽车产品；另一方面，投资进入也有利于带动当地产业条件的发展。尤其是早期福特拥有绝对的垄断优势，欧洲汽车企业也纷纷向福特学习，而福特也乐于传授经验。所以，福特的进入能够对东道国产生积极的溢出效应。

第二次世界大战之后，尤其是在20世纪70年代之后，福特的对外投资一方面体现为与前期类似的能力延展型对外投资；另一方面，随着全球价值链的兴起，福特开始布局其全球价值链，从而获得相应的效率型生产能力。

从这一时期的能力延展型对外投资角度看，福特的能力延展模式与前期基本一致，但这一时期福特进一步具备了两项至关重要的能力。第一，福特在东道国拥有先发优势。由于福特在早期通过投资进入全球主要汽车消费市场，汽车生产又要求严格的本地供应链。所以，在这一过程中，福特自身建立起一定的供应链体系，或在当地的供应链网络中占据了重要地位。这为后期福特的进一步投资提供重要基础。第二，从福特在这一时期的能力发展中可以看到，福特开始提升其多元化的产品设计与生产能力。这对于福特迎合当地偏好，打入欧洲当地市场起到至关重要的作用。例如，福特旗下的全顺、蒙迪欧、嘉年华等品牌很好地适应了欧洲消费者的需求。这也是福特能够在欧洲市场战胜通用的一个重要原因。显然，这两项能力能够传递并适用于东道国市场，也符合当地利益。

从这一时期的能力获取型对外投资角度看，这一类型的对外投资主要是福特通过在发展中国家布局产业链，利用当地廉价要素，控制生产成本。其能力来源主要包含两个方面：第一，福特在东道国拥有先行优势。以前面提及的福特在墨西哥的产业链为例。福特在20世纪初期进入墨西哥，在长期经营过程中对当地的经济、产业情况有深刻认识。正是在这一背景下，福特选择了拥有资质的Alfa集团作为合作伙伴，最终成就了尼玛克公司的快速发展。

第二，福特利用全球产业链还需要内部管理、协调整合能力。这一能力的获得不仅得益于福特一贯的标准化生产、流水线生产的发展理念。而且，从福特管理层背景可以看到，20世纪80年代以来福特的CEO普遍拥

第12章
开放条件下美国汽车产业及典型汽车企业对外投资能力的形成与发展

有国际化经历。企业高层的国际化经历对企业协调整合国际资源具有重要的作用。当然，这一时期北美自贸区的建立也为福特将墨西哥纳入自身生产体系提供了重要的外部环境。

对于福特这一时期能力获取型对外投资的分析不难发现：首先，福特在东道国获取的能力，即低成本生产能力恰能与福特的技术、品牌形成互补，为其在这一时期的激烈竞争中占得先机。其次，这一能力能够通过全球价值链的布局完整整合，尤其是在北美自贸区建成之后，墨西哥与美国在汽车产业中形成了一体化的布局。最后，福特的产业链布局也符合发展中国家发展汽车产业的需求。同时，由于福特拥有的先行优势与整合管理方面的能力使上述能力获取型对外投资发展得更为顺畅。

到20世纪90年代之后，福特又通过跨国并购收购了路虎、沃尔沃（轿车）等企业。这一方面依赖于前面所述的福特先行国际化优势，以及管理层的管理、整合能力；另一方面也需要福特的资本运作能力。从理论上看，上述并购也属于能力获取型对外投资，能够从产品线（例如中端与高端产品）、技术（例如沃尔沃的安全系统技术）等方面对福特的发展起到互补的作用，而福特的整合经验与能力也应该能够实现良好的整合。对于被并购企业而言，在当时激烈竞争的全球产业环境中，能够借助福特的力量也有助于企业自身的发展。然而由于金融危机的爆发，在福特未实行企业整合之时就被迫出售上述资产，回归到"一个福特"的发展战略。

第 13 章
中国与墨西哥和美国汽车产业的对比分析

13.1 中国与墨西哥汽车产业的对比分析

中国与墨西哥都是发展中国家,两国汽车产业的发展具有一定的相似性与差异性,通过对比能够进一步深刻地认识中国汽车产业外投资能力的来源以及其中的具体机制。

13.1.1 中国和墨西哥整车领域对外投资能力与对外投资能力形成机制

通过对比中国和墨西哥两国汽车产业的对外投资能力可以看到,中国事实上发展出了整车产业在特定领域的对外投资能力,而墨西哥并未发展出整车领域的对外投资能力。从 20 世纪 90 年代开始,中国自主汽车品牌陆续发展起来。其中,不少中国整车企业依托国内产业条件与国际产业发展机遇成功发展出了对外投资能力。虽然中国整车领域的对外投资能力依然受限于价格敏感型市场,其对外投资的主要东道国也主要为发展中国家,但前面的分析表明,中国整车领域的对外投资已经达到相当的规模。这表明,中国汽车产业整车领域在特定方面的对外投资能力已经形成,其

第13章
中国与墨西哥和美国汽车产业的对比分析

发展机制也较为清晰。

反观墨西哥整车行业可以看到，墨西哥虽然有大量外资整车企业，然而其本土整车企业却几乎完全被挤出市场，自然也无法获得整车领域的对外投资能力。事实上，在墨西哥汽车产业发展初期，墨西哥本土存在数家由本土控股的整车企业，然而随着本土化率要求的提升以及后期的市场自由化，墨西哥几乎所有的整车企业都被挤出了市场。所以，墨西哥没能在整车领域形成对外投资能力。

第一，分析中国和墨西哥汽车产业的产业环境可以看到，两国在整车领域的发展条件具有很多的相似点。首先，经历外资的引入阶段之后，两国都具有了相对良好的要素条件与零部件体系。从中国的角度看，在20世纪80年代中期引进德国大众后，中国在汽车领域的劳动力要素和生产型技术要素得到快速发展，国内的零部件体系迅速建立，形成完整的汽车产业价值链。事实上，墨西哥在60年代后也发展出了良好的汽车产业环境。前面分析表明，在本土化率的要求下，外资协助墨西哥建立起了相对完整的零部件体系。尤其是在80年代之后，在出口导向政策的引导下，墨西哥的零部件体系质量也有进一步提升。墨西哥在整车领域的技术、劳动力等要素也由外资带入本国。可见，中国与墨西哥在要素与相关产业条件方面具有很强的相似性。

第二，作为发展中大国，两国都具有类似的汽车需求基础。在中国汽车产业的发展进程中可以看到，需求是支持中国汽车产业与内资整车企业发展的重要条件。早期外资的进入是谋求中国巨大潜力的消费市场。后期中国价格敏感型需求的出现以及近年来需求多元化特征的出现都是中国汽车产业条件的重要组成部分。墨西哥具有同样的需求条件：一方面，墨西哥是一个发展中大国，拥有巨大的汽车消费市场；另一方面，墨西哥的汽车消费需求同样具有价格敏感型特征。

第三，事实上，墨西哥与中国都具备优质的相关企业。从前面分析中可以看到，中国与墨西哥虽然同为发展中国家，但两国拥有不少优质的企业。这些企业拥有一定的产业基础，同时注重研发。

但是，同样作为依靠开放发展汽车产业的国家，政府在外资引导过程中却出现了巨大的差异。从中国政府引导开放的过程中可以看到，中国政府始终注重对于整车领域的发展。即使在轿车产业起步时期，中国缺乏与外资的议价条件时，政府依然限定了50%的外资控股比例。虽然这一措施一定程度上并没有对合资企业的中方起到预期的效果，然而政府对于整车领域的关注与控制的态度得到了充分体现。在后续开放过程中，无论是关税还是所有制方面，中国政府始终没有对整车领域完全放开，并逐步开始扶持自主品牌。

墨西哥对整车领域的开放更为彻底。从20世纪60年代进口替代政策时期开始，墨西哥政府事实上就是通过向外资完全开放整车领域为代价，引导外资发展墨西哥零部件产业。在自由化过程中，墨西哥的汽车自贸条件进一步完善，从而使得墨西哥在成为出口平台的同时，进口条件更为宽松。

正是在政府引导下开放政策的不同，直接导致中国与墨西哥在整车领域竞争环境的差异，进而直接影响了两国在整车领域的发展路径。从中国的经验来看，由于中国对于汽车进口始终存在关税壁垒，这为中国本土自主品牌的发展提供了关键的早期生存空间。当中国涌现出价格敏感型需求时，本土品牌能够有效借助这一机遇发展起来，并逐步形成相关领域的能力。同样在21世纪初期，当墨西哥国内汽车市场需求出现同样机遇时，由于墨西哥的自由化政策，这一需求被进口产品所满足，尤其是21世纪初期墨西哥与美国签订了二手车进口协议，大量二手车由美国流入了墨西哥市场，从而使得墨西哥在整车领域失去了把握价格敏感型需求的机会。

可见，正是政府引导下开放模式的差异，最终导致了中国发展出整车领域的对外投资能力而墨西哥整车企业却几乎完全被挤出市场。虽然开放过程中，中国与墨西哥发展出了类似的汽车产业环境，由于政府引导以及开放措施的不同，最终导致了中国与墨西哥整车领域对外投资能力的巨大差异。这也进一步表明开放形式与政府引导对中国汽车产业对外投资能力形成的重要作用。

13.1.2 中国和墨西哥汽车产业对外投资能力的相似性与对外投资能力形成机制

虽然墨西哥整车领域并未形成对外投资能力，并不影响其零部件领域的部分优质企业形成良好的对外投资能力。对比中国汽车产业中整车领域

第 13 章
中国与墨西哥和美国汽车产业的对比分析

的对外投资能力与墨西哥汽车零部件产业对外投资能力形成机制可以看到：两者的对外投资能力都是本土优质企业在有利的国内、国际产业条件下发展起来的。其国内产业环境的发展是外资在政府引导下与本土产业特征共同作用的结果。

从企业角度看，中国与墨西哥汽车产业中的对外投资企业都具有一定的产业经验与优秀的企业文化。对比两国对外投资案例企业可以看到，这些企业往往有着长期的产业内发展基础和经验，奇瑞与福田的前身在中华人民共和国成立之后就从事汽车相关的生产活动；墨西哥的尼玛克成立于20世纪70年代，其母公司在铸铁领域的发展历史久远。这些企业在产业内的长期发展为其认识行业发展趋势，把握行业发展机遇提供了重要的基础。同时，这三家案例企业无一例外都拥有优秀的企业文化。虽然这些企业往往通过技术引进与模仿起步，当企业经历初步发展之后，它们都显现出长远的视野，包括对于自主研发的支持以及致力于拓展更为广阔的国际市场。可见，企业层面的特征是承接外部优势，形成对外投资能力的重要原因。

正是在上述优质特征的基础上，企业有效利用本土产业环境与全球产业环境的机遇，最终发展出对外投资能力。从中国的案例来看，在优质的企业特征基础上，案例企业的起步依赖于当时全球汽车产业中技术的成熟以及外资在国内建立起的完备产业链。此后研发技术的发展一方面是中国汽车消费市场引导的结果，另一方面也受益于当时全球汽车产业链治理模式的转变。类似的，墨西哥尼玛克的发展一方面得益于墨西哥出口平台的地位，另一方面也与当时汽车产业全球价值链的形成密切相关。正是在墨西哥嵌入全球汽车价值链的过程中，尼玛克获得了更多与外部整车企业联系的机会，从而为其后期的对外投资打下重要基础。

无论是中国还是墨西哥的汽车产业条件，都是在开放条件下和全球产业发展大背景下，通过引入外资发展起来的。前面分析充分表明，国内产业环境是中国和墨西哥汽车产业（包括零部件产业）对外投资能力形成的重要因素。无论是中国还是墨西哥，其本身并非汽车产业的创始国，在产业发展的初期国内产业条件都非常薄弱。在这一背景下，引进外资发展国内汽车产业成为必要也是有效的途径。事实证明，通过外资引入，中国与墨西哥的汽车产业环境快速建立。这一方面取决于东道国对外开放的大环境；另一方面，全球汽车产业发展趋势中竞争的加剧、技术的成熟等有利条件也促使外资进入中国与墨西哥，并客观上协助两国建立起良好的产业条件。

最后需要说明的是，政府的引导在对外投资能力形成过程中起到了至关重要的作用。从中国与墨西哥的案例中都可以清晰看到，政府对于本土汽车产业对外投资能力的形成都起到了至关重要的作用。第一，政府引导外资建立了本土产业环境。前面分析也表明，即便是在有利的全球产业条件下，外资进入最根本目的是逐利，而其服务于本土产业环境客观上是政府与外资的利益协调。若没有政府的引导，本土良好的产业环境难以建立。第二，在企业发展过程中，政府也起到了重要的支持作用，这一作用在企业发展初期表现得尤为显著。从中国案例来看，奇瑞与福田的早期发展都得到了地方政府的大力支持；从墨西哥尼玛克的案例来看，企业建立本身就源于政府的要求。

中国与墨西哥汽车产业对外投资能力及其形成机制对比如表13.1所示。

表13.1 中国与墨西哥汽车产业对外投资能力及其形成机制对比

项	目	中国	墨西哥
对外投资能力	形成主体	整车产业形成特定对外投资能力	本土整车产业被挤出市场，仅有少量零部件企业培养出对外投资能力
	能力形式	生产技术、成本控制、本土化能力	生产技术、与整车厂关系（零部件企业）
企业自身特征	前期行业基础	具有相关产业经验	具有相关产业经验
	企业文化	艰苦奋斗，注重技术研发	注重技术研发
产业环境	需求	具有需求潜力与规模，具有典型的发展中国家需求，后期需求多元化发展	具有需求潜力与规模，具有典型的发展中国家需求
	要素	早期缺乏，在外资支持下劳动力、技术逐步发展	早期缺乏，在外资支持下劳动力、技术逐步发展
	相关产业	在政策引导下依托外资建立	在政策引导下依托外资建立
	竞争	早期合资企业垄断，经历市场分割，当前内外资企业相互渗透、竞争	形成典型的内外部二元市场

续表

项　目		中国	墨西哥
全球产业发展趋势的影响	生产技术影响	技术的成熟有助于国内生产能力的形成	技术的成熟有助于国内生产能力的形成
	全球价值链影响	促进整车企业的国际合作研发	嵌入全球产业链
	全球竞争环境影响	激烈的竞争促进了外资的进入	激烈的竞争促进外资的合作以及出口平台的形成
政府作用	对外资的引导	政府引导下的逐步、有序开放	早期政府引导，后期自由化
	对本土企业的支持	支持本土整车企业的发展	一定程度上支持了零部件企业，忽视了整车企业

13.2　中国与美国汽车产业的对比分析

与中国相比，美国是汽车产业先行国。其产业发展时代，产业发展条件都与中国有本质的差异。通过中国与美国汽车产业的对比，可以进一步突出中国汽车产业发展过程中各层面因素的作用机制，尤其是开放对于中国汽车产业对外投资能力形成的作用。同时，通过对中国和美国汽车产业的对比也有利于进一步思考本书案例分析框架的适用性。

13.2.1　中国和美国整车领域对外投资能力差异与对外投资能力形成机制

虽然中国与美国的整车产业都存在对外投资，相比之下会发现，中国在整车领域的投资能力更为单一，适用领域也相对狭窄。从中国和美国在汽车产业的对外投资中可以看到，中国整车行业的对外投资主要是以建立组装工厂的方式投向发展中国家，其对外投资能力主要在于具有质量保障的成本优势。从本书的企业案例以及企业调研中可以看到，中国整车企业的对外投资模式极为类似。与之形成鲜明反差的是美国企业的对外投资涵盖领域广、能力也更为充分。回顾美国汽车产业对外投资历史可以看到，美国汽车企业早期的对外投资主要是依托自身的技术垄断优势实现的。在这一过程中，这些企业在东道国形成了先行优势，拥有了强大的本土化能力。同时，在汽车产业全球价值链发展时期，美国汽车企业进一步借助其生产、管理能力，通过延展自身优势，与东道国的生产要素相结合，实现了有效的投资。可见，虽然中国也积累了整车领域的对外投资能力，并实现了对外投资，然而与传统汽车强国的对外投资能力之间依然具有显著区别。

对比中国与美国汽车产业发展路径不难看出，中国汽车产业对外投资能力的形成与中国的产业条件密切相关。结合中国和美国汽车产业对外投资能力的差异与两者在产业环境方面的差异可以清晰看到，中国发展出质量保障下的成本优势，很大程度上取决于早期中国市场的价格敏感型需求与外资在国内建立起的汽车供应链特征。正是在这些产业条件的引导下，中国自主品牌发展出了生产能力与成本控制能力，并进一步将这些能力延展至国外，从而形成了自身的对外投资能力。与之形成鲜明对比的是，美国汽车产业在早期就拥有先进的要素、高端的需求以及完善的产业链等产业环境。这些条件共同支撑起了美国汽车产业的所有权优势。正是不同的产业环境最终形成了不同的对外投资能力来源。这一结论也进一步印证了国内产业环境对本土企业对外投资能力的重要作用。

同时，中国作为汽车产业后发国的地位也决定了中国汽车产业对外投资能力的局限性。从全球汽车产业的发展趋势看，美国是汽车产业的创始国，其在产业发展的早期就进入了汽车产业，并凭借自身技术占据了中高端消费市场。对于中国这一汽车产业的后发国而言，其起步相对滞后，且产业发展首先就需要通过外资的引入带入技术与供应链。而外资带入的产业资源往往具有相对落后的特征。这就意味着东道国本土产业的发展在各个层面都将落后于先行国。换言之，由于技术、产业基础等原因，后发国家的整车企业无论在国内还是国际都难以与先行国企业对抗。在这一前提下，后发国家的整车企业只能利用先行企业相对忽视的市场起步，并在这一市场中培养自身能力，进而发展出相对低端市场的对外投资能力。

13.2.2 中国和美国汽车产业对外投资能力相似性与对外投资能力的形成机制

虽然中国与美国汽车产业的对外投资能力及其形成过程存在一定的差异，然而其中依然存在很多的相似之处。

首先，中国与美国汽车产业的对外投资能力都是优质企业承接本土产业环境与国际产业发展机遇的综合结果。从中国和美国整车企业的案例分析中可以看到，奇瑞、福田与福特具有一定的相似特征，即拥有前瞻性视野，善于在困境中做出自我改变。事实上，由于早期低端市场竞争缓和，奇瑞与福田在建立之初就已获得丰厚的利润。但企业并未满足，依然着眼国际化发展、致力于自主研发。正因如此，奇瑞与福田能够依托国内消费需求的升级，并借助全球产业链模式的特征进一步提升自身的产品质量优势与相对的价格优势，最终形成了特定领域的对外投资能力。类似的，福特也从建立之初就拥有国际化的视野，并善于在困境中自我总结与反思。从早期企业治理模式的改变到20世纪90年代流程再造，均体现出福特不断优化的理念。这些企业特征与当时美国有利的生产条件、全球汽车产业的投资机遇以及全球价值链兴起共同形成与提升了福特的对外投资能力。

其次，中国与美国汽车产业本土产业环境的发展同样都受到全球产业发展趋势的影响。前面分析已充分表明，中国作为汽车产业的后发国，其国内产业环境的建立受到外部产业发展趋势的深刻影响。美国国内产业环境的发展同样受到了全球汽车产业的影响，尤其是当美国丧失汽车产业绝对领导地位之后，全球汽车产业的发展趋势对美国产业条件的影响更为深刻。在美国汽车产业发展之初，内燃机技术的发明为美国汽车产业生产技术提供了重要的保障。美国是汽车产业的创始国之一，其国内本身拥有良好的产业环境，所以在汽车发展初期，全球汽车产业发展趋势对于美国产业环境的影响相对较小。但是，到第二次世界大战之后，尤其是日本汽车产业崛起之后，美国汽车产业的产业环境日益受到全球汽车产业发展趋势的影响。其中，表现最为突出的就是美国汽车产业的流程再造。流程再造的本质就是在激烈的产业竞争环境下学习日本汽车生产中的精益生产模式。可见，无论是产业后发国还是先行国，其国内产业环境的发展都会受到全球汽车产业发展大趋势的影响。

最后，虽然政府发挥作用的具体机制不同，但毫无疑问政府在本国对外投资能力形成过程中都起到重要的作用。从中国和美国汽车产业的发展过程中可以看到，中国政府对汽车产业的作用更为直接，美国政府在汽车产业发展早期的作用相对间接。例如，美国早期对于汽车产业的作用主要体现在交通基础设施建设方面。这主要是由于早期美国汽车产业拥有良好的发展趋势，客观上无须政府进行干预。然而，当美国汽车产业遭遇外部冲击（例如日本汽车产业冲击与石油危机）之后，政府开始通过贸易保护、制定节能标准等方式进行更为直接的引导。而政府的措施对美国汽车企业积累技术能力、调整技术以适应国际市场等方面都起到了重要作用。

中国与美国汽车产业对外投资能力及其形成机制对比如表13.2所示。

表13.2　　中国与美国汽车产业对外投资能力及其形成机制对比

项　目		中国	美国
对外投资能力	形成主体	整车产业形成特定对外投资能力	整车产业形成广泛的对外投资能力
	能力形式	生产技术、成本控制、本土化能力	生产能力，绝对技术能力，先发优势
企业自身特征	前期行业基础	具有相关产业经验	具有前期研发，创业经验
	企业文化	艰苦奋斗，注重技术研发	注重技术
产业环境	需求	具有需求潜力与规模， 具有典型的发展中国家需求， 后期需求多元化发展	从早期开始就拥有有效需求市场 石油危机后需求多元化
	要素	早期缺乏， 在外资支持下劳动力、技术逐步发展	劳动力、技术要素始终优异， 战后劳动力要素成本显著上升
	相关产业	在政策引导下依托外资建立	早期拥有非汽车产业，但高度相关的零部件体系； 发展过程中，零部件体系在整车厂带动下日益完善； 战后在成本压力下开始转移
	竞争	早期合资企业垄断， 经历市场分割， 当前内外资企业相互渗透、竞争	国内形成了寡头垄断局面， 第二次世界大战之后面临日本汽车产业的竞争

续表

项 目		中国	美国
全球产业发展趋势的影响	生产技术影响	技术的成熟有助于国内生产能力的形成	早期是技术创始国，后期吸收日本汽车产业生产、管理技术
	全球价值链影响	促进整车企业的国际合作研发	是全球价值链早期构建者，借助全球价值链实现效率寻求型对外投资
	全球竞争环境影响	激烈的竞争促进了外资的进入	在竞争压力下寻求效率和市场型对外投资
政府作用	对外资的引导	政府引导下的逐步、有序开放	阻碍贸易，促进日本企业在当地建厂
	对本土企业的支持	支持本土整车企业的发展	早期体现为间接支持，危机中对企业直接支持

第 14 章
总结与展望

自 2008 年开始，课题组对发展中国家对外投资能力建设问题展开长期深入研究。本书集过去十余年研究成果，系统性提出了研究发展中国家对外投资能力的科学方法，并应用研究框架对特定发展中国家矿业与汽车产业的具体案例进行深入剖析。研究框架对具体案例的应用，充分揭示了发展中国家对外投资能力建设的逻辑机制，同时也进一步验证了本书提出的框架的重要理论意义与实践价值。

回顾、对比两个产业和多个国家的发展案例，我们厘清了发展中国家对外投资能力建设的逻辑机制。

发展中国家往往不是产业创始国，其产业发展起始时期面临的外部环境与产业先行国截然不同。课题组大量研究均表明，由于历次工业革命发源于英国、美国、德国等欧美发达国家，发展中国家的各类产业的现代化发展均显著晚于发达国家。即使是高度依赖自然资源的矿业，由于其勘探、开采等环节高度依赖工业技术，从而使得发展中国家矿业的现代化发展也相对较晚，汽车产业更是如此。发展中国家的产业后发地位决定了其发展初期面临的产业条件存在诸多不利之处：第一，发展空间受限，这一点在矿业领域体现尤为明显；第二，竞争激烈。尤其是市场中存在大量资源垄断、经验丰富、技术领先的在位企业，使得后发的初创企业更加难以进入市场。所以，相对于发达国家的先行产业与企业，发展中国家特定产业的发展面临着显著的后发劣势。

面对后发劣势，发展中国家特定产业的起步必然涉及外资等外部资源

第 14 章
总结与展望

的引入。外资的引入是特定国际政治、全球经济与产业技术等因素的产物。这也决定了外部环境对发展中国家产业起步的重大意义。本书的案例分析充分表明，产业基础薄弱的发展中国家希望凭借一己之力独立发展特定产业并非易事。一方面具有很高的门槛，另一方面也缺乏效率。尤其是在全球产业链时代，产业链主导权掌握在先行国手中，这一劣势更为明显。此时，大量案例表明，引入外资、借助外资产业体系是最有效的方法。然而，外资的引入首先需要考虑的就是外资来源国与东道国之间的国际关系，而发展中国家与发达国家间的国际关系又显著地受到国际政治环境影响。我国的汽车产业、矿业的初期外资引入充分说明了这一问题。在良好的国际关系条件下，发达国家的投资动机与当时的全球经济大环境以及产业发展趋势密切相关。例如，生产成本控制、全球产业链构建、市场争夺、产品生命周期等都是影响发达国家向发展中国家投资的重要因素。只有外部政治、经济与产业技术各方面条件同时满足投资需求时，发展中国家才能获得引进外资的机遇。

另外，外资的引入也必然需要吸引力，而政府引导下的国内产业条件是驱动外资进入的重要因素。全球发展中国家数量众多，外资对于东道国的选择取决于东道国自身的产业条件。无论是从经典的国际生产折衷理论还是本书的案例中都可以看到，区位优势是外商选择投资的重要考虑因素。对于发展中国家而言，潜在市场、低廉生产成本、丰裕的自然资源往往能够成为其吸引外资的重要区位条件。本书中汽车产业、矿业的案例也充分说明了这一点。然而，必须说明的是，外资的目的是利用发展中国家的产业条件营利而非主动协助东道国实现产业发展。此时，东道国政府能够充分发挥主观能动作用，即整合国内资源作为引导外资服务本地产业的条件。这既能够提升本土产业条件对外资的吸引力，也能够为未来本土产业发展打下基础。20 世纪末中国政府在汽车产业领域的"市场换技术"战略生动地印证了上述观点。

当外资进入本国后将对本国特定产业的发展条件产生影响，并可能在政府的引导下与国内产业条件形成持续的交互影响，这将成为本土企业发展的关键条件。汽车产业与矿业的案例表明，在外资进入初期，国内产业条件的变化主要体现在外资对于国内产业条件的影响方面，例如促进国内产业链的构建，提高劳动者专业技能等。随着时间的推进，国内产业条件的优化也将进一步吸引更高层次外资的进入，从而进一步对国内产业条件产生影响。这是一个交互、动态的发展过程。然而，这一过程的进展效果同样很大程度上取决于政府的引导。汽车产业与矿业关于不同发展中国家的对比案例表明，只有政府明确发展目标，并以自身资源（如市场准入）为杠杆，严格规范外资的产业行为，才有可能使外资与本土产业条件形成良性互动，形成国内的良好产业条件。放任外资自由发展很可能最终失去产业发展的主导权，被锁定在全球价值链的低附加值链段。

对外投资能力形成的最终载体是企业，企业对外投资能力的发展是外部产业机遇、国内产业条件支撑与企业特定优势长期、交互作用的结果。政府在其中也起到了重要的支持作用。对于发展中国家的企业而言，其具有天生的后发劣势，其成长进而获得国际竞争力必然需要多方因素的共同推进。其一，外部产业发展条件是其重要发展机遇，从本书的两大案例中可以充分看到，外部政治经济与产业大环境决定了其获得产业技术的难易程度、国际合作氛围等发展机遇。国内产业条件是支持本土企业发展的直接基础。其二，企业自身特征在国际竞争力发展过程中也扮演着极为重要的作用。我们总是能够看到，即使某个国家某产业的国际竞争力极强，其中发展出对外投资能力的企业也是少数；即使某国某产业并不具备国际竞争力，其中也能发展出个别极具国际竞争力的跨国公司。这些企业特征包括前期产业经验（包括市场嗅觉、技术积累等）、企业家精神（包括冒险精神、奋斗意识等）、企业对研发的重视等，其中，政府（尤其是地方政府）对于企业的支持往往也起到了决定性作用。本书通过两个产业和多个国家的对比案例充分表明，正是多个层面因素交互作用的不同过程，最终形成了不同发展中国家对外投资能力的差异。

由于发展中国家对外投资能力的积累源于特定条件与机遇，这也决定了其中的企业获得的对外投资能力，通常也具有特定的针对性。这一特征在本书的案例中展现得尤为明显。我国汽车产业在成熟的产业环境、价格敏感型市场中培养出的是具有成本优势与质量保证的生产能力，并不具备品牌优势。我国汽车产业最终形成了针对发展中国家、通过建立 KD 工厂实现的投资能力。类似的，我国矿业企业与巴西矿业企业由于国内矿产开采条件不同，也各自发展出了针对不同类型矿产的投资能力。

本书的一大贡献在于方法论的探索，即提出了"开放环境下发展中国家企业对外投资能力发展路径分析框架"。从研究方法论的角度看，本书的案例剖析充分表明，研究发展中国家对外投资能力发展必须采取全球产业、国内产业和特定企业三个层面的动态交互分析框架，并着重探讨政府在其中的作用。该分析框架能够全面揭示发展中国家对外投资能力发展机制，打开了 IDP 理论从"吸引外资"到"对外投资"的逻辑黑箱，更能够对后发国家的产业发展提供重要启示。

放眼世界，当前全球政治经济局势相比金融危机前已经发生了很大的变化。这种局势的变化恰好印证本书所用框架的重要性——即应以动态的、一体化的思路去分析发展中国家对外投资的能力来源。展望未来，国际形势和国内产业环境的变化将继续对中国矿业产业和汽车产业以及其他发展中国家的后发产业产生深刻影响。对于发展中国家相关产业的优秀企业而言，这一影响无疑意味着新的挑战。然而，从另一个角度看，如果成功应对当前全球经济局势和产业环境的新变化，那么对企业而言，则意味着新的机遇。

参 考 文 献

［1］陈涛涛，陈忱，顾凌骏．墨西哥投资环境与中国企业投资机会［J］．国际经济合作，2014（9）：4－12．

［2］陈涛涛，陈忱，罗德斯·卡萨诺瓦等．拉美区位优势与竞争环境［M］．北京：清华大学出版社，2014．

［3］陈涛涛，陈晓．吸引外资对对外投资能力影响的机制研究——以中国汽车产业的发展为例［J］．国际经济合作，2014（8）：9－16．

［4］陈涛涛，陈晓．吸引外资对对外投资能力的影响机制——机制分析框架的初步构建［J］．国际经济合作，2015（5）：4－11．

［5］陈涛涛，陈忱，罗德斯·卡萨诺瓦．中国与拉美地区对外直接投资的比较研究［J］．拉丁美洲研究，2016（4）：94－110．

［6］陈涛涛，顾凌骏，陈忱．发达国家和发展中国家对外直接投资比较研究——以国际矿产行业为例［J］．国际经济合作，2015（2）：15－21．

［7］丁强．论20世纪80年代的美日汽车贸易摩擦——以日本对美汽车出口自主限制为视角［J］．长春师范大学学报，2014，33（9）：31－34．

［8］高玉宝，余斌，龙涛．有色矿山低品位矿床开采技术进步与发展方向［J］．有色金属（矿山部分），2010，62（2）：4－7．

［9］何金祥．澳大利亚矿业投资环境［J］．中国矿业，2009，18（12）：3－6．

［10］基路亚．澳大利亚繁荣不再［J］．新经济，2012（13）：21．

［11］刘樟平，赵新宇，井广成．中国综放开采技术发展历程及其展望［J］．中州煤炭，2014（6）：35－37．

［12］吕忠梅．《环境保护法》的前世今生［J］．政法论丛，2014（5）：51－61．

[13] 莫立崎. 科技兴煤: 兖矿的实践与发展 [J]. 沿海企业与科技, 1999 (4): 15-18.

[14] 莫立崎. 试论企业核心竞争力的培育 [J]. 中国煤炭, 2001, 27 (2): 30-32.

[15] 范黎波, 王肃. 中国跨国公司海外并购的成长路径演进——基于北一并购科堡的案例分析 [J]. 财贸经济, 2011 (8): 101-105.

[16] 韩琦. 从"奇迹"到危机——墨西哥现代化转型的经验教训 [J]. Studies of Modern World History, 2009 (15).

[17] 韩琦. 跨国公司与墨西哥的经济发展 (20世纪40年代至80年代初) [D]. 南开大学, 2009.

[18] 贾康, 刘军民. 奇瑞汽车的自主创新之路——关于企业自主创新路径及政府扶持政策的调研与思考 [J]. 财政研究, 2008 (8): 17-23.

[19] 江时学. 拉丁美洲汽车工业的发展 [J]. 拉丁美洲研究, 1989 (5): 3.

[20] 李国津. 世界汽车产业的全球竞争与我国汽车工业的发展之路 [J]. 南开经济研究, 1994 (2): 51-56.

[21] 李拥军, 史慧恩, 高鹏. 美国钢铁工业发展对我们的启示 [J]. 中国钢铁业, 2008 (7): 18-21.

[22] 林蔚仁. 必和必拓: 澳洲矿业"双子星" [J]. 中国工业评论, 2016 (8): 94-102.

[23] 林季红. 简析美国汽车业跨国公司的经营战略——以福特汽车公司为例 [J]. 中国经济问题, 2007 (4): 67-72.

[24] 刘朝马. 澳大利亚矿业投资环境分析 [J]. 世界有色金属, 2015 (10): 26-29.

[25] 彼得·汤普森, 罗伯特·麦克林, 汤普森等. 必和必拓: 从矿山赌徒到巨无霸 [M]. 北京: 中信出版社, 2011.

[26] 宋国明, 郑子敬. 澳大利亚矿业投资环境 [J]. 国土资源情报, 2012 (12): 15-20.

[27] 宋国明. 中澳矿业投资合作的前景分析 [J]. 国土资源情报, 2013 (4): 44-48.

[28] 苏大军. 美日汽车工业发展模式之比较——从大量生产方式到精益生产方式 [J]. 外国问题研究, 2000 (4): 17-21.

[29] 孙若彦. 经济全球化与墨西哥对外战略的转变 [M]. 北京: 中国社会科学出版社, 2004.

[30] 王昶, 徐尖. 新世纪澳大利亚的矿业繁荣周期与启示 [J]. 世界有色金属, 2012 (12): 64-65.

[31] 夏大慰. 汽车工业: 技术进步与产业组织 [M]. 上海: 上海财经大学出版社, 2002.

[32] 肖丽俊, 陈其慎, 张艳飞等. 浅议矿产资源供应强国: 澳大利亚 [J]. 中国矿业, 2017, 26 (10): 15-19.

[33] 薛毅. 从传统到现代: 中国采煤方法与技术的演进 [J]. 湖北理工学院学报（人文社会科学版）, 2013 (5): 7-15.

[34] 杨喆. 墨西哥外国直接投资技术溢出效应分析——以汽车产业为例 [D]. 对外经济贸易大学, 2014.

[35] 姚俊梅, 张炳清. 战后日本汽车产业的崛起 [J]. 外国问题研究, 1996 (4): 44-48.

[36] 姚传江. 国际矿业巨头的成长模式及对中国的启示——以必和必拓公司为例 [J]. 世界有色金属, 2008 (6): 58-63.

[37] 殷汝祥. 战后澳大利亚矿业的发展 [J]. 世界经济, 1979 (12): 56-60.

[38] 赵经彻. 坚持走技术创新之路——综采放顶煤技术对兖矿集团的影响 [J]. 煤炭科学技术, 1999, 27 (1): 52-54.

[39] 赵经彻. 战略制胜: 企业发展方向、规模、质量、速度的合理性与有效性——兖矿集团实施企业发展战略的实证分析 [J]. 管理世界, 2002 (2): 134-140.

[40] 赵经彻. 我国综采放顶煤开采技术及其展望 [J]. 中国工程科学, 2001, 3 (4): 9-16.

[41] 周平, 杨宗喜, 唐金荣等. 2015年全球矿业形势分析与2016年展望 [J]. 中国矿业, 2016, 25 (2): 1-6.

[42] 周中枢. 中国五矿怎样走向世界 [J]. 全球化, 2011 (Z1):

60 – 63.

[43] Mckay et al. Australia's identified mineral resources 2018 [R]. Geoscience Australia, 2018.

[44] Australian Bureau of Statistics (ABS) [DS/OL]. htp：// www. abs. gov. au/.

[45] Banks, G. Australia's mining boom: What's the problem [R]. Productivity Commission, 2012.

[46] Barragán S, Usher J. The role of multinationals in the host country: Spillover effects from the presence of auto car makers in Mexico [J]. Contaduríay Administración, 2009 (228).

[47] Bonaglia F, Goldstein A, Mathews J A. Accelerated internationalization by emerging markets' multinationals: The case of the white goods sector [J]. Journal of World Business, 2007, 42 (4): 369 – 383.

[48] Brid M, Carlos J. Mexico's auto industry after NAFTA: A successful experience in restructuring [J]. Working Paper, 1996.

[49] Carrillo J. La FORD en México: Restructuración industrialy cambio en las relaciones sociales [D]. EI Colegio de México, 1993.

[50] Child J, Rodrigues S B. The internationalization of Chinese firms: A case for theoretical extension [J]. Management and Organization Review, 2005, 1 (3): 381 – 410.

[51] Chudnovsky D, López A. A third wave of FDI from developing countries: Latin American TNCs in the 1990s [J]. Transnational Corporations, 2000, 9 (2): 31 – 74.

[52] Cleary D, Thornton I. The environmental impact of gold mining in the Brazilian Amazon [M]. Royal Society of Chemistry, 1994.

[53] Contractor F. "Punching above their weight" The sources of competitive advantage for emerging market multinationals [J]. International Journal of Emerging Markets, 2013, 8 (4): 304 – 328.

[54] Contreras M B T. Autoritarismo y democracia en el Caribe [M]. Editorial Académica Española, 2012.

[55] Contreras O F, Carrillo J, Alonso J. Local entrepreneurship within global value chains: A case study in the Mexican automotive industry [J]. World Development, 2012, 40 (5): 1013 – 1023.

[56] Cuervo-Cazurra A, Genc M. Transforming disadvantages into advantages: Developing-country MNEs in the least developed countries [J]. Journal of International Business Studies, 2008, 39 (6): 957 – 979.

[57] Doz Y L. The internationalization of manufacturing in the automobile industry: Some recent trends [J]. Information (International Social Science Council), 1981, 20 (6): 857 – 881.

[58] Dunning J H, McQueen M. The eclectic theory of international production: A case study of the international hotel industry [J]. Managerial and Decision Economics, 1981, 2 (4): 197 – 210.

[59] Dunning J H, Hoesel R V, Narula R. Explaining the "new" wave of outward FDI from developing coountries: The case of Taiwan and Korea [J]. Research Memorandum, 1996.

[60] Dunning J H, Van Hoesel R, Narula R. Third world multinationals revisited: New developments and theoretical implications [J]. Open Grey Repository, 1997.

[61] Dunning J H. Space, location and distance in IB activities: A changing scenario [J]. Foreign Direct Investment, Location and Competitiveness, Progress in International Business Research, 2008, 2: 83 – 109.

[62] Gallagher K P, Zarsky L. Sustainable Industrial Development? The Performance of Mexico's FDI-led Integration Strategy [J]. Global Development and Environment Institute, Tufts University, 2004.

[63] Gammeltoft P. Emerging multinationals: Outward FDI from the BRICS countries [J]. International Journal of Technology and Globalisation, 2008, 4 (1): 5 – 22.

[64] Geoscience Australia & Bureau of Resources and Energy Economics. Australia's Mineral Resource Assessment 2013 [R]. 2013.

[65] Hammer M. Reengineer work: don't automate, obliterate [J].

Harvard Business Review, 1990, 67 (4): 104 – 112.

[66] Hertenstein P, Sutherland D, Anderson J. Internationalization within networks: Exploring the relationship between inward and outward FDI in China's auto components industry [J]. Asia Pacific Journal of Management, 2017, 34 (1): 69 – 96.

[67] Hoshino T. Boundaries of firms and catching up by latecomers in global production networks: The case of a Mexican auto-parts manufacturer [J]. Ide Discussion Papers, 2013.

[68] Hoshino T. Boundaries of firms and catching up by latecomers inglobal production networks: The case of a Mexican auto-parts manufacturer [R]. Institute of Developing Economies, Japan External Trade Organization (JETRO), 2015.

[69] Humphreys, D. The great metals boom: A retrospective [J]. Resources Policy, 2009.

[70] Rugman, Alan M. The international operations of national firms: A study of direct foreign investment [J]. Journal of Development Economics, 1978, 4 (2): 103 – 104.

[71] Jébrak M. Innovations in mineral exploration: Targets, methods and organization since the first globalization period [J]. Univ. de Quebec., Montreal, 2012.

[72] Johanson J, Vahlne J E. The internationalization process of the firm-a model of knowledge development and increasing foreign market commitments [J]. Journal of International Business Studies, 1977: 23 – 32.

[73] Johanson J, Vahlne J E. The Uppsala internationalization process model revisited: From liability of foreignness to liability of outsidership [J]. Journal of International Business Studies, 2009, 40 (9): 1411 – 1431.

[74] Klepper S. The capabilities of new firms and the evolution of the US automobile industry [J]. Industrial & Corporate Change, 2002, 11 (4): 645 – 666.

[75] Lall S, Sanjaya, Wiley. The new multinationals: the spread of third

world enterprises [J]. New Multinationals Spanish Firms in A Global Context, 1983.

[76] Lessard D, Lucea R. Mexican Multinationals: insights from CEMEX. Emerging Multinationals from Emerging Markets. R. Ramamurti and JV Singh [J]. Social ence Electronic Publishing, 2009.

[77] Machado I F, Figueirôa S F M. 500 years of mining in Brazil: A brief review [J]. Resources Policy, 2001, 27 (1): 9 – 24.

[78] Mineral Commodity Summaries [R]. USGS, 2018.

[79] Triner G D. Mining and the state in Brazilian development [M]. Routledge, 2015.

[80] UN Comtrade Database. International Trade Statistics Database [DS/OL]. Vale-Our History, http://www.vale.com/EN/aboutvale/book-our-history/Pages/default.aspx, 2012, 11.

[81] Wang S L, Luo Y, Lu X, et al. Autonomy delegation to foreign subsidiaries: An enabling mechanism for emerging-market multinationals [J]. Journal of International Business Studies, 2014, 45 (2): 111 – 130.

[82] Wanwen Chu. Entrepreneurship and bureaucratic control: The case of the Chinese automotive industry [J]. China Economic Journal, 2011, 4 (1): 65 – 80.

[83] IDRC. Mining and the environment: case studies from the Americas [J]. IDRC, Ottawa, ON, CA, 1999.

图书在版编目（CIP）数据

发展中国家跨国企业对外投资的机会与能力建设：动态 IDP 理论在企业层面的进一步构建／陈涛涛等著．—北京：经济科学出版社，2020.11

ISBN 978-7-5218-2006-5

Ⅰ.①发… Ⅱ.①陈… Ⅲ.①发展中国家－跨国公司－对外投资－研究－中国 Ⅳ.①F279.247

中国版本图书馆 CIP 数据核字（2020）第 206314 号

责任编辑：侯晓霞
责任校对：齐　杰
责任印制：范　艳　张佳裕

发展中国家跨国企业对外投资的机会与能力建设
——动态 IDP 理论在企业层面的进一步构建
陈涛涛　顾凌骏　陈　忱　徐　润　著
经济科学出版社出版、发行　新华书店经销
社址：北京市海淀区阜成路甲 28 号　邮编：100142
总编部电话：010-88191217　发行部电话：010-88191522
网址：www.esp.com.cn
电子邮箱：esp@esp.com.cn
天猫网店：经济科学出版社旗舰店
网址：http://jjkxcbs.tmall.com
北京密兴印刷有限公司印装
710×1000　16 开　17.5 印张　270000 字
2021 年 9 月第 1 版　2021 年 9 月第 1 次印刷
ISBN 978-7-5218-2006-5　定价：68.00 元
（图书出现印装问题，本社负责调换。电话：010-88191510）
（版权所有　侵权必究　打击盗版　举报热线：010-88191661
QQ：2242791300　营销中心电话：010-88191537
电子邮箱：dbts@esp.com.cn）